中国経済は強い

強い

そのシステムと
ポストコロナの世界経済

古島 義雄 著

晃洋書房

は　し　が　き

　この本は，中国がどういう国なのか，経済を中心に俯瞰したものである．中国はよく巨象に例えられる．たとえ暗闇でなくとも，鼻にしか触らなかった人と，足にしか触らなかった人とでは，象とは何かの答えは違うであろう．前に書いた本は，「中国金融論——21世紀初頭における地域的多様性を中心として——」と題したものであった．中国市民（居民）の消費・貯蓄行動を中心として，恒常所得仮説やライフサイクル仮説などを念頭に置きながら分析したもので，銀行市場が中心であったが，補論として外国為替市場や証券市場についても触れた．言ってみれば，鼻か耳かを丹念に触った訳である．中国市民の消費・貯蓄行動を見る限り，西側諸国の市民とさほど変わるところはない．しかし，金融制度とその運用ルールとしての金融システムは，かなり異なる．

　そのうちにシャドーバンキング問題が起こり，しばらくするうちに今度は，米中対決だという．中国も，「韜光養晦」路線から転換し，南シナ海の内海化や「一帯一路」構想を打ち出して対抗している．経済も「新常態」となり，「小康社会」実現を目標としてきたが，次はどこを目指すのか．産業では，「中国製造2025」を発表し，ネットワークでは「天網工程」によってAIが画像処理する監視カメラ網が完成する，と言ったなじみのない言葉が中国を理解する上でのキーポイントになってきた．自分は何を見てきたのかという気になってきた．

　象も足を見ているだけでも，年々変化している．ましてや，いったい象がどの程度大きくなったかは，視点を広げないと分からない．そこで，金融以外の分野，例えば財政，企業，社会保障，対外経済などの各システム，も入れて中国を再び見ることにした．また，米国を中心とした諸外国がどのように中国を見ているのかも中国の経済発展を時間軸として分析した．従って，幅広く見る代わりに，各々の分野は浅くしか取り上げていない．

　俯瞰の軸は縦と横の2つである．縦軸は歴史で，経済システムさらにそれを構成するサブシステムがどのように形成されてきたのかを考察する．横軸は各サブシステム間の関係・相互の関連性であり，全体のシステムの中の位置づけである．例えば，金融システムは財政システムとどのように関わり，企業や教育のシステムとどのような関連性を持っているか，経済全体のシステムの中でどのように位置づけられるかといった観点からの分析である．

　各章について簡単に紹介すると，第1章では，1980年代から1990年代初めにかけての日米貿易摩擦を背景とした「日本異質論」を踏まえて，「中国異質・異端論」がどのような変化をたどってきたのかを国際政治経済学の側面から考察する．2010年代から盛んになった中国異質・異端論が辿ってきた経緯は，日本異質論のそれと異なるが，その理由を考察した．第2章から7章では，中国の経済システムを理解

するために，重要なサブシステムである金融，財政，企業，社会保障，対外経済，教育を考察する．

　まず第2章では，中国の経済システムの最大の特徴である金融システムを取り上げる．計画経済下の単一銀行制度から国有銀行を中心とした金融システムは，改革開放期の初期には有効に機能してきたが，BIS規制が適用されるようになると，地方政府の資金需要に応えるためのシャドーバンキングが隆盛となり，一部は不良資産化することとなった．また，民営企業が主導権をとってきたインターネットバンキングが個人やベンチャービジネスなどの新たな資金需要を取り込みつつあり，国有銀行優位のシステムが挑戦を受けている現状を紹介する．人民元のデジタル通貨化もこうしたコンテクストの上で解釈すべきであろう．また，最近注目を浴びている現代貨幣理論（MMT）と中国の金融システムの親和性についても触れた．

　第3章では，財政システムを紹介する．中国の財政システムは，地方政府のウェイトが大きく，中央政府と地方政府の分担が分かりにくい．財政システムを概観すると共に，それが金融システムのシャドーバンキングの背景でもあり，また社会保障システムとも密接に関連していることを明らかにする．

　第4章では，企業システムを紹介する．「社会主義市場経済」の主体である企業とは何か．国有と民営の違いは何か．どのような産業がどの地域に分布しているのかを紹介する．また，自動車，鉄鋼，電機，電子産業の主要産業について所有主体，地域的分布，主要企業を概観する．

　第5章では，社会保障システムを取り上げる．計画経済の時代には，国民全員をカバーする社会保障システムの存在意義はほとんどなかったが，改革開放路線の採択に伴い，整えざるを得なくなった．また，中国固有の問題として高齢化と都市化の問題があり，この面からも社会保障システムの構築を急ぐ必要があることを明らかにする．

　第6章では，対外経済システムを論じる．改革開放路線の初期には固定為替レートの維持が，ついで外貨準備の運用としての直接投資の促進，さらには「一帯一路」や中国主導の国際機関設立など多角的な展開が図られてきた．ポストコロナの世界では，発展途上国の債務問題が浮上すると考えられ，こうした路線も修正を迫られる可能性がある．

　第7章では，教育システムを取り上げる．教育の普及と高度化は，工業化，近代化の条件であり，所得の不平等への解決策でもある．中国は科挙による官僚制度とそのための教育システムという伝統があり，学歴主義の悪弊も指摘されてきた．改革開放路線の下で，義務教育が普及し高等教育が急速に進展し，他のシステムと歩調を合わせるように民営学校による私学教育も急速に進んでいる．

　第8章では，これまでの章で論じてきたサブシステムを統合した中国の経済システムは結局どのようなものか考える．中国は経済大国であるが，中進国の壁，所得の格差，技術開発力，輸出のかげり，海外進出などいくつかの問題を指摘されてきた．しかしながらどれもが中国の国力を急速に弱めるほどのインパクトを持ってい

るとは思われない．中国の経済システムは，一言で言えば，「地域分散型複合資本主義」である．複合の意味は，企業は，国有あるいは民営（民有）であり，あるいはその中間であるという混合所有制の意味もあるが，企業所有の曖昧さにも起因する．西側資本主義国からすれば，誰が株式を保有しているかが決定的に重要であり，一株＝一権利であるが，中国では，実質的に誰が保有しているかは，株式の名義人を見るだけでは分かりにくい．「所有」という概念が中国では異なるという論者もいる．さらに，国有企業と民営企業が異なった分野で，異なった論理で並列しているように見えるが，アリババを巡る最近の動きを見ると両者の重なる領域での主導権争いが起きているとも思える．

　第9章では，ポストコロナの世界経済の中での中国の経済システムを考える．中国の経済システムの最大の特徴は，政府の役割の大きなことであるが，リーマンショック以降，米国も含めた先進国における財政・金融政策の重要性が増し，更に新型コロナウィルスによる戦後最大の経済危機は，政府の役割をさらに大きなものにしようとしている．中国を異端とする根拠がなくなってきているのである．またコロナからいち早く回復しつつあり，これからのAI社会実現においても一歩先んじているように思われる．

　もちろんリーマンショック時と違って，コロナ危機によって中国も痛手を被るであろう．例えば，「一帯一路」や「走出去」によって展開してきた海外戦略は，これらの対象国の多くが世界経済の最も弱い環であり，相手国の危機によってプロジェクトや事業が中断・中止に追い込まれ，さらには貸付債権や工事代金の債務不履行などに直面する可能性も大きい．また中国も社会保障システムをさらに充実することを迫られている．

　全章を通じて俯瞰してきた経済システムを，今はやりの持続可能性の観点から評価するとすれば，中国の歴史・風土を踏まえたそのシステムは計画性，改革性（「実事求是」の精神），進歩性（科学・進歩に対する信頼），民主性（討議によって決定する）の故に，持続可能であり，中国経済は強いという評価を下すことが出来るであろう．もちろん中国経済には問題も課題もあるが，筆者が指摘するまでもなく，そのほとんどは国内で広く共有され，中長期的な解決方針が示されている．

　以上述べてきたように，本書は中国経済の全体像を明らかにしようとするものであるが，執筆にあたってはできるだけ価値判断を避け，予断を持たず，客観的かつ分析的に俯瞰し，把握することに主眼を置いた．大学などで標準的な中国経済論の教科書・副読本としても使用可能ではないかと思う．中国経済に限らずだが，そのシステムは外部からは分かりにくい．中国の場合は更に，制度面の変化が急である．理解不足や遅れた情報をもとに執筆した個所も多々あるのではないかと思うが，ご容赦いただきたい．

　本書の執筆にあたっては，恩師である清川雪彦先生（一橋大学名誉教授）始め，先生の主催されているアジア経済研究会の参加者である荒川憲一氏（至誠館大学），高橋塁氏（東海大学），江藤圭也氏（一橋大学COE研究員），大場裕之氏（麗澤大学），木

iv

曽順子氏（フェリス女学院大学），高田誠氏（明海大学），寳剱久俊氏（関西学院大学）の諸氏から大いに知的刺激を受けてきた．厚く感謝したい．

　最後に，本書出版の労をお取りいただいた晃洋書房の丸井清泰氏，山中飛鳥氏に厚くお礼申しあげたい．

　2021年7月

古 島 義 雄

v

目　　次

第1章　中国異端論
――国際政治経済面からの考察――

　この世のものごとのすがたはこのように変わるものであり，諸帝国の中心といい，さまざまな財産の台帳といい，さまざまな地位の憲章といい，決定されたと思われたものも例外なくたえず改変されるから，人生の経験を積んだ人の目は，それだけは絶対変わることはありえないと思われた箇所に，これ以上はない変化を見てとることができるのだ．
　　　　　　マルセル・プルースト『失われた時を求めて』（吉川一義訳，岩波書店）

　中国は異質・異端であり，何らかの対抗措置が必要であるという中国異質・異端論が米国を中心としてますます大きくなっているように思われる．この章では，主として国際政治経済面からの中国異質・異端論を考察する．まず第1節で，1980年代に盛んであった日本異質論を振り返り，中国異質・異端論を考える上で，参考となるべき事項がないか検討する．第2節で，米中対立，米中対決を論じる際，その背景として挙げられる中国経済の実力について論じる．第3節で，主として国際政治経済学や地政学の分野で論じられている中国異質・異端論ないし米中衝突必死論の時間的変化を考察する．第4節で，なぜ日本異質論に比べて中国異端論のタイミングは遅れたのかを考える．第5節は結論である．なお，この章の目的は中国が欧米あるいは日本の研究者からどのように認識されているかを時系列的に明らかにすることであり，中国経済がどのようなシステムなのかは次章以下で検証していく．

第1節　日本異質論――中国異端論の前例として――

　異質・異端とは何か．英語では revisionism であり，日本語では修正主義とも訳される．つまり，正統に対する異端である．しかし，日本では日本異質論，中国異質論はよく使われるが，異端論はあまり使われない．しかし，異質の反対語・反義語は同質である．日本以外，あるいは中国以外の国が皆同質であれば，異質と呼んでもよいが，そうではあるまい．一方異端の反対語・反義語は正統であり，誰が正統かと言えば米国ということになる．つまり米国流儀でない国家，あるいはあまりに違いがありすぎる国家は，異端国ということになる．

　以下の章で，中国の様々なシステムを紹介していく過程で明らかになって行くが，とりあえず表1-1で中国と米国および欧州・日本とのシステムを比較してみた．

表1-1　中国と米国，欧州・日本とのシステム比較

	中国		米国	欧州・日本
	改革開放前	現在		
財・サービス取引	計画	市場	市場	市場
企業	国有企業・集団所有企業	混合所有	民間企業	民間企業
資本の有無	直営	有限会社・株式会社	主として株式会社	主として株式会社
銀行	国有	国有	民間	民間
体制の自己規定	公有制計画経済	社会主義市場経済	資本主義	資本主義
政治	共産党一党独裁	共産党一党独裁	複数政党・選挙	複数政党・選挙
米国を基準とした評価	異端・異質	異端・異質	基準・正統	同質・異質

（出所）筆者作成.

どこがどう違うのかは，各章で明らかにして行くが，政治システムだけ見ると，中国異端論・異質論は議論の余地のないことである．一方，経済関係のシステムでも中国は社会主義を名のっており，異端・異質であるのは当然のように思える．ただし，基本的には，資本を公的機関が保有する割合が多いか，そうでないかの違いだけだと考えれば，中国式資本主義という表現はおかしくはないし，第8章で論じるように，そのように呼ぶことも多い．

　以下，日本についてはすでに日本異質論が定着してしまっているので，そのままとし，中国については異質論でも間違いではないだろうが，最近では米国を中心として，中国の台頭を正統派である米国主導のシステムへの挑戦として捉える論調が目立つため，中国異端論と呼ぶこととしたい．

　なぜある国家が，異質・異端だと見なされるようになるのか．高坂［1990］は，異質論あるいは脅威論について，次のような段階をたどるとする．

　1．異質論は先発国が後発国の挑戦の重大性に気がつき始める時に現れ，まず初めには，自分たちのかつての優越した立場が脅かされつつあるという認識がくる．その時の人間の最初の反応は，当然ながら軽視または蔑視である．

　2．次に後発国がルールを破っているという認識，すなわち自分たちは「不公平競争」のために，苦戦しているという考え方が現れる．

　3．第3の段階として，自分たちのものとは異なるもので，しかも強力なシステムの登場を認識させされることになる．そのとき脅威論が現れる．

　この異質論，脅威論の対象になったのが，19世紀から20世紀初めにかけての，ドイツ，米国，日本であったことを例証している．

　1980年代に，日米貿易摩擦が盛んに喧伝されていた頃，リビジョニスト（revisionist）と呼ばれる米国の論者たちは，日本が，特に通商問題について欧米の先進国と異なるゆえに，異なる対応が必要であると主張した．日本が脅威とされるのに

は，日本の経済力，国力が，米国にとって当初は日本を意識し，やがて脅威と感じられるくらいの大きさに成長していたことを意味しよう．

　国力を何で測るのかについては，いくつかの考え方があろうが，GDP（国内総生産）が単一の指標をとしては，最も適切であることに異論はなかろう．GDP は，国内通貨建てで計測されるからそのままでは国力の国際間比較は難しいので，統一した尺度として米ドルを用いるのが自然である．しかし，市場で決定される為替レートは，値動きが激しく，また国内の物価水準そのものよりは，国際間で取引される財やサービスの国内価格比をより大きく反映するので国際比較には必ずしも適していない面もある．そこで，国内の物価水準を反映した為替レート（購買力平価，Purchasing Power Parity，PPP）を使って国際間の比較を行うこともある．

　PPP を使って，国内の経済指標を米ドルに換算して国際比較に用いる方法は，例えば世界銀行や CIA（Central Intelligence Agency，米国中央情報局）などで行われてきた．前者は，貧困の撲滅を目的とする機関であり，貧困の程度を比較するには，国内の物価水準を考慮する必要があり，後者は軍事力などの国力比較の為には，市場為替レートではなく，物価水準を考慮すべきであると考えているためであろう．

　しかし，国内の物価水準を基準にして，毎年 PPP を決定する（絶対的購買力平価）のは容易ではない．なぜならば，物価を構成するバスケットが各国で大きく異なるからである．PPP を国ごとに計測するためには，消費者物価の計測と同じように，各地における消費者が例えば 1 か月生活するのに必要な財やサービスの組み合わせ（バスケット）を決めなければならない．それを国ごとに毎年計測することは大変な作業になるので，基準となっている年の為替レートが両国の物価水準をよく反映していると仮定して，その年以降，対象国が発表している消費者物価指数や GDP デフレーターなどの物価指数から相対的な変化率を考慮した PPP（相対的購買力平価）を簡便法として採用することが行われている．国際通貨基金（International Monetary Fund，IMF）や日本銀行が発表している実質為替レートも，ある年の為替レートを基準にそれ以降の 2 国間の物価変動の差を考慮に入れて算出しているという意味で，相対的購買力平価と同じ考え方に立っている．

　まず，市場為替レートを換算レートとして使った日米の GDP の推移を比較すると，**表 1 - 2** のとおりである．

　これによれば，日本の GDP を 1 とした場合，米国の GDP は1980年では，2.58倍だったものが，1985年には3.10倍と米国の国力がむしろ上昇してしまっている．1986年から次第に国力差が縮小し，1995年には1.40倍となり，その後格差は拡大に転じている．このばらつきの理由は，市場為替レートの大幅な変動にある．1981年1月に就任したロナルド・リーガン大統領のリーガノミックスの下でドル高・円安が進行し（1980年の年平均市場為替レートは，1 ドル＝226.74円，1985年では238.54円），結果として日本の対米貿易黒字が増加した．1985年 9 月のプラザ合意でドル高是正の合意（1986年では 1 ドル＝168.52円，1995年では94.06円）が得られたが，それまでの間円安が進行していた．このことが理由で，1985年まではむしろ米国の GDP が過

表1-2　日本と米国の GDP 比較：市場為替レート，日本を1とした場合
　　　　の倍率

1980年	1981年	1982年	1983年	1984年	1985年	1986年	1987年	1988年	1989年
2.58	2.63	2.95	2.92	3.06	3.10	2.20	1.92	1.70	1.85
1990年	1991年	1992年	1993年	1994年	1995年	1996年	1997年	1998年	1999年
1.90	1.72	1.67	1.54	1.49	1.40	1.67	1.94	2.25	2.11

(出所) International Monetary Fund (IMF) *World Economic Outlook Database, October 2020* に基づき作成.

表1-3　日本と米国の GDP 比較：購買力平価，日本を1とした場合の倍率

1980年	1981年	1982年	1983年	1984年	1985年	1986年	1987年	1988年	1989年
2.73	2.69	2.56	2.58	2.65	2.62	2.63	2.60	2.53	2.50
1990年	1991年	1992年	1993年	1994年	1995年	1996年	1997年	1998年	1999年
2.43	2.35	2.41	2.49	2.57	2.56	2.58	2.67	2.82	2.96

(出所) 表1-2に同じ.

大評価，日本の GDP は過小評価されていたと考えられる.

　日本の GDP を米ドルに換算するにあたり，購買力平価（PPP）を使うと，毎年の変動は，**表1-3**のとおり，小さくなる. PPP では，日米の格差は，1980年では2.73倍であり，もっとも差の小さくなった1991年で2.35倍である. その後格差は拡大し，1999年では2.96倍と拡大している. **表1-2**と**表1-3**を比較した場合，PPP による**表1-3**の方が国力の比較，特にその推移を見るには優れているように思われる.

　次に米国などで発表された著書をもとに，日本に関する代表的な評論を紹介する. いずれも直ちに日本語に翻訳されており，外国人に日本がどのように見られているかについての日本での関心の高さを表している. なお，日本異質論や中国異質論・異端論の著作の多くは邦訳されているが，最初の発表年が重要であるので，原文の発表年で表記することとした.

　Vogel [1979] は，これらの書物の中で早い段階で発表されたが，内容を見ると，日本の高度成長がどのような背景のもとに達成されたかを文明論的な側面も含めて紹介しており，日本異質論の前段階ともいえる著書と言える. 具体的な内容は，日本は少ない資源にもかかわらず世界のどの国よりも脱工業化社会の直面する基本的問題の多くを最も巧みに処理してきたが，それは日本人の勤勉，忍耐力，克己心，他を思いやる心など日本人の美徳と考えられる特質，国民性よるというよりは，日本独自の組織力，政策，計画によって意図的にもたらされたものであり，日本は世界で最も強力な工業力を持っており，米国よりも優秀な製品を安価で提供できるとする.

　日本を特殊な国であるという見方に対しては，日本が多くの点で米国より優れていることを認め，その国から学ぶことは忍び難いことであり，日本の奇跡的な経済

成長は特殊な事情によるものと信じようとすると指摘する．うまく西洋の技術を導入した，ダンピング，政府の援助や保護，低賃金，トラスト法や関税規制の違反などによるものだと信じたがる．これらの説を強調し過ぎて，近代化への努力，効率的な組織，技術を利用する高い能力，勤勉な労働者，市場開拓への努力などに目を背けようとするとしている．これらの諸点は，現在の中国異質論を考えるうえでも参考になる．

　Johnson [1982] は，日本の産業政策，特にその担い手としての旧通商産業省 (MITI) を研究対象とした学術論文である．その内容は，日本は後進開発国の典型的な事例で，西欧の市場経済，共産主義の開発独裁システム，戦後の新興国とは，異なった特徴を持っている．最も重要な特徴は，経済における政府の役割の一端を民間企業が担っていること，経済成長を達成するために市場をどのように動かせばよいかを公的セクターと民間セクターが知っていることである．国家経済を主導する政府アクターとして MITI の役割が大きいとする．戦前と戦後の日本の間には驚くほどの連続性が存在し，その中で最も重要な連続性は産業政策の実施に関わった人物のつながりである．経済発展モデルの第1の要素は，小規模で低コストかつ非常に優秀な行政能力を持つエリート官僚組織である．第2の要素は，官僚が主導し効率的に活動することを可能とする政治体制であると MITI を高く評価する．この本では，日本の経済運営システムが米国とは異なるという意味で日本異質論の嚆矢であると言えるが，内容としては感情的な嫌悪を原点とするものではない．

　Prestowitz [1988] は，1981年から1986年まで商務省に勤務し，対日貿易交渉にも従事していた経験を踏まえた日本論である．その内容は，1981年には日本はすでに自由世界で2番目の経済力を持っていたが，唯一のリーダーと言えばやはり米国であった．一人当たり GNP は世界第一で，世界最大の債権国であり，ほとんどの技術分野で世界一であり，世界最強の軍事力を有していた．1986年において様相は一変し，軍事力を除いては日本がリーダーの地位にのし上がっていた．日本が世界のリーダーに上り詰める過程で，タバコや牛肉，柑橘類やソーダ灰，テレコムや金融市場，半導体と次々に摩擦が起きたが，米国はそれぞれの問題を個別的な葛藤として処理してきたが，日本と貿易相手国の間の葛藤は，異なる経済制度と社会的な価値観のぶつかり合いに起因しており，日本の産業が米国の競合産業のほとんどを凌駕していると危機感をあらわにする．

　Fallows [1989] は，雑誌の編集長で，1986年に初来日した．日本の異例さを，米国ばかりでなく，西欧，カナダ，オーストリア，中国，韓国と比較し，日本は国民の生活水準を引き上げることにあまり関心を払っていない，日本人はアダム・スミスの言う合理的な費用便益計算をしながら日々意思決定する経済人ではないとする．米国では消費者としての利益を高めるために，生産者としての逆境（解雇，転職など）に耐えるが，日本では消費者の利益は最後に来る．だから輸入が少ない．米国は自国の企業のやり方を改善し，学校を改革し，負債を減らさねばならない．我々自身の利益と価値観は日本とは同一ではないと日本異質論を展開する．

　Wolferen［1989］は，オランダ人ジャーナリストによる著書で，著者は1962年に来日した知日派であるが，見方は辛らつである．日本についての２つのフィクションがあるとする．第１に，責任ある中央政府が存在するというフィクションであり，日本の政府は諸外国ほど大きな責任を負わない．権力を分け合ういくつかのグループの力のバランスを図ることによって国政が行われてきた．最も力のあるグループは，一部の省庁の高官，政治派閥，官僚と結びついた財界人の一部であり，それに準ずるグループもたくさんあり，例えば農協，警察，マスコミ，暴力団などである．これらは，筆者がシステムとよぶ権力構造の構成要素である．これらのグループには自由裁量権が与えられているが，それらを統率する中央機関は存在しない．第２は，資本主義的自由市場の経済に属するというフィクションである．日本，韓国，台湾は，自由市場型と共産主義型以外の資本主義的発展志向型国家と呼ぶべき政治経済類型であるとする．

　これら日本異質論をめぐる議論は，現在の中国異端論を考える上での参考となるのだろうか．

　第１に注目すべき点は，日本異質論は1980年代から盛んに論じられるようになったが，1990年代初めにはあっという間に消えてしまい，中国異端論のように長い間議論されては来なかった．その理由の１つとしては，日本経済のバブルの崩壊とそれに続く経済的低迷があり，日米の経済力が再び拡大に転じたことが挙げられる．２つめの理由は，プラザ合意によってドル高が修正され，**表１-４**のとおり米国の貿易赤字が縮小に向かい，また日本資本による不動産投資などの米国買いが縮小したことである．国際政治面での理由としては，1990年８月のイラク軍のクウェート侵攻に端を発した中東問題によって米国外交が忙殺されることとなったことが挙げられる．

　第２に注目すべき点は，日本は米国の傘に守られた非核武装国であり，日本にとって米国は唯一の軍事同盟国であることである．一方，中国は国連の常任理事国の１つであり，核武装した軍事大国である．日本の異質論が論じられた時の軍事問題は，安保ただ乗り論，フリーライダー論であり，中国の場合のようにライバル論

表１-４　米国貿易収支の対 GDP 比率　（単位：%）

1980年	1981年	1982年	1983年	1984年	1985年	1986年	1987年	1988年	1989年
−1.10	−1.08	−1.15	−1.77	−3.03	−3.08	−3.39	−3.51	−2.62	−2.29
1990年	1991年	1992年	1993年	1994年	1995年	1996年	1997年	1998年	1999年
−2.07	−1.41	−1.62	−2.02	−2.42	−2.44	−2.44	−2.45	−2.89	−3.78
2000年	2001年	2002年	2003年	2004年	2005年	2006年	2007年	2008年	2009年
−4.66	−4.25	−4.64	−5.05	−5.82	−6.38	−6.46	−6.04	−6.00	−3.80
2010年	2011年	2012年	2013年	2014年	2015年	2016年	2017年	2018年	2019年
−4.61	−5.04	−4.88	−4.47	−4.52	−4.46	−4.27	−4.42	−4.60	−4.31

（出所）「世界経済ネタ帳」（https://ecodb.net/，原データは UNCTAD）に基づき筆者作成.

ではない.

　第3に注目すべき点は, 高坂 [1990] の指摘するような, ① ライバルが登場しつつあるという気付きの段階, ② 不公平競争ではないかという非難の段階, ③ 脅威論の段階が, 短い期間ではあるものの観察できることである. もっとも②と③の明確な時間的差異は明確ではない.

　第4に注目すべき点として, 違いを論じる場合でも立場あるいは視点によって, 自国政策の参考にするため, あるいは自国民の啓発しようとする場合と, 異端・異質として排除しようとする場合とがあることであろう. しかし, 結局読者に伝わるのは異端・異質であることだけだから, 立場, 視点の違いはあっても結果的な違いはほとんどないと言える. Vogel [1979], Johnson [1982] は, 感情的でないという意味でも学術論文的であるが, Prestowitz [1988], Fallows [1989], Wolferen [1989] も中身の分析自体は客観的である. 後者のみ revisioist (日本を修正主義, 異質, 正確には異端と見る人) というのも客観性に欠けよう. 各国についての研究は, かならず制度や取引ルールを含んだシステムの違いに行きつかざるを得ず, そのシステムには必ずその国の歴史が絡んでくる. 英国, フランス, ドイツと並べれば, どの国も同じシステムであるはずがない. 同じであることを強調するか, 違いを強調するかによって, 西欧として1つにくくる同質論にもなるし, 別々のシステムを持つという意味で異質論にもなる.

　第5に注目すべき点は, 日本異質論の対極にあるのは, 米国正統論であり, 経済学で言えば新古典派経済学の描く世界であることである. 竹内 [1999] は, 日本の金融危機の原因は, 裁量的な行政と金融システムの掟といった非合理的な基礎の上に成り立っていた日本の金融システムが, 合理的なアメリカ的な市場経済に適合しそこなったことにあるとする. この「市場経済の原理」が長い歴史の過程で磨き抜かれた情緒がらみの経済システムの国に乗り込んできた結果, 日本の金融業は, 1980年代から金融の自由化, BIS 規制, 裁量的行政の廃止と次々に攻め立てられ, 情緒的システムが変質し始めた. 不幸にもバブル経済の発生・崩壊が重なり, 日本の金融システムは短期間のうちに崩れたとする.

　青木 [1995] は, 経済主体の合理性の限界, ひとびとの間での情報の分配の非対称性, 市場の不完全性などのゆえに, 時空を超えて普遍的な規範的価値を伴った経済システムは存在しないと主張する. また, 青木・奥野 [1995] は, 日本の経済システムを理解するためには, 様々な社会的仕組みの役割と有効性, それらを安定的な仕組みとして成立させているインセンティブの構造, それぞれの異なる制度の間の相互依存関係の特徴などを体系的に分析すること, しかもそれらの仕組みをシステムとして, つまり仕組みの総体として考察することが重要であるとする. ひとつの経済システムの内部では対象ごとに比較的同質的な制度が成立し, 異なる経済システムの間には大きな制度の違いが存在し, お互いの経済システムの異質性が際立っている. 日本特殊論, 日本賛美論, 日本異質論はまさに日本の経済システム・経営システムが欧米の経済・経営システムとは全く異なった形で編成されていると

いう指摘に他ならないと主張する.

第2節　中国経済の実力

　中国異端論あるいは中国脅威論の背景にあるのは，1980年の改革開放路線以降の中国の急速な経済成長と，その結果中国経済の占める国際的地位が大幅に上昇し，今では世界最大・最強の米国の地位をも脅かし始めているという事実である.

　表1-5は，PPPによる米国と中国のGDP比較である.後述するように，最初に中国経済をBRICsの1つとして捉え，その実力と成長性に着目したのは米国の投資銀行，ゴールドマン・サックスであるが，そのレポートでは，PPP（相対的購買力平価）が換算レートとして使われており，以降中国経済の実力と言った場合，PPPが米国との比較において頻繁に使われるようになった.なお，数字は中国のGDPを1とした場合の米国GDPに換算したものである.

　これによれば，1980年に1：10近くあったGDPで測った国力の差は，1991年には，1：5を切り，1999年には1：3，2005年には1：2となり，2016年に追いつかれ，2017年には逆転してしまった.現在は，米国のGDPの方が，中国より8％少ない.ただし，前述したようにPPPは計測が難しく，また基準年の算定が妥当であったかどうかという問題もあり，比較する上での方法の1つと考えた方がよい.それでは，市場為替レートを使って換算した場合はどうなるのか.それが**表1-6**である.

　市場為替レートを使うと，1980年に1：10近くあったGDPの差は，1986年には，1：15にむしろ拡大している.これは為替レートがこの間，元安となったためである.2001年では1：8，2010年では1：2.5，2019年では1：1.5と格差は縮小しているが，PPPで見た時のように米中逆転はまだ起きていない.ちなみに，市場為替レートとPPPのかい離は，2010年代では，100％ほどとなっており，1ドル＝約7元の市場為替レートは，PPPを基準とした場合は過小評価されており，1ドル＝3.5元くらいであるべきであり，人民元の市場為替レートは割安に評価されてい

表1-5　米国と中国のGDP比較：購買力平価，中国を1とした場合の倍率

1980年	1981年	1982年	1983年	1984年	1985年	1986年	1987年	1988年	1989年
9.44	9.21	8.30	7.83	7.29	6.69	6.36	5.89	5.52	5.49
1990年	1991年	1992年	1993年	1994年	1995年	1996年	1997年	1998年	1999年
5.38	4.92	4.46	4.02	3.70	3.43	3.24	3.10	3.00	2.92
2000年	2001年	2002年	2003年	2004年	2005年	2006年	2007年	2008年	2009年
2.80	2.61	2.43	2.27	2.14	1.99	1.82	1.62	1.48	1.32
2010年	2011年	2012年	2013年	2014年	2015年	2016年	2017年	2018年	2019年
1.22	1.13	1.07	1.03	1.02	1.02	1.00	0.99	0.95	0.92

（出所）表1-2に同じ.

表1-6　米国と中国の GDP 比較：市場為替レート，中国を1とした場合の倍率

1980年	1981年	1982年	1983年	1984年	1985年	1986年	1987年	1988年	1989年
9.43	11.11	11.75	11.90	12.85	13.99	15.22	14.82	12.81	12.31
1990年	1991年	1992年	1993年	1994年	1995年	1996年	1997年	1998年	1999年
15.04	14.90	13.25	11.11	12.97	10.45	9.38	8.95	8.85	8.85
2000年	2001年	2002年	2003年	2004年	2005年	2006年	2007年	2008年	2009年
8.50	7.93	7.46	6.92	6.27	5.69	5.02	4.06	3.21	2.84
2010年	2011年	2012年	2013年	2014年	2015年	2016年	2017年	2018年	2019年
2.48	2.07	1.90	1.74	1.67	1.64	1.67	1.59	1.49	1.45

（出所）表1-2に同じ．

るという議論につながる．

　ちなみに，日本と中国との国力格差を PPP によって換算すると，1980年では1：3.4と日本の GDP の方がはるかに大きかったが，日本経済が1980年代後半の金融危機とその後の失われた10年・20年によって低迷した結果，日本の GDP は，1999年には中国に逆転され，2007年で中国の半分となり，2019年では中国のわずか23％となってしまっている．

第3節　中国異端論の系譜

　中国が改革開放路線を採択した1980年代以降，中国の変化は各国の研究者，経営者，政治家などの大きな関心を集めてきたが，1990年代に入り中国脅威論あるいは中国異端論が論調として目につくようになってきた．最近の例では，日本でも注目されている Allison［2017］は，覇権国（ruling power）と新興国（rising power）という表現を使い，新興国アテネの台頭と，それに対して覇権国スパルタが抱いた不安が戦争を不可避としたという「トゥキディデスの罠」に例えて，米国と中国の間で覇権国と新興国の間の覇権争奪の国際政治が再び生まれつつあり，これこそが21世紀最大の「トゥキディデスの罠」であるとする．

　中国を，先発国ないし覇権国である米国に挑戦する後発国，新興国と位置付ける認識はいつ頃，どのような背景のもとに生まれてきたのであろうか．高坂［1990］の指摘する3つの段階，すなわち① 中国の台頭に対する認識ただし軽視・蔑視論段階，② 中国アンフェア論の段階，③ 中国脅威論の段階，が明確に認識できるかどうか主要な論文・著書を年代順にたどって考察したい．

　最初に顧慮すべき時代区分であるが，先ほどの改革開放路線採択以降の GDP で測った中国の国力の推移に加えて，米中の指導者および中国の地位に大きな影響を与えたであろう国際的な事件を一覧表にすると表1-7のようになるであろう．

　この表をもとに表1-8のような区分を想定し，その時折の論文，著作などの論

表 1-7　中国と米国の指導者推移 （1978年12月以降）

	中国共産党総書記	米国大統領	主な出来事
1978年12月	鄧小平	ジミー・カーター	1978年11月末改革開放路線採択
1981年1月		ロナルド・リーガン	1985年3月ゴルバチョフ書記長就任
1989年1月		ジョージ・ブッシュ	1989年6月天安門事件.
1989年11月	江沢民		1991年1月湾岸戦争. 1991年12月ソ連解体. 1992年1～2月鄧小平南巡講話.
1993年1月		ビル・クリントン	1993年3月朱鎔基副総理に就任. 同年11月米中首脳会談. 1996年5月台湾初の総統選挙（李登輝就任）. 1997年3月朱鎔基総理に就任. 1999年中国のGDP日本を抜く.
2001年1月		ジョージ・ブッシュ	2001年9月11日同時多発テロ. 同年10月米中首脳会談. 同年11月WTO加盟. 2003年3月イラク戦争. 2008年9月リーマンショック.
2002年11月	胡錦濤		
2009年1月		バラク・オバマ	2009年4月米中首脳会談. 2013年12月頃～西沙, 南沙諸島の軍事基地化. 2014年中国のGDP米国を抜く（当時のPPPで換算）. 2016年5月蔡英文台湾総統に選出.
2012年11月	習近平		
2017年1月		ドナルド・トランプ	2017年4月米中首脳会談. 2018年3月鉄鋼・アルミニウムに追加関税発動. 米中貿易戦争始まる. 2020年2月～新型コロナウィルス危機
2021年1月		ジョー・バイデン	2021年3月全国人民代表大会（五カ年計画承認）

（注1）左側年月は, 米中指導者いずれかの就任年月.
（注2）中国共産党総書記は, 鄧小平から江沢民の間に, 胡耀邦, 趙紫陽が就任しているが省略.
（出所）筆者作成.

表 1-8　中国の変化：各時代の特徴と欧米日の中国観

	年代	特徴	欧米日の中国観
（1）	1980年代から1990年代初頭	ソ連の崩壊と冷戦の終結：天安門事件と孤立する中国	異端児, 変わり者困った相手国
（2）	1990年代から2000年代初頭	BRICS, 中国の台頭と崩壊のリスク：韜光養晦（とうこうようかい）路線	中国脅威論（競争者, 破綻した場合）, 日本への対抗者, 同盟者としての期待
（3）	2008年から2010年代半ば	リーマンショックから中国の夢へ：一帯一路路線	アジアの平和と安定にとって脅威. 世界制覇の野望.
（4）	2010年代半ばから2020年代	トゥキディデスの罠, 米中対決必死論	価値観の相違. 政府レベルでの批判

（出所）筆者作成.

調を整理して考えてみたい.

　以上の区分は, あくまで目安としての年代であり, 数年の違いを伴っており, 特に著作などに表れる思潮は, 数年のタイムラグを持っていると理解すべきであろう. 以下時代別に中国異端論の変遷を考察する.

（1）ソ連の崩壊と冷戦の終結——天安門事件と孤立する中国——

　1980年代末から1990年代初めにかけて，旧ソ連をはじめとする東側諸国は，大きな変革の波に見舞われていた．1985年にゴルバチョフ書記長が就任し，旧ソ連における改革がスタートすると東欧の改革も加速し，1989年にはベルリンの壁が撤去され，東欧諸国における共産党独裁体制が相次いで廃止された．1990年に旧ソ連に複数政党制・大統領制が導入された．さらに，1990年に東ドイツが西ドイツに吸収される形でドイツが統一された．1991年には，ソ連が解体され，ロシアを中心に独立国家共同体が結成された．

　中国でもこうした民主化の動きに対応して，1987年に改革派の趙紫陽が共産党総書記に就任し，民主化・自由化の機運が高まったが，1989年に学生を中心とした民主化運動を武力弾圧する天安門事件が起きた．趙紫陽は失脚し，鄧小平の意を受けた江沢民が共産党総書記に就任する．西側諸国は，残虐行為を非難し，多国籍間，二国間の経済援助の停止などの制裁措置を講じ，中国が推進しようとしていた外国企業からの直接投資も停滞することとなり，国際的孤立を迫られることとなった．

　青山・天児［2015］によれば，1991年2月のイラク戦争による米国のハイテク兵器による勝利に衝撃を受け，3月に江沢民が訪ソしたが，その頃24文字指示の内部通達が出されたとされる．その指示とは，「冷静観察，站穏脚根，沈着応付，韜光養晦，善於守拙，絶不当頭」「冷静に観察し，前線を固め，落ち着いて対応し，能力を隠し，ぼろを出さず，決して先頭に立ってはならない．」とする．更に，1991年のソ連解体は西側からの「和平演変」によるとして，「兵臨城下，敵強我弱，以守為主」の12文字指示が出されたとする．

　「和平演変」とは，平和的手段によって相手国の転覆・改変を迫ろうとする戦略とでも訳せようか．これらの指示は，彼我の国力の差が大きいので，守りを固める外交政策をとることにしたと理解できる．これらの指示の中に，その後しばしば中国外交の特徴とされる「韜光養晦」（ようこうとうかい．自分に相手を上回る実力がつくまでは，隠忍自重し，力を隠しておく）という言葉が初めて出てくる．「韜光養晦」について，Vogel［2011］は，2010年12月の藩志華へのインタビューの際，「1991年8月，ゲンナジー・ヤナーエフの反ゴルバチョフクーデターが起き，王震の提言はこれを支持するというものであったが，鄧小平は，「韜光養晦，絶不当頭，有所作為」（能力を押し隠し，決して先頭に立たず，できることをやれ）と指示した．」と聞いたとする．

　この「韜光養晦」という言葉は，米国の研究者に深い印象を与えているらしく，Phillsbury［2015］は，「1991年に中国の指導者はひそかに「韜光養晦」を用いた．表面的には，「好機を待ち，力を蓄えよ」という意味であるが，実際は「才能や野心を隠し，覇権者を油断させて，倒し，復讐を果たす」の意であり，中国の「戦国策」をもとにした中国の8つの戦略の1つで，敵の自己満足を引き出して，警戒態勢をとらせないとする戦略であるとする．また，Shambaugh［2012］によれば，鄧小平は1989年9月4日に，「韜光養晦，絶不当頭，有所作為」と演説したとされて

いるが，その演説の中にこの言葉はなく，1992年の南巡講話の際に，「韜光養晦，目立たないように何年か一生懸命働けば，国際社会の中でももっと影響力を持てるようになるだろう．そうして初めて国際政治で大国になれる」と話しているとしている．

　この時代の東西冷戦の終結（西側民主主義・自由主義・資本主義の勝利）とイラクのクウェート侵攻と湾岸戦争を背景に，西欧諸国における思潮の主流として誕生したのが，Fukuyama［1992］と Huntington［1996］であると言えるだろう．前者は，国際社会において民主主義と自由経済が最終的に勝利したと考える．民主政治が政治体制の最終形態であり，安定した政治体制が構築されるため，政治体制を破壊するほどの戦争やクーデターのような歴史的大事件はもはや生じなくなるとし，この状況を「歴史の終わり」と呼ぶ．ソ連の崩壊により，最良の政治体制は何かという社会科学的な論争やイデオロギー論争に最終的な決着がついた．民主主義は，絶対的であり，普遍的であり，恒久的なイデオロギーである．民主主義国家では，もはや民主体制が内乱や革命によって破綻することは起こりえず，民主国家は，重大な政治的問題が生じても普通選挙による政権交代という形で柔軟に対応できるため，国家体制として滅びることはないとする．

　後者は，冷戦が終わり，文明と文明との衝突が対立の主要な軸である．特に文明が接する断層線（フォルト・ライン）での紛争が激化しやすいとする．文化が国際政治においても重大な役割を果たしており，特に冷戦後は文化の多極化が進み，政治的な影響すら及ぼすようになった．文化は人間が社会の中で自らのアイデンティティを定義する決定的な要素であり，人は利益だけでなくアイデンティティのために政治を利用するとする．現在の諸国家は7つまたは8つの主要文明に区分でき，中国は，中国，台湾，朝鮮，韓国，ベトナム，シンガポールからなる中華文明に属し，西欧文明や日本文明も7ないし8の文明の1つとされる．

　この時代の米国はじめ各国の中国認識は，ソ連，東欧などの共産党独裁政権が相次いで，民主化，自由化に舵を切る中，一人現状維持を続けようとするという意味での異端児，変わり者，困った相手国という認識であったと言えるだろう．

（2）中国の台頭と崩壊のリスク──韜光養晦（とうこうようかい）路線──

　天安門事件以降中国は，国際的孤立を深めたが，1992年春，鄧小平が武漢，深圳，珠海，上海などを視察し，市場経済の推進，改革開放路線の堅持などの重要な声明（「南巡講話」）を発表した．これを機に，外国からの投資が徐々に再開され，中国政治の主導権は保守派から改革派へと移っていく．1990年代半ばからは，国有企業改革，銀行などの金融改革が加速していった．こうした非国有化，自由市場化は，中国の輸出主導型成長をさらに加速させるための WTO（国際貿易機関）加盟の条件でもあったが，中国は2001年に WTO 加盟を果たし，国際的孤立状態から脱却し，さらなる高度成長を遂げて行く．

　制度・スローガンという切り口から見ると，1992年10月，中国共産党第14回大会

が開催され，経済の市場化を目指す「社会主義市場経済」路線を確定した．更に，1993年に憲法を改正し，従来の社会主義公有制を基礎とする計画経済という規定を，国家は社会主義市場経済を実施すると改めた．

　この頃の西側諸国の中国に対する認識は，新興市場諸国（emerging market economies），その中でも特に市場規模が大きく将来が期待される BRICs の一員（最大ではあるが）として認識されていた．なお，ブラジル，ロシア，インド，中国がBRICs として紹介されたのは2001年であり，次の10年間で BRICs とりわけ中国のウエイトが大きくなり，その財政金融政策が世界経済に影響を及ぼすようになるだろうとされた［O'Neill 2001］．

　この頃の中国に対する見方としては，その台頭が認識されつつあったものの，中国がいずれ先進諸国のライバルになりうる可能性と共に，改革開放路線が破綻し，中国が内部崩壊してしまうリスクも同じように認識されていた．中嶋［1995］は，中国はインフレ，国有企業の経営悪化，労働争議の頻発，中央と地方の対立などに直面しており，中国経済が崩壊する原因として，拝金主義，盲流，外資依存の3つを挙げる．Shark［2007］も，30年近く市場指向の改革開放路線を続けてきたことで，中国社会は大きく変貌し，その結果，共産党支配ももはや盤石だと言えなくなっているとする．1つには中国共産党はもう中国の一般市民の所在や行動を常に把握することができなくなった．勿論，人々を常にコントロールすることなどもってのほかである．大学卒の資格を持つ中国人の9割がインターネットを通じて情報を得ていることも共産党にとっては問題となりうる．富裕層の絢爛たる生活ぶりと，貧しい農民や都市流民の悪戦苦闘の対照的なものであるとし，国内を要因とするリスクを指摘する．

　Halper［2010］によれば，20世紀の終わりから21世紀の初めの米国では，中国の指導部は西洋流の資本主義を信奉しているのだから，経済成長を維持するために国際市場や世界規模での通商に依存するようになり，その結果生活水準は上がり，政治的に安定するようになる．そして豊かで近代的になるにつれ，国際社会のルールに従い，これに統合されるようになると思っていた．ビル・クリントンも中国は「国際社会の仲間入り」をし，これが結局のところ，「我々の利益と理想を守ることになる」とした．その後のジョージ・W・ブッシュも，中国の WTO 加盟を支持するキャンペーンを行ったとする．こうした中で，2005年9月国務副長官のロバート・ゼーリックは，中国はグローバルな課題を共に解決する「責任あるステーク・ホルダー」であるという講演を行っている[1]．

　中国共産党の役割について，Coase and Wang［2013］は，次のように述べる．中国の経済改革の何より尋常ならざる特徴は，30年にわたる市場転換中に中国共産党が存続し，むしろ繁栄したことであろう．これは明らかに，社会主義の事件が失敗したのちの共産党の組織としての柔軟性と適応性の証左であり，党が無謬だとか社会主義そのものの優越性を証拠立てるものではない．中国の経済転換に，国家主導と草の根の2つの改革が存在したことは疑いない．第2の改革は，「辺境改革」

（marginal revolution）であり，いずれも国の権限外で出現した．4つの辺境勢力とは，私営農業，郷鎮企業，個人企業，経済特区であるとする．

　また，天児［1997］は，当時の日本における対中認識を，中国の総合国力の増大に伴う脅威については，イメージとしての脅威と実態としての脅威（意図と能力）が混在しており，バラバラになり弱体化した中国も混乱，無秩序化による脅威として位置付けていると総括する．中居［1997］は，1980年代の中国を潜在的同盟者，戦略的パートナーと位置付けるリベラル国際主義が天安門事件からソ連の崩壊の過程で変化し，権威主義的な中国を脅威として現実主義的に捉えるようになった．現在は，経済発展と協調的安保システムに中国を取り込もうとするリベラル国際主義と有事に備えた日米安保体制の強化という現実主義との混在形態—「新現実主義」が浮上しているとする．

　当時わが国では，中国への日本企業進出が目覚ましく，日本への逆輸入など安価な中国からの製品輸入が激増し，日本空洞化論や中国脅威論が唱えられ始めていた．例えば，深尾［2003］は，日本空洞化論や中国脅威論に対して，中国の産業構造には要素賦存に照らし歪みがあること，貿易構造では労働集約財に比較優位を持っており，日中貿易関係は補完的であり，日本の中国への直接投資シェアは日本全体の5％に過ぎず，中国への生産移転が進んでいるとは言えないとする．また，長岡［2003］は，日本の産業空洞化論について，ものづくりの生産性が高いほど相対価格の低下によってものづくりの空洞化は進むし，中国の賃金も生産性の上昇によって上昇するので，中国の低賃金を所与として産業の空洞化を論じるのは間違いである．また，中国への技術移転が産業の空洞化をもたらすという議論も，中国経済が発展することにより貿易機会が拡大するというブーメラン効果を忘れた議論であるとする．また，加藤［1997］も，中国が近未来に経済大国としてアジアに君臨するという脅威は誇張されたものであり，他方中国が経済運営に失敗し脅威となるという見方も中央政府の能力の過小評価であり，脅威の経済的根拠を欠くと考える．

　これに対して佐々木［2002］は，中国経済の課題は，国有企業改革，金融制度改革が待ったなしの課題となる一方，それに伴う雇用対策が急務となっている．これまでは，外需主導の成長であったが，これからは内需主導の成長が迫られ，中国にとって難しい課題である．2001年に入ってから日本では中国脅威論が盛んであり，中国から安価な製品が流入し，一部のわが国製品と競合しているのは事実であるが，近隣にこれだけの潜在力を持った国が出現したことをチャンスと捉えるべきとする．

　その他の中国をサポートする意見としては，例えば，胡［2011］は，中国は世界経済に3つの点で貢献している．すなわち① 世界の経済成長への貢献，② 世界貿易拡大への貢献，③ 世界への貢献，具体的には全人類の発展への貢献（所得面での貧困人口の減少，知識面での貧困人口の減少など）がある．今後は，科学技術論文や特許数などの知識面や地球環境保護などグリーン経済への貢献に期待できるとする．関［2011］は，米中間に基本的な対立はないと考えているようである．すなわち，米国の中国に対する立場は，対立路線を主張するリアリズム（現実主義）と協調路

線を主張するリベラリズム（自由主義）の2つの考え方があり，後者には，和平演変論（ダレス元国務長官が主張し，政治的宣伝，経済的援助，文化的交流により民主化を図る），中国責任論（中国がグローバル大国となったことを前提に，責任あるステーク・ホールダーとして世界のレジームの安定に貢献することを期待．2005年のロバート・ゼーリック国務副長官の演説で表明）があるとする．米国ではこれを機に，リアリズムから中国責任論へと転換し，中国は，胡錦濤による平和発展論（2005年9月の国連創設60周年首脳会議演説によって，中国の発展はいかなる人も妨げないし，脅威を与えることはなく，世界の平和，安定と共同の繁栄に役立つのみである．）によって呼応しているとする．

　第1節の日本異質論で紹介したエズラ・ヴォーゲルはもともと中国研究者であり，早くから中国の改革に注目していた．氏の鄧小平研究［Vogel 2011］は，「1992年に政界から身を引いたとき，鄧小平は中国の指導者が150年間，果たせないでいた使命を達成していた．彼とその仲間たちは，中国の人々を豊かにし，祖国を強くする道を見つけたのだ．この目標を達成する過程で，世界との関係，統治構造，そしてその社会のあり方といった中国そのものの根本的変容を導いたのは鄧その人だった．鄧小平の時代の変容を形作ったのは，①高度に発展した中国の伝統，②中国社会の規模と多様性，③当時の国際機関の性質，④創造的で勤勉な多数の人々の貢献であった．鄧小平は，グランドデザインをもった総設計師ではなく，移行期に総合的なリーダーシップを発揮した総支配人（general manager）であった．」と，中国の経済発展は，鄧小平の個性によるところが大きいと考えている．

　日本との関係では，2005年4月に小泉首相の靖国参拝，歴史教科書の改訂に反対する学生の抗議行動が，大規模な反日デモに発展した．Shark［2007］によれば，このデモはもともと，中国政府の意に反していたが，大規模反日デモが始まると政府高官は誰一人としてデモを批判しようとしなかった．ナショナリズムを使うことは共産党政権にとって有益だが，それにも限度があるとする．当時の米国には，中国の民主化に対する強い期待があり，同時に日本の軍国主義に対する懸念も大きかった［Shark 2007］．

　Jacques［2012］も，中国への警戒と同じく日本への警戒も隠さない．中国が異質であるのと同じく，日本も西洋的でない近代であり，中国と同じく人民主権より国家主権の方が勝っているとする．中国に対しても，中国はやがて米国を上回るグローバル大国となり，そのことがひいては米国が支配する既存の世界秩序の再編につながる．中国も発展すれば西洋的な国になるという考え方は間違いであり，中国文化は西洋文化とは異なる原理を持つゆえに，来るべき時代は西洋にとって困難なものになると警戒する．

　今から振り返ってみると，米国クリントン政権の中国接近と日本軽視（ジャパン・パッシング）は対になった外交戦略として遂行されたように思われる．その事情の一端について，後のオバマ政権で国務長官となるヒラリー・クリントンは次のように記している．1998年6月ビル・クリントン大統領が訪中し，ヒラリーと母，娘も同行した．中国側は，天安門広場での歓迎式典を希望したが，クリントンは当

初躊躇，しかし中国に敬意を払うゲストとしてふるまう方が自分の人権問題に対する自分のメッセージが中国側に伝わるだろうと中国側の希望を受け入れた．中国側は江沢民との共同記者会見を検閲なしで報道，北京大学での講演も放送した．この訪問を通じてヒラリー・クリントンは，「中国は長い時間をかけるにせよ改革と近代化を成し遂げた暁には世界において建設的な大国となり，米国にとって重要なパートナーになるだろうと確信した．」[Clinton 2014]．もしも，中国側が一貫した外交政策を貫いているのであるとしたら，「韜光養晦」路線（力のないうちは，本心を隠し，その日に備えて，力を蓄えよという外交政策）の成功例と言えるのかもしれない．

　この時代の中国の意図について，リー・クアンユーは次のように語ったとされる[Allison, Blackwill and Wyne 2013]．中国には世界最強の国家になろうという意図がある．中国の考え方の核は，半植民地化やそれによる搾取と屈辱以前の世界だ．他の新興諸国と違い，中国は中国として存在し，欧米の名誉会員ではなく，中国として受け入れられることを望んでいる．中国は豊かでゆるぎない未来を築くことがいちばんと結論付けている．そのためにどんどん高度になる技術力と教育を受けた大量の労働者を使い，あらゆる国に対してより多く売り，より強固な地位を築こうとしている．米国との関係を悪化させる行動はとらないだろう．米国のような影響力の強い技術大国に盾突くことは，中国の「平和的台頭」を妨げるからだ．中国は近代化のためにあらゆる施策を試そうとしている――ただし，複数政党制で一人一票の民主主義は除くが．その理由は，① 中国共産党が安定を保つために権力を一極集中する必要があること，② 複数政党の自由選挙制では安定を保てず，1920から30年にかけての群雄割拠のように中央の権力が地方に及ばなくなり，悲惨な結果になることを恐れているとする．

　この時代の中国の国内政策は，改革開放路線を堅持し，外交政策としては韜光養晦路線の堅持することであったろう．2002年11月江沢民の後任として中国共産党総書記に就任した胡錦濤は，2009年7月に外交問題をめぐる会議で「堅持韜光養晦，積極有所作為」（韜光養晦政策を堅持し，積極的になすべきことをやる）と発言したされる[青山・天児 2015]．ただし，Clinton [2014] によれば，韜光養晦路線は，2009年になると中国の一部政府当局者，特に軍部が，その抑制的な姿勢にいら立ち始め，アジア太平洋地域における最強国家だった米国がアジア太平洋から手を引き始めているにもかかわらず，中国が強大な国家として興隆することを拒もうとしていると映っていたとする．

　Roach [2014] は，米中関係は，中国ばかりでなく，米国にもメリットのあるもたれ合いだと次のように述べる．両国は必要に迫られて政略結婚した．鄧小平による改革開放は中国経済の輸出主導型回復を目指したものである．そのような弾みを後押しするのに，世界最大の消費者，すなわちアメリカの消費者以上に適しているものが他にいるだろうか？　一方，アメリカは安価な財――所得制約のある中流階級にとっては力強い支援になる――を求めて中国を頼りにした．加えて，貯蓄不足の米国は中国の潤沢な余剰貯蓄を勝手に当てにして，中国の対ドル・リンクの通貨

政策から大きな利益を享受した．時とともにこの政略結婚の絆は強まった．中国は輸出主導型成長の奇跡を支えるために米国の消費者の貪欲な需要を喜んで当てにする一方，米国は経済を元どおりの軌道に戻すべく，安価な財と資本を求めて中国を頼りにしたのであるとする．

　更に，もたれ合いがもたらす成長の配当に目がくらんで，両国はますます懸念が高まっている副作用を無視した．中国の場合は，資源とエネルギーを集約的に使う製造業モデルの行き過ぎは，環境面における劣化・汚染や所得不平等の拡大をもたらした．米国の場合，中国からの安価な資本は資産と信用のバブルを煽り，近代史の中で米国の消費者が最大の支出をするという酒宴に興じるのを手助けした．この相互依存関係は，人間の場合，もたれ合いは進行性の障害であり，最終的には関係の崩壊につながる．同じことは国についてもいえるとする．

（3）リーマンショックから中国の夢へ──「一帯一路」路線──

　2008年に米国に端を発し，先進諸国を襲ったリーマンショックは，これら諸国への輸出を主導とした経済成長を遂げてきた中国にも大きな影響を与えた．しかし，中国は他国がリーマンショックに苦しむ中，財政出動によりいち早く不況から脱し，成長率こそ2007年の14.2％には及ばないものの，2008年9.7％，2009年9.4％，2010年10.6％，2011年9.6％と高度成長を続けた．

　第2節で述べたように，PPP を換算レートとすると，2016年に中国は米国に追いついているが，市場為替レートではまだである．O'Neill and Stepnyiska［2009］は，市場為替レートで換算しても，米国は，2027年には中国にキャッチアップされるとする．ちなみに，筆者の計算では，米国の実質経済成長率を3％，中国のそれを6％とすると，市場為替レートで換算して2019年から16年後の2035年に中国は米国にキャッチアップする．

　先進各国がリーマンショックとその後遺症に苦しむ中，2012年11月に習近平が中国共産党総書記に就任した．習近平は，就任の記者会見において，「中国の夢」，「中華民族の偉大な復興」を力説した．また，2013年3月の全国人民代表大会の閉幕時の挨拶において「中国の夢の実現には，国家の富強，民族の振興，人民の至福を実現しなければならない」とし，また外交・国際戦略としては，超大国としての立場の明確化してきた．例えば，2013年6月の習・オバマ会談においては，世界で唯一の大国としての米中関係の立場の確認を求めている［青山・天児 2015］．

　天児［2018］は，習近平の「中国の夢」の背景について次のように分析する．「中華民族」という概念は実体のないものであったが，それを一挙に内実化し，実態を付与したのは日本との戦争においてであった．……強烈な敵を設定し，それに対抗するために人々のナショナリズムを刺激する．これがその後一貫して用いられてきた中国共産党のやり方であった．清末民初の指導者から，蔣介石，毛沢東，鄧小平そして習近平に至るまで，中国の知識人・エリートには共通した歴史認識が脈打っていた．伝統的な王朝時代を「栄光の歴史」として認識し，近代史においては

その栄光が欧米列強，やがては日本の暴力的な侵略を被り，……まさに「屈辱の歴史」としての脳裏に刻まれているとする．また，習近平は「２つの百年」について次のような目標を立てたとする．

① 共産党の創設100年（2021年）人々の生活水準を「小康状態」にする．GDPを米国に匹敵できるレベルに増大させる．

② 中華人民共和国建国の100年（2049年）富強・民主・文明・調和の社会主義現代国家を築き上げ，中華民族の偉大な復興という中国の夢を実現する．

　経済外交の面では，2014年11月に開催されたアジア太平洋経済協力首脳会議で，「一帯一路」と名付けた広域経済圏構想が提唱された．これは，中国からユーラシア大陸を経由してヨーロッパにつながる陸路の「シルクロード経済ベルト」と，中国沿岸部から東南アジア，南アジア，アラビア半島，アフリカ東岸を結ぶ海路の「21世紀海上シルクロード」の２つの地域で，インフラストラクチャー整備，貿易促進，資金の往来を促進する計画であり，過度の対米依存から脱却し，新たな市場を獲得しようとする意図が大きいと思われる．

　また，2013年には，一帯一路政策の下で展開されるインフラ投資を金融面から支援するためにアジアインフラ投資銀行（Asia Infrastructure Investment Bank: AIIB）が提唱され，米国，日本を除く主要国も参加し，2015年12月に発足，2016年１月に開業した．AIIB は，既存の国際開発金融機関である世界銀行や地域開発機関であるアジア開発銀行が，米国や日本などの影響力が強いことを嫌い，自らが主導権を発揮できる新たな国際開発金融機関の設立を意図した結果と考えられる．「一帯一路」と AIIB については，第６章で詳述する．

　習近平政権が誕生した2012年から2013年頃の米国はじめ西側の論調は中国に対する警戒論と軽視論が混じったものが多い．例えば，Shambaugh［2013］中国が本物の世界大国になるまでには（本当になるのだとして）その道のりはまだまだ長い．中国が他国にとっての「モデルケース」になるかというと，その魅力は弱いか，ないに等しい．加えて中国が国際舞台で威勢のよい態度をとっても国内問題など多くの問題を抱えている．中国の力は見た目ほど強くないのだ．中国には多国が手本とするようなソフトパワーがほとんど，あるいは全くない．ただし，軍事では海軍が他部門に抜きんでて格段の進歩を遂げた．これには，① 台湾問題への軍事的必要性，② 外洋にプレゼンスを確立したいという願望，③ 中国の造船産業の特徴（素早く建艦できる能力）が背景にあるとする．

　また，Nathan［2012］は，中国外交の主たる原動力は脅威に対する脆弱性であり，中国の地理的な位置は，全方向が不安定で，侵攻に対して無防備だという欠点がある．中国は，20世紀に日本，米国，韓国，インド，ロシア，ベトナムとの軍事衝突を経験したが，これら諸国との実質兵力比は米国を除いても，2.5対１で負けているとする．中国の台頭は，これまでのところ，アジアや欧米諸国に損害よりも恩恵をもたらしているが，それが続かない可能性もある．現在の中国は，現状に不満は

抱いているものの世界秩序の安定と西側諸国の繁栄に大きな利益を持つ国になった．中国の将来の指導者たちが米国の優位に挑戦しようとする可能性は残っている．もしも中国の経済成長が過去30年維持してきたペースで更に10〜20年続けば，中国は軍備を増強して海外に基地を確保できるだけの巨額の財源を持つことになるだろう．そして拡大する利益を守るために軍事力を行使する必要性が高まる状況に直面するだろう．今日の中国は強力な体制を持つ国家であるが，同時に問題を抱えた脆弱な国家でもある．政治的変化の可能性は３つある．① 新たな支配形態，「敏感に反応する独裁主義」とでもいうべき，効率的効果的で国民に支持された安定した独裁国家への漸進的進化であるが，このモデルは内部矛盾だらけ，② 民主主義への平和的な移行．ただし民主化が対外政策目標に根本的な変化をもたらすことはない，③ 中国の体制の不安定化であるとする．また，政治問題以外の３つの問題，すなわち① 人口の時限爆弾．2050年までに人口の４分の１が65歳以上になる，② 水問題の時限爆弾，③ 気候変化の時限爆弾，温暖化，によってどの国よりも大きな打撃をうけるとする．

　Nye［2015］は，米国の世紀が終わったという見方に対して，中国も含めて，米国にとって代わる国は出てこないと，中国の台頭には懐疑的である．ナイ氏は，ソフトパワーの提唱者として知れているが，ある国が，地政学的に卓越した地位にあるためには，経済力，軍事力，ソフトパワーの３つが必要であるとする．中国はこの３つのパワーのどれもが米国に追いついていない，経済の規模で追いついたとしてもその構成や洗練の度合いは同等ではなく，軍事力やソフトパワーでも劣るとする．

　例外は，Halper［2010］で，リーマンショック後の早い段階から中国脅威論を展開しており，今日の世界の予言書であるとも言える．彼は，① 中国が数年前の予想とは違う形で急速に発展している，② 中国が我々の期待に反して国際的な協調には参加しないであろう，③ 中国の市場経済は民主主義をもたらさないであろう，④ 「途上国」としての中国がプレゼンスを誇るようになるにつれて，権威主義体制が正当化されるようになると主張する．Halper［2010］は中国モデルとは，中央政府は，部分的に自由化された経済を制御し，人びとは西洋とは異なる市民社会——経済的な自由を謳歌し，生活水準が向上することと引き換えに，公的領域では政治的弾圧を許す社会——を受け入れるモデルであるとする．富の中心が移動する中で西側の優位は消滅しつつあり，新興国は国家資本主義になびきつつあり，新興国は市場経済と（半）独裁政治を融合させ西側の経済モデルを拒否しつつある．中国による脅威とは中国型資本主義の台頭であり，西側諸国が考える国際秩序と異なる——実際にはこれと対立する——モデルを中国が提示しようとしていることに他ならないとする．中国モデルは，1930年代の満州国で発明されその後韓国，日本，シンガポールで洗練されたアジア型モデルであり，中国共産党の統治理念は儒教文化に深く根差しており数世代にわたって信じられてきた自然な社会秩序を反映しているとする．

　日本異質論で参照した Johnson［1982］は，戦前と戦後の日本の間には驚くほどの連続性が存在し，その中でも最も重要な連続性は産業政策の実施に関わった人物のつながりであるとするし，Jacques［2012］も，中国が異質であるのと同じく，日本も西洋的でない近代であり，中国と同じく人民主権より国家主権の方が勝っているとする．Halper［2010］の主張も考慮に入れると，欧米の研究者には，戦前・戦後の日本，日本経済と現在の中国，中国経済には同質性が見出されるらしい．

　関［2015］によれば，習近平政権の発足から1年が経過した2013年11月の第18期三中全会以降，経済については引き続いて改革を進める一方，政治面では習近平総書記への権力集中と大規模な腐敗撲滅キャンペーンの実施を通じて共産党による一党支配を強化する左傾化が進んでおり，このような「政左経右」路線の実施によって，権威主義的体制が強化されるのではという評価がある一方でその持続可能性を疑問視する意見もあるとする．なお，関［2015］は，改革開放以降，それまでの全体主義体制から権威主義体制に移行したとし，権威主義体制は，① 政治権力の集中度，② 権力と自由の関係，③ 統治の方法，④ イデオロギー，⑤ 政権の正統性，などの点で全体主義体制と民主主義体制の中間に位置付けられるとする．

　習近平政権誕生後の2014年頃になると，米中衝突不可避論が出てくる．ただし，Steinberg and O'Hanlon［2014］や Navarro［2015］は，中国ばかりではなく米国にもその原因があるとする．例えば，Steinberg and O'Hanlon［2014］は，米国の外交の中心的な目標は自国の権勢を維持し，勃興する強国からの避けられない挑戦を退けることであり，一方中国も学者や当局者は対決が不可避だという展望を共有し，中国は米国の利益に対する挑戦を回避してはならないと考えているとする．米国も中国も，それぞれの伝統や文化から，米国は丘の上の町（米国は世界のモデル社会である）であり，中国は世界の真ん中にある国と自国が世界の中心であると思っている．ただし，中国の戦略文化は，自国が脆弱だった経験と歴史を更に遡り，幾分神話化されたパックス・シニカ（漢・唐・明などの中国が東アジアで支配的な地位にあり，地域全体が反映し平和だった時代：中国の平和）に大きな影響を受けているとし，普遍性に欠けていることを指摘する．

　Navarro［2015］は，中国の軍事力増強の主な理由は，① 屈辱の100年，② 海洋封鎖の可能性（マラッカ・ジレンマ），③ 禁輸措置大国米国への警戒であり，歴史を振り返ると，中国共産党は武力侵略と暴力行為を繰り返してきた．米国も外国への武力介入を繰り返してきた．両国とも非常に暴力的な核武装大国であるが，中国の現状変更意図，急速な軍事力増強，次第にエスカレートする侵略的な行為を合理的に判断すると，急激に軍事大国化する中国はアジアの平和と安定にとって脅威であるとする．

　自分が世界の中心にあるという米国の考え方については，Halper［2010］でも，米国例外主義（American Exceptionalism）についてふれ，米国が例外的な環境の下で誕生し，それゆえ歴史や人間の進歩で特別な役割を果たしているとする国家創生に関わる18世紀的理念である．アメリカの自由と海外の専制を対置させ，両者にゼロ

サム的関係を想定し，その思考的枠組みのもとで，米国は自由や進歩と言った普遍的な世界の主導者と見なし，どのような国も米国の独立戦争に似た経験をするはずで，いずれ中国も変わると考えるとする．

　Phillsbury［2015］は，中国は米国にとって代わって世界を支配しようとしており，中国が形成する世界は，① 中国の価値観が米国の価値観にとって代わる．中国にアメリカ人が考えるような個人の権利は存在しない，② 中国はインターネット上の反対意見を和諧（検閲）する．2050年までには，他国の国民が見るものまで検閲するようになる，③ 中国は民主化に反対し続け，対外的には独裁政権を支持するだろうとする．

　中国がなぜ軍拡を続けるのかについて，阿南［2017］は，江沢民政権の誕生にあたって，実績のない江が軍の権威を利用しようとし，解放軍との共生関係（ギブアンドテイク）を図り，例えば，改革開放路線の下，軍も自力で収益事業を手がけることを要求されていたのを，正規経費化に転換したことなど共通利益をアピールしてきたことを挙げる．また，戦略としては海軍重視で，第 1 次列島線，第 2 次列島線などの防衛ラインを主唱する劉華清が後見人として江沢民体制をサポートした．これはアヘン戦争以来，中国を窮地に追い込んだ列強のパワー・プロジェクションは多くの場合海洋を経由したものであり，アヘン戦争，アロー号戦争，清仏戦争のいずれの場合も，南シナ海を北上してきた敵の艦隊に屈服したとする歴史認識を持ち，天安門事件と湾岸戦争により中国は再び米国による海からのパワー・プロジェクションを警戒せねばならなくなったと考えているためであるとする．

　日本でもこの頃になると各種の「中国脅威論」が台頭してきたが，関［2015］は，これらを次のように整理している．① 軍事的脅威論．例えば，2013年11月に中国が東シナ海の広い範囲に防空識別圏を設定するなどについて防衛白書で強い懸念を表明した．② 経済脅威論．中国が安い労働力を利用して他国に輸出，日本の雇用を奪い，産業空洞化やデフレを引き起こしている．③ 資源・環境脅威論，資源を大量に消費し，このため資源価格の高騰や公害を引き起こし，日本にも悪影響を与えている．④ チャイナリスク論．成長率低下によって社会問題が起き，少数民族問題を抱えるなど中国の脆弱性によって問題が日本にも波及する，などとしている．総じて日本を圧倒する大国中国の台頭にどう向きあうかという危機意識はまだないようにも思える．

　米国は，この間どのような外交政策をとっていたのであろうか．米国もアジアシフトを強めようと，2011年に国務長官となったヒラリー・クリントンが米国の次の10年の国家運営で最も重要な取り組みの 1 つは，アジア太平洋地域に外交，経済，戦略，その他の投資を相当な規模で確実に増やしていくことであり，中国に対しては精力的に関与し，その興隆の在り方に一定の影響を及ぼすことが求められるとした［Clinton 2011］．中東に振り回された外交からの転換は，PIVOT と呼ばれた．Cambell［2016］は，PIVOT に対してよくある反応は，中国に敵意を抱かせないかという懸念の表明であるが，第 1 に PIVOT の主題はアジアとの絆の強化であり，

中国を封じ込めることではない．第2に中国との建設的で生産的な関係を築くことは PIVOT の重要な一部であるとする．PIVOT はアジア政策の中心に中国を据えるチャイナ・ファーストのアプローチを拒否し，中国政策をより広いアジア全体の政策の中に埋め込んでいるとするが，いかんせん時機を失した感がある．

（4）トゥキディデスの罠──米中対決必死論──

　トゥキディデスは，ギリシャの歴史家であり，他にトゥーキューディデース，トゥキュディデス，ツキジデスなどとカナ表記されるが，以下トゥキディデスと表記することにする．Navarro［2015］によれば，「トゥキディデスの罠（Thucydides's Trap）」は，2012年8月21日にハーバード大学グレラハム・アリソン教授が Financial Times 紙への寄稿で使用したのが始めとされる．

　そのアリソン教授の著書，Allison［2017］は，米中対決を不可避であるとしている．まず，アテネの台頭と，それに対してスパルタが抱いた不安が戦争を不可避としたという「トゥキディデスの罠」は国際関係学では頻繁に引用されており，アメリカと中国の間で覇権国（ruling power）と新興国（rising power）の間の覇権争奪の国際政治が再び生まれつつある．これこそが21世紀最大の「トゥキディデスの罠」であるとする．

　米国を覇権国，中国を新興国として捉え，覇権国と新興国の覇権争奪は歴史の恒であるとするのは，これまで紹介してきた米中関係を正統と異端として捉えるのとは異なる考え方である．かつての英国にとっては，米国が新興国であり，スペイン帝国にとっては英国が新興国である．異端が持つ正統性がないが故に非難されるべきであるという言葉の綾がない分より分かりやすい説明である．

　Allison［2017］によれば，近世から現代における，「トゥキディデスの罠」の15例のうち4つは戦争を回避できたが，11は戦争に至ったとする．米国と中国は多くの点で相違があるが，少なくとも1点ではよく似ている．それは極端な自己優越意識だとする．また，トランプ大統領と習国家主席には，次のような共通点があるとする．

　　① 自国を偉大な国にするという野望
　　② その夢を実現するうえで相手国が最大の障害だと考えている点
　　③ 独特の指導力にプライドを持っている点
　　④ 自国を復活させるという意欲
　　⑤ 難しい国内問題に取り組むと宣言している点
　　⑥ ポピュリズム的な愛国心をあおり自国の歴史的使命を妨げる相手に対して
　　　対決姿勢を示している点

　また，川島［2020b］も，習近平政権の外交政策は，次の点で胡錦濤政権と異なっている．①「韜光養晦，有所作為」というスローガンを使わない，② アジア新安全保障観などの地域安全保障を提起，③ 南シナ海の島々の上に軍事施設を建

設などであり，中国では国力に応じた変化とされる．また，習近平政権と胡錦濤政権には次のような連続性も見られるとする．

① 西欧列強とは異なる，自国の被害者意識あるいは途上国としての論理は継続している，強国となった現在はそういった意識や論理と革新的利益においては譲らないという姿勢とが矛盾を伴いながら重なる．

② 中国の伝統的な外交理念の継承．平和共存 5 原則や韜光養晦は口にしないが，有所作為は奮発有為としてはもちいる．

③ 先進国とは異なる発展途上国として世界とかかわる．

④ 現在は秩序もパワーバランスも過渡期にあり，中国には有利に働いている．

⑤ 新型国際関係は，「正確義利観」（義を重視し，時に利益を犠牲にする）を背景に「合作共贏」（互恵，ウィンウィン）を具体的に表現する場であるとする．

　Calder［2019］は，米中による世界分割の方向を予言し，ユーラシアは今 1 つに向かっている．主役は中国で，脇役はドイツであるとする．その背景として，① 1978 年以来中国が経済成長路線に転じたこと，② ソ連解体によりユーラシア大陸の真ん中に巨大な空間が生じたこと，③ 2008 年のリーマンショックにより欧米日など世界的に経済が後退したのに対して，中国はインフラ建設に邁進し，西方開発が本格化し，2012 年に「一帯一路」へと発展したこと，④ ウクライナ危機によりロシアと欧州の関係が悪化し，ロシアは中国頼みになったことを挙げる．また，米国は，科学技術，食料供給，エネルギー調達の 3 点で中国に勝り，国力を保ち続けるが，すでに中国の伸長を阻むことは難しいと考える．

　こうした反中国的な論調は，トランプ政権になってからの政府高官の発言，演説にも見られるようになった．例えば，マイク・ペンス副大統領は，2018 年 10 月にハドソン研究所で行われた「自由な方法で未来を考える」と題する演説で，中国は安全保障に関係する機関が窃盗の黒幕となり米国の知的財産を手に入れている，南シナ海を軍事要塞化している，国内で人権・宗教弾圧を行っている，米国において文化面でも中国の影響を強めようとしているなどと批判した．また 2019 年 10 月にもウィルソン・センターで「米中関係の将来」と題する演説を行い，米国の対中貿易赤字は 4000 億ドルに及び，我々の富の上に中国は再建された，知的財産権とプライバシー保護の為，華為技術や ZTE 等の違法行為を阻止するため，5 G を使うなと警告してきた，中国は人権侵害をしているなどと非難した．2020 年 5 月に議会に提出した *United States Strategic Approach to The People's Republic of China* と題する報告でも，中国共産党は，経済・政治改革の妨げとなり，米国が希望したような市民中心で，自由で開放的な秩序を持った国にはならないだろうとこれまでの対中国政策が裏切られたことを認めている．

　更に，米国ポンペオ国務長官は，2020 年 7 月 23 日，カリフォルニア州のニクソン記念館で新しい中国政策について演説し，① 対中政策の基本であった「関与政策（エンゲージメント/engagement ＝中国を国際社会の一員として迎え入れ，変化を促していく

政策）」からの決別を宣言し，② 中国人と中国共産党を区別し，中国人はダイナミックで自由を愛する国民であるが，中国共産党は中国国内ではますます独裁的になり，対外的にはますます自由世界に敵対的になっていると批判した．

　共産主義，社会主義は米国の主流の考え方からすれば，嫌悪すべき対象であり，共産党とはそれを信奉し，世界に喧伝しようとしているとする悪人であるという主張は，米国では受け入れやすいであろうが，中国共産党が一般の中国人から遊離した独裁体制であるかどうかは議論の余地のある大きな論点である．

　例えば，菱田・鈴木 [2016] は，中国ではなぜ体制変動が生じないについて，とりあえずの一般的な答えは，① 共産党が膨大な資源を投入して治安維持に努めていること，② 共産党は，人びとの不平不満を力で押さえつけたばかりでなく，それ以外にも様々な政治的努力を積み重ね，新規エリート層の政的取り込み，一部民衆の利益に配慮した政策形成メカニズムの整備・改善を進めてきたこと，③ 支配の安全弁として何よりも重要な貢献をしたのは，経済の高度成長であり，高度成長こそ，中国の国力発展の原動力にして，社会的変化の促進剤であり，政治的変化の最も強力な抑止力であったとする．しかし，中国の政治と経済は転換点に立っており，① 高度成長の時代は終わり，新常態と称される安定成長ないし中成長の時代に入っている，② 指導者のリーダーシップにおいて広義の鄧小平時代が終わった，③ 中国現代史の大きなテーマとそれに付随するアジェンダもこれまでと様変わりし，様々に苦悩し，自己主張を始めた国民をまとめ上げる政治的アジェンダの1つが「強い中国」を目指すナショナリズムである．「韜光養晦」の協調路線が修正され，より強硬な路線に転換したとする．

　また，Yang [2009] も，改革政策が成功したのは，政府が社会全体の長期的な福祉に優先を置き，特定のセクションに偏った政策を行わなかったことであり，その理由として，① 共産党が1949年から1978年まで労働者の政党と自己規定し階級闘争をあおってきた反省，② 改革初期ではみな貧しかったこと，③ 共産党がイデオロギーと連帯について絶えず見直しを行い，勤労者の党から全人民の党へ自己変革を遂げてきたことを挙げるが，共産党の政策をステレオタイプに判断することへの警告であろう．

第4節　なぜ中国異端論は，日本異質論に比べて
タイミングが遅れたのか

（1）なぜ中国異端論のタイミングは遅れたのか

　日本異質論は，日本と米国の経済規模が1：2.7となった1980年代から激しくなった．これに対して，中国異端論は，中国の経済規模が，対米比1：1.22となった2010年代まで激しいものにならなかった．何故であろうか．

　第1の理由は，脱共産主義・民主化への期待である．1978年11月に中国が改革開放路線を採択した背景は，文化大革命によって荒廃した国土と人心を回復させ，政治優先から経済優先，近代化優先に舵を切り替えるためであった．その後，旧ソ連，

東欧が民主化・自由化に転換する中で，中国もいずれ共産党の独裁を終結させ，民主化，自由化に向かうのではないかと期待された．1989年6月の天安門事件によって西側諸国の経済制裁を受けたものの，1992年1月～2月の鄧小平の南巡講話により，改革開放路線の堅持が確約され，華僑投資続いて外国投資が大幅に伸長し始める．この時期の中国に対する認識は，安価な製品に国内市場が奪われるという脅威と共に，民主化によって中国の内政が混乱し，大量の難民が発生するのではないかという意味での脅威論も盛んに喧伝された．中国民主化への期待と，混乱した場合の波乱と言う脅威の2つが中国異端論とそれに基づくバッシング・制裁を回避できた第1の要因である．

　第2の理由は，中国側による朱鎔基副首相，首相の登用による改革開放推進政策，とりわけ1990年代後半の国有企業改革推進を評価したことである．こうした改革推進政策を評価して2001年にWTO加盟が実現し，中国はさらなる高成長を遂げる．また外交政策としては，前述したように1991年3月ないし10月のこととされるが鄧小平が指示したとされる「韜光養晦」（とうこうようかい）路線を取った．すなわち，「実力が出来るまでは，力を蓄えて表に立たず，目立たないようにせよ．」という路線が江沢民，胡錦濤に継承されてきた．これらの政策の結果，西側諸国とりわけ米国では，改革開放政策が民主化を促進するという過度の期待が生まれた．

　第3の理由は，日本を米国のライバルとする日本異質論の後遺症である．日本が米国のライバル視されたのは，ほんの10年間くらいのものであり，1990年代初めには米国の貿易収支は大幅に縮小しており，1990年代後半からの赤字の増大は日本要因ではなく，対中国貿易赤字によるものである．日本から中国へと貿易赤字相手先国，すなわち米国のライバルとして異端論の対象とすべき国の切り替えがあったにもかかわらず，中国異端論が2010年代に入るまで勢いを持たなかったのはクリントン政権期（1993年1月～2001年1月）のもとでのライバルとしての日本をたたき続けるジャパン・パッシングと，その裏返しとしての中国重視政策の影響が大きい．さらにこの路線は，オバマ政権のクリントン国務長官による中国重視外交にも引き継がれる．

　大津留［2017］は，クリントン政権は，対ソ軍事対立を核とする冷戦期の安全保障の概念を相対化し，民主主義など米国が大切にする価値を外交指針に加えたとするが，民主化への期待や，日本に代わるパートナーの模索，中国国内分裂の恐怖，中国側の韜光養晦外交などから経済的にはこの時代に起こってもおかしくはない中国異端論は大きなものにはならなかった．

　前述したようにClinton［2011］は，1998年に訪中した際，中国は米国にとって重要なパートナーになるだろうと確信したと述べているが，2009年2月に国務長官として訪中した際，「中国との幅広く複雑な関係を考えれば，人権に関する基本的な違いがあっても他の問題で協力できないわけではないとのコメントが，オバマ政権にとって人権は優先事項ではないと解されてしまった」と回想する．つまり，クリントン・オバマ外交の時代に中国は時間稼ぎを行ったと述べているように思われる．

　第4の理由は，中国脅威論の逆の意味での脅威論で，中国が経済的に混乱すれば，難民の流出などで大問題になるという意味での脅威論である．中国に体制転換などの過大な要求をして追い詰めるよりは，安定的な政治運営を期待するほうが世界特に周辺諸国にとって好ましいとする考え方であり，特に日本ではこうした意味での脅威論が当時は強かった．

　第5の理由は，中東情勢である．前述したように冷戦の終結は，これからの世界の対立要素を，文明．文化，宗教の衝突であるとする風潮にあった．こうした中，2001年9月に米国で同時多発テロがおき，2003年3月のイラク戦争に繋がって行く．米国外交にとってアジアは二の次ということになった．

　第6の理由は，中国の実力である．全体としての経済規模や軍事力は大国並みになってきたが，経済面では一人当たり所得も発展途上国並みであり，先端産業での競争力もまだなかったと言える．まだ，軍の近代化もまだ途上であり，米国に対抗するには技術水準が見劣りしていた．日本異質論が盛んになったのは，日本の一人当たり所得や産業の技術水準が米国にキャッチアップしたためでもある．

　第7の理由は，中国もリーマンショックを乗り越えて自信をつけるまでは，自国のことに精一杯で，否応なく韜光養晦路線を取らざるを得なかったためであろう．

（2）なぜ中国異端論は急速に消えて，米中対決必死論が台頭したのか

　中国を巡る異質・異端論についてのもう1つの疑問は，なぜこれらの議論が急速に米中対決必死論に置き換わってしまったかである．様々な政治的地政学的要因や，経済面についても貿易摩擦の処理や先端技術を巡る Allison［2017］の言う両国指導者の個性を挙げることもできよう．しかし経済面での大きな理由は，第1に米国のリーマンショック以降の停滞と，それと対照的に中国がますます成長して格差が縮小した結果，高坂［1990］の指摘のように異質の段階を過ぎて脅威ないし対決必死の段階に達したということであろう．第2の理由は，リーマンショック以降の世界的な金融危機の下で，米国はじめ先進各国で，大規模な金融緩和政策と金融機関救済政策が展開されると共に，世界経済の停滞に対応するための財政政策も発動され，小さな政府を理想とする「ワシントンコンセンサス」を正統とするような経済と対照的な経済システムを異端として弾劾する主張が通じなくなったためであると考えられる．

第5節　結　論

1. 異質論あるいは異端論は，先発国が後発国の挑戦の重大性に気がつき始める時に現れるとされる．日本異質論は，1980年代に盛んに論じられたが，1980年の日本と米国との経済力の格差は1：2.7である．一方，中国と米国の国力差は2000年には，1：2.8となっており，以降中国のWTO加入による貿易の増加とそれに主導されたGDPの急増を背景に，格差は更に

縮小に向かう．中国異端論が盛んになってきたのは，2010年代になってから
で，2010年には中国と米国との経済比は1：1.22にまで縮小していた．

2．中国異端論のタイミングが遅れたのは，脱共産主義・民主化への期待，中
国側の改革意欲，日本異質論の後遺症，中国崩壊のリスク，中東情勢，中
国経済の実力の見劣り，中国の穏健な韜光養晦・外交路線などの故であろ
う．当時の米国は，日本を最大のライバルと見なしており，クリントン政
権によりジャパン・パッシング政策が行われていた．

3．中国のGDPは，2020年にIMFが計測方法を変更する前のPPPを使うと，
2013年には米国と肩を並べ，2014年には逆転した．なお，新PPPを使う
と2017年に逆転している．時を同じくして，2012年11月に習近平が共産党
総書記に就任し，中華民族の偉大な復興を力説し，西沙，南沙諸島の軍事
基地化に着手し，「一帯一路」，アジアインフラ投資銀行構想を打ち出すな
どこれまでの韜光養晦外交からの転換を図っている．一方米国は，国内で
広がる所得格差，中低所得層の経済的苦境を背景に，「アメリカ第一」を
掲げるドナルド・トランプが2017年1月に大統領に就任し，米中間で貿易
戦争や5G巡る経済摩擦が起きた．

4．日本が米国の圧力に押され，バブルの崩壊以降，経済停滞に苦しみ，日本
異質論もたちまちにして消滅したのと異なり，中国異端論はこれからも長
い間世界政治経済のホットイッシューであり続けると予想される．

注
1 ）https://2001-2009.state.gov/s/d/former/zoellick/rem/53682.htm，2021年6月29日最終
　　閲覧．

第2章 金融システム
——国有銀行中心型システムから インターネットバンキングへ？——

> 思うに希望とは，もともと有るものともいえぬし，ないものともいえない．
> それは地上の道のようなものである．もともと地上に道はない．歩く人が
> 多なれば，それが道になるのだ．
>
> 　　　　魯迅「故郷」『阿Q正伝・狂人日記他12編』（竹内好訳，岩波書店）

　中国の金融市場は，計画経済下でのモノバンク制度（中国語では単一銀行体制）の
もとで，例外はあるにせよ中国人民銀行がすべての銀行業務を行うなど限られた機
能しかなかったが，改革開放路線の開始後急速に発展し，その規模は，所得レベル
に比べて極めて大きく，同じく計画経済から出発したロシアが，依然として見劣り
する銀行市場・金融市場しか有しないことと好対照となっている［古島 2012］．そ
の金融システムは，ほとんどが国有銀行からなる銀行中心型システムとよべるが，
2010年代に入ってマイナス面としてシャドーバンキングが脚光を浴びるようになっ
た．その原因はいくつかあるが，基本的には2007年から適用されることとなった
BIS（Bank for International Settlements）規制（バーゼル合意とも言う）にある［古島
2014］．また，この頃からスマホ決済などの民営資本によるインターネットバンキ
ングも拡大し，近年では資金の運用・調達など銀行の中心業務とも競合するまでに
成長している．

　この章では，中国の金融システムの概観を紹介し，それが国有銀行を中心とした
システムであることを明らかにする．また，シャドーバンキングがなぜ急速に発展
してきたか，またインターネットバンキングによる挑戦も概説する．更に近年脚光
を浴びている人民元のデジタル化についても考え方を述べる．まず，第1節では，
中国の金融システムの概観を歴史的変遷を交えて概観する．第2節では，シャドー
バンキングの特徴が銀行業務のオフバランス化であり，その主たる要因は BIS 規
制にあり，銀行の収益にも大いに貢献したことを明らかにする．第3節では，シャ
ドーバンキングが，地方政府の資金調達の主流となり，野放図なプロジェクトの拡
大によって，不良債権化している問題について論じる．第4節では，証券市場につ
いて簡単に紹介する．第5節では，ネット金融を巡る動きについて述べる．第6節
は，人民元のデジタル通貨化について最近の動向についてふれる．第7節は，最近
脚光を浴びている現代貨幣理論（MMT）と中国の金融システムとの親和性につい

て論じる．第8節は，結論である．なお，改革開放後，急速に発展してきた保険業
については，第5章「社会保障システムと保険業界」で取り上げる．

第1節　中国金融システムの歴史的変遷と概観

（1）1949年以前の金融システム

　中国の金融システムは，Allen and Gale［2000］の分類に従い，銀行中心型と市場
中心型に分ければ，銀行中心型であり，銀行のほとんどすべてが国有ないし地方政
府保有である．中国の金融システム特徴を考えるには，銀行システムがどのように
形成されてきたかをが重要である．第4章で述べる中国の企業システムや経済シス
テム全体を捉える上で大いにも参考になると思われる．

　宮下［1941］によれば，清朝末期の19世紀末までの中国の金融システムは，伝統
的金融業である銭荘，票号および外国資本の3つによって占められていた．銭荘は
両替業を主とし，商人からの預金の受け入れ，貸出を業としていた．票号は為替業
であり，特に広東に集中していた外国貿易に関連して遠隔地との為替業務を担当し
ており，前近代的，半植民地的な金融システムであったといえる．中国初の銀行は，
1896年に上海に設立された中国通商銀行であるとされる．清朝が滅ぶまでの銀行萌
芽期に17の銀行が設立された．銭荘，票号が個人出資，ないし合名出資であるのに
対して，銀行は株式会社形式をとり，資本力において伝統的金融業を圧し，20世紀
に入り金融市場の主役たる地位を確立した．

　Cheung［2003］は，中国系銀行は南京政府が樹立された1927年から日中戦争の始
まった1937年に黄金期を迎え，この間の経済発展・近代化に大いに貢献したとする．
例えば，1927年に16億元であった総資産は，1936年には72億元に伸び，貸出も10億
元から34億元となっている．中国系銀行の占めるウェイトもこの間大いに向上し，
1936年における資金力（資本，預金，通貨発行）でみると，中国系銀行が81％をしめ，
外国銀行の11％，銭荘の9％を圧倒しているとする．

　Ji［2003］も，解放前の上海における中国系銀行の近代化の過程を研究し，地域
性（native），外国（foreign），近代（modern）の3つの力の相互作用が働いてきたと
する．中国系資本は清末にはすでに，ギルド（同業公会）を結成し，毎日の金利や
為替レートを決定しており，上海の中国系民間銀行では，浙江省の寧波と紹興の出
身者の銀行が優勢で，民間銀行の資本の73％を占めていたとする．これらの民間銀
行は，それまでの伝統的金融機関である銭荘が個人的信頼による無担保貸出を行っ
ていたのに対して，外国銀行の影響や海外で教育を受けた銀行家による企業向け担
保付貸出が主流となっていったとその近代性についてふれている．

　Kirby［1995］は，1949年以前にも中国の金融システムは発展をみせ，特に上海
は20世紀前半におけるアジアの金融センターの1つとして機能してきたとし，中国
における金融や商業の発展は法的制度の枠外で行われてきたとする．すなわち，紛
争の解決は法廷を通じてではなく，同業者のギルド，家族，著名人などを通じて行

われてきたと考える．その根底には，企業という事業形態が各国で違った位置づけがされるのは，信頼（trust）のレベルが各国によって異なるためであろうと考える．その一例として，政府が企業に対して敵対的であるかどうか，法が事前に予測可能な方法で執行されるかどうか，政府から見れば企業が法を遵守し，税金を払うかどうかなどの信頼の違いが，企業の行動に現れていると考える．

上海とならび金融業の発達していた天津について，Sheehan [2003] は中国系銀行の発展を，個人的なネットワークに基づく信頼によるのではなく，システムとしての銀行制度に対する大衆の信頼の形成という視点からとらえている．外国銀行ではなく中国系銀行を育成しようとする愛国的な運動が，中国系銀行を発展させる一方，金融危機の際には財産を守ろうとする利己的な動機が中国系銀行にとっては足かせとなることもあったとする．こうした中国系銀行はそれまでの伝統的金融機関と異なり，借り手との個人的関係ではなく，担保をとる組織と組織の関係をもととした近代的な金融資本として成長を見せていたとする．

こうして順調に発展した中国の金融システムも，1934年から1935年におけるバブルの崩壊による信用不安，国際収支危機に見舞われる．特に銀本位制をとっていた中国は，銀の国際価格の乱高下の影響を大きく受けた．こうした銀の国際価格の変動の影響から中国経済を切り離すため，1935年11月に，幣制改革が行われ，政府系銀行（中央銀行，中国銀行，交通銀行）の発行する紙幣を法幣とし，元は銀ではなく，ポンドかドルと一定の比率で兌換されることが宣言された．城山 [2011] は，中国では伝統的に国家は通貨システムへの介入を部分的なものに保ってきたが，この法幣改革によって始めて政府が幣制に介入し，元は銀との関係を離れ，外国通貨に対して切り下げられた結果，中国経済は回復し，1937年の日中戦争まで好況が続き，国民党政府は通貨の兌換性と為替レートの安定性の維持を優先課題とし，通貨安定のために財政規律を保ったと評価する．

政府系，民間に分けて，預金残高で見ると**表2-1**のとおりである．民間銀行の中では，南3行とよばれる上海商業貯蓄銀行，浙江興業銀行，浙江実業銀行，北4行とよばれる塩業銀行，金城銀行，中南銀行，大陸銀行が有力で，グループで共同の事務所を設け，役員の相互派遣を行うなどで緊密な連携の下で勢力を拡大して

表2-1　中国系銀行の資金量（1936年）

	行数	預金残高（万元）	シェア	1行当たり（万元）
政府系銀行	4	267,636	58.8%	66,909
南3行	3	29,031	6.4%	9,677
北4行	4	81,964	18.0%	20,491
その他	153	105,724	23.2%	691
合計	164	455126	100%	2775

（注1）政府系銀行は，中央銀行，中国銀行，交通銀行，中国農民銀行
（注2）南3行は，上海商業貯蓄銀行，浙江興業銀行，浙江実業銀行
（注3）北4行は，塩業銀行，金城銀行，中南銀行，大陸銀行
（出所）洪 [2008] に基づき筆者が整理．

行った［洪 2008］．なお，政府系4行のうち，中国銀行（1912年設立），交通銀行
（1907年設立）のように現在でも5大銀行として有力である銀行も含まれている．

　以上のことから戦前の金融システムは現在の金融システムや経済システムにも通
じる次のような特徴をもっていることが注目される．

　第1には，政府などの公的機関に頼らない自然発生的な先端産業が誕生したこと
である．もちろん外国資本による銀行が実際に営業していることの刺激は大きいで
あろうが，どこの国でも真似できることではない．

　第2は，地域性である．それぞれが巨大な経済圏を有するが故に，1つの省や地
域で発生した新しい産業は，別の省・地域でも同じように創生される．

　第3には，政府系銀行のウェイトが高いことである．中国銀行や交通銀行などは
現在でも巨大銀行であり，ほとんどが国有・公有銀行である現在の銀行システムの
ルーツは戦前・解放前にある．

　第4には，商習慣という面では，Allen, Qian and Qian［2005］が指摘するように，
戦前の中国の法制度によらない紛争の解決やコーポレート・ガバナンスのメカニズ
ムといった伝統が，現在の金融システムや経済システムの一環にもゲームのルール
として組み込まれているとも考えられる．

（2）1949年以降の金融システム

　日中戦争，国共内戦が終わり1949年10月に中華人民共和国が設立されたが，金融
制度という面から見ると，ソ連に範をとったモノバンク（mono-bank）制度が直ち
に採用されたわけではなく，しばらくは解放前の制度がほぼ踏襲されている．

　楊［2002］によれば，1949年から1952年までの，新中国建国・国民経済回復期の
金融面での重要課題は，新中国の金融機構の設立と，全国共通の通貨（人民元）制
度の確立にあり，要となる中国人民銀行は，1949年2月にそれまでの拠点である石
家庄から北京に移った際，総行（本店），区行（華東，中南，西南，西北），分行（各
省・自治区，直轄市），支行（県，市）の4級制がとられ，旧満州の東北地方は東北銀
行が管轄したが1951年に中国人民銀行に併合され，区は5つとなったとする．趙
［2008］によれば，1949年の解放後，国民党政府の出資分は新政権の出資に置き換
わり，純粋民間銀行は政府出資によって公私合同銀行へ改組されたものの，全国単
一の銀行制度への変換が始まる1952年末までは，開放以前の金融制度が基本的には
維持されたとする．

　また董・武［2011］は，第1次五カ年計画（1953〜1957年）の開始される直前の
1952年12月に全国をカバーする公私合営銀行が設立され，総管理処が北京に，その
支店（分行）は，上海，天津，武漢，北京，重慶，広州，西安，青島，杭州，厦門，
長沙，昆明，成都など14都市に置かれたとする．1957年の最終年に公私合営銀行の
総管理処は中国人民銀行の本店に合併され，各支店もまた中国人民銀行の各地域支
店に併合されたとする．

　つまり，モノバンクへの統一は1958年からということになる．この制度のもとで，

基本的に中央銀行である中国人民銀行が，発券機能，政府・企業・個人の預金受け入れ，決済機能を独占することとなった．例外的に，中国銀行が外国為替業務を，中国人民建設銀行が基本建設投資資金の窓口業務を担当した．また農村部では中国農業銀行が廃止と復活を繰り返し，農村信用合作社が個人預金や地方政府・共同体の預金を受け入れ，これらへの貸出を行っていた．

モノバンク制度は，経済成長に必要な貯蓄の大半を家計に依存せず，企業に蓄積した上で政府が吸収し，政府が定めた投資計画のもとで，資金を配分する制度の一部をなすものとして機能してきた．なお，Lin et al. [1995] は，改革開放路線以前の中国の低金利，低為替レートなどのマクロ政策と，資金を含む計画的資源配分制度は，社会主義に固有のものではなく，資本不足の中国が，重工業優先の発展政略を採用した必然的結果であるとし，中国と同じような戦略を取った国として，ブラジル，アルゼンチン，インドなどを挙げている．しかしながら，少なくとも金融制度としてのモノバンクとそれを通じた資金配分は，社会主義国家に特有のものである．石川 [1960] も，中国とインドの経済発展を比較して，主として，企業制度の違いからくる両国の国内貯蓄の動員，投資の部門間への分配の違いについて詳細な分析を行っており，中国のマクロ政策，計画的資源配分制度は，やはり社会主義に固有のものではないかと思われる．

改革開放路線を所得の分配という点から見ると，農村における請負制に典型に見られるように，ノルマ以上に達成された成果については，個人なりその所属する集団に帰属し，自由に処分することが可能となることである．都市部の国有企業に対しては，企業請負制を実施し，ノルマを超える分については，ボーナスなどの形で，従業員に配分することが認められるようになった．また，原材料，設備機械，資金などについての国家の配分制度の枠外の企業設立を認め，市場から公定価格以上の市場価格で物資を調達する代わりに，市場価格で販売し，納税した後の利潤については，自由に配分することが可能となった．郷鎮企業や私営・個人企業等は後者の典型であり，これらの企業が改革開放後著しい成長を見せたのは，市場の発展と，企業活動の自由化によるところが大きい．

個人所得が向上し，資源の計画的配分制度の枠外にある企業活動が活発化すれば，金融制度も，従来の国家資金の配分機能から，貯蓄と投資を結びつける機能を重視したものに変わらざるを得なくなる．また，中央銀行の機能も，金融機関の監督，金融市場の整備・育成，金融政策の立案・実行といった資本主義社会では当然と思われる機能を重視して行かざるを得なくなる．個々の銀行も，様々なリスクを考慮しながら，営利企業としての存続をせまられるようになる．こうした観点からみると，改革開放路線のもとでの中国の金融改革は，次のようにいくつかの段階に分けて考えることが出来る．

　第1期1978～84年（第1次金融改革）　改革開放路線のもとで，モノバンク制度を転換し，後述するように中国農業銀行，中国人民建設銀行を復活．これらは，

外国為替専業銀行である中国銀行とともに，国家専業銀行と呼ばれた．

第2期1984〜94年（第2次金融改革）　中国人民銀行を中央銀行業務に特化させ，中国工商銀行を設立して，これに預金，貸出などの一般銀行業務を移管．交通銀行を復活するなど，国有以外の商業銀行の設立を認可．

第3期1994年〜1999年（第3次金融改革）　金融政策をマクロ経済政策として重視し，中央銀行の強化を図るとともに，専業銀行が政府から自立して営業を行う商業銀行へと転換することを推進し，あらたに政策金融を担う国策銀行3行を設立．中国人民銀行の証券・保険に対する監督機能を，証券については1998年9月に証券監督管理委員会へ，保険については1998年11月に中国保険業監督委員会へ移管し，中国人民銀行は銀行部門の監督に特化．

第4期1999年〜2007年（第4次金融改革）　アジア通貨危機，中国のWTO加盟を受けて金融システムの強化策を本格化．資産管理会社の設立による不良資産処理の加速．4大国有商業銀行への外国資本参加受け入れや上場によるコーポレート・ガバナンスの強化．商業銀行への新規参入と証券市場育成など．2001年12月のWTO加盟の条件としての，金融資本市場の対外開放・自由化措置を公表（内容については川村［2013］参照）．2003年4月に中国銀行業監督管理委員会が設立され，中国人民銀行は金融政策に特化．

第5期2007年〜現在　（第5次金融改革）2007年7月に「商業銀行資本不足率弁法」が施行され，自己資本比率に対してBIS規制適用．同年ころからシャドーバンキングが隆盛．保険業における不祥事を背景に，保険業の監督が銀行業監督管理委員会に移管され，2018年3月銀行保険監督管理委員会設立．

　こうした金融改革の結果，中国では，銀行業の他，証券業，保険業なども発展し，概観的には先進国以上に金融が発展した国となってきた．ちなみに，現在の銀行業の種類及び規模は，**表2-2**のとおりである．

表2-2　中国の銀行の類型別規模（単位：億元）

	2020年7月	対全金融機関シェア	対GDP比
大型商業銀行	1,187,993	39.4%	119.0%
株式制商業銀行	543,647	18.1%	54.4%
都市商業銀行	395,388	13.1%	39.6%
農村金融機関	402,404	13.4%	40.3%
その他金融機関	482,439	16.0%	48.3%
商業銀行合計	2,492,838	82.8%	249.6%
全金融機関合計	3,011,872	100.0%	301.6%

（注1）大型商業銀行は，かつて専業銀行，国有銀行と呼ばれた，工商銀行，建設銀行，中国銀行，農業銀行の4行と交通銀行である．
（注2）GDPは，2019年のGDPを使用．
（出所）中国銀行保険監督管理委員会ホームページ資料（https://www.cbirc.gov.cn/cn/view/pages/index/index.html）に基づき筆者作成．

第 2 節　シャドーバンキングの背景と銀行行動の変容

（1）シャドーバンキングのマクロ経済的背景

　よく知られているように中国の高度成長は，高貯蓄・高投資とそれによって増加した生産能力による製品の販路としての高輸出によって実現されてきた．しかし，2008年のリーマンショックにより，中国の主要輸出先である米国・欧州の景気は低迷し，輸出依存度の高い中国経済は大きく影響を受けることとなった．世界的な規模での景気低迷に対処するため，4兆元と言われる財政出動が行われ，経済成長における輸出の役割が低下し，投資なかんずく中央政府，地方政府によるインフラ投資など財政支出の役割が増加した．

　この結果，GDP の最終支出に占める純輸出のウェイトは，2007年の8.8%をピークとして2011年2.6%，2012年2.7%にまで低下する一方，資本形成は2007年の41.6%から20011年48.3%，2012年47.8%へと上昇し，中国経済は輸出主導ではなくなり，投資のウェイトが以前よりさらに増した投資主導型経済となった．

　このことは，中国経済にとってどのような意味を持つのであろうか．消費を抑制して投資主導経済を続けるためには，国内に最終需要が期待できないので，外需が伸び続けていくことが前提で，そうした前提がリーマンショックによって崩れてしまったのが経済構造転換に伴う第1の問題である．

　輸出に多くを依存する民間企業が投資の主体であるとは考えられず，投資の多くは，公共部門（インフラ投資や公的企業の設備投資）であると思われ，特に地方政府が関与する案件が多いと伝えられている．例えば，三浦・佐野［2013］は，シャドーバンキングの背景として，リーマンショック後実施された4兆元の景気刺激策をあげ，うち3兆元は地方における銀行借り入れによって調達され，これによって地方ではインフラ整備や都市開発が加速したが，投資効率が低下したとする．さらに公共性を伴うゆえに，便益がすべて開発主体に還元されず，市場利子率での借り入れを行うことはそもそも無理であった可能性がある．これが構造転換に伴う第2の問題である．

　第3の問題は，リーマンショック以降も高い実質成長率を維持し，家計の可処分所得・貯蓄も順調に伸びており，公共部門・企業部門の投資が，税収によらず企業部門・家計部門からの借り入れなどによって調達されていることである．固定資産投資の調達源を見ると，総額では2007年の10兆1757億元から，2012年の39兆9833億元へと大幅な増加を示しているが，財政資金による割合はほとんど変化がなく，自力調達の割合が10%以上増加し，資金調達額の2012年で67.2%を占めるに至っている．自力調達は，内部留保などの自己資金を含むが，後述する地方政府や国有企業の財務公司などの融資平台による調達が大幅に増えていることをうかがわせる．

　融資平台とは地方政府や企業が財務公司などの形で財務部門を独立させ，自己のための資金調達や余裕資金の運用を図るメカニズムを指す．朱［2013］によれば，

地方政府の融資平台の借入残高は，2013年9月末で，9兆5900億元に上るとされる．なお，第3章で見るように，中国会計審査署が2013年12月に公表した地方政府の債務は，2013年6月末で，17兆8910億元，うち融資平台を借入主体としたものは6兆9705億元であるとしているので，9月末までに2兆6195億元増加したことになる．

（2）中国におけるシャドーバンキングの実態

1　シャドーバンキングとは

シャドーバンキングのネーミングは資産運用会社 PIMCO の役員であるマッカリー氏が付けたとされる．McClulley［2007］によれば，ノンバンク投資への資金ルート，調達手段，仕組みのすべてをさす．銀行のように預金保険で守られておらず，Fed（連邦準備制度）からの資金供給も受けられないので，取り付けに対して脆弱であるとされる．その後の欧米の金融危機によって，広くこの言葉が使われるようになった．

今回の金融危機を契機に，2009年に金融安定フォーラム（事務局は国際決済銀行）を改組した金融安定理事会によれば，銀行の中核機能である信用仲介の機能を果たす銀行以外のすべての機関をシャドーバンクと呼ぶ［Financial Stability Board 2011］．

シャドーバンキングはそもそも問題なのか．問題があるとするとどの点であるかについてはいくつかの意見がある．第1は，シャドーバンキングの主体が脆弱であることである．Pozsar et al.［2013］は，政府・中央銀行の支援を得られない金融機関は，金融危機の前には，資産価格の上昇や信用の拡大に貢献したが，危機によってその脆弱性が明らかになったとする．

第2は，Adrian and Shin［2009］や Adrian and Ashcraft［2012］が指摘するように，規制を受ける銀行などと密接に関係しているので，銀行に波及し，金融システム全体の脆弱性が増すことである．Financial Stability Board［2012］も，ストラクチュアが銀行に似た機能を果たし，通常の銀行システムと強い関連を持つ場合はシステミックリスクのもととなるとする．

銀行などの規制された分野への波及経路として，Bakk-Simon et al.［2012］は，① 資産価格の急速な低下による伝染，② 銀行自身あるいはその子会社がシャドーバンキングに関与している場合などを想定する．Kodres［2013］は，多くの投資家がファンドから手を引こうとした場合，通常の銀行の資産価格に影響を及ぼし，銀行の健全性に不安をもたらすとする．これらのことが銀行システムの外で起こっている限り，シャドーバンクは独立して閉鎖されればよいが，① シャドーバンクの多くが銀行によってコントロールされていること，② シャドーバンクが資金を調達している市場は銀行も資金調達しており，誰が何を保有しているか等がわからないなどの理由で，銀行に影響を与えることを挙げる．

一方で，シャドーバンキングを肯定する意見もある．例えば，Claessens et al.［2012］は，シャドーバンクは規制逃れの1つという見方もあるが，証券化と担保の仲介など銀行市場や資本市場が果たせない役割も担っているという側面もあると

する.

2　中国におけるシャドーバンキングの形態

　津上［2013］は，資金の借り手側から見ると銀行融資によらない非在来的な資金調達方法，資金の出し手からは高利回りの理財商品への投資ということになるとする．金森［2013］は，中国のシャドーバンキングを次のように整理する．① 個人などがインフォーマルに貸し付けるいわゆる民会貸借，② 信託会社，信託会社は銀行とも提携（銀行信託合作），③ 銀行が自らの名前で個人などに提供している資産運用商品（理財商品），④ 企業が銀行に資金を預け入れ，銀行が仲介して他の企業やプロジェクトに貸し付ける委託貸出（委託貸款），⑤ ネット上での個人間の金融や銀行引受手形 (中国語では銀行承兌汇票)，非金融部門が保有する企業債券などがあるとする．三浦・佐野［2013］は，狭義と広義のシャドーバンキングにわけ，狭義には，① 理財商品，② 信託商品，広義には，① 委託貸出，② 銀行が運用目的で調達資金を信託会社に委託する銀行信託協業を含むとする．

　Borst［2013］は，米国と中国のシャドー預金は，前者が MMMF などの預金類似商品の形を取り，後者は理財商品という形を取っており，関根［2013］は理財商品は法令上，収益保証型，収益非保証型，後者はさらに元本保証・収益変動型理財プラン，元本非保証・収益変動型理財プランに分けられるとする．

　Li and Hsu［2012］は，① 銀行信託合作など銀行，証券会社，リース会社，保険会社などの金融商品，② 金融類似会社の金融商品，③ 非公式機関・ビジネスの金融商品に分けられるとし，Dang, Wang and Yao［2014］も，リスクの大きさによって① 銀行およびその子会社による理財商品，② ノンバンクが仕組み，銀行などを通じて販売する金融商品，③ 質屋や非合法の闇金融の３つがあるとする．

　以上の文献を整理すると中国におけるシャドーバンキングは次のような金融商品あるいは仕組みを指すといえよう．

　① 銀行が関与しない金融商品
　　　民会貸借などの非正規金融ないし庶民金融，株式，債券（通常の社債）
　② 銀行が仲介しているがオフバランスとなっている金融商品
　　　理財商品（一部はオンバランスとなっているものもある），委託貸出，未割引銀行引受手形
　③ 一部が銀行の理財商品などに組み込まれている金融商品
　　　信託公司の発行する信託

　このうち，①のタイプのシャドーバンキングについては，銀行システムや金融システム全体に影響が出ることは考えにくく，あまり考慮を払う必要はないと思われるので，以下②および③のうち銀行が関与している部分について考察することとする．なお，未割引銀行引受手形とは，銀行が引受けた手形は通常割り引かれ，銀行の貸借対照表に計上される．引受けた手形が，ほかの金融機関等に担保として持ち

込まれれば，オフバランスのままとなる．

3　中国におけるシャドーバンキングの規模

　シャドーバンキング規模については，その範囲をどこまで入れるかについての定義の問題もあり，これまで様々な推計がなされてきたが，2012年より2002年にさかのぼって「社会融資規模」が公表されるようになった．これは，オフバランス分も含め全金融機関を対象とした融資の純増部分についての数値であり，中国人民銀行のホームページ[1]で月ベースで公表されている．なお，残高については，2015年分より公表されている．中国人民銀行は，社会融資規模から通常の貸出，債券発行，株式関連を引いた融資（＝委託貸出，信託貸出，未割引銀行引受手形の3種類）をシャドーバンキングとして定義している．これら3種類の取引の合計は，2012年で融資全体の23.0％，2013年で29.8％を占めるまでになっている．

　2002年から2014年の累計は，表2-3のとおり委託貸出10兆8246億元，信託貸出5兆2356億元，合計16兆602億元であり，これが理財商品の上限規模になる．未割引銀行引受手形の純増累計6兆5505億元を合計した22兆6107億元が統計上把握可能なシャドーバンキングの規模となる．

　シャドーバンキングを受信面からとらえた理財商品の残高については，関根［2014］は，中国関連機関の公表数字として2013年3月末で8.2兆元，6月末で9.08兆元，9月末で9.92兆元と紹介している．陳［2014］は，オンバランスの理財商品は，1.5兆元，オフバランスは5.60兆元であるとする．International Monetary Fund［2014］は，理財商品の発行残高は，2014年5月末で14兆元，GDPの25％を超えるとしている．なお，『中国金融年鑑』では，2017年から主要銀行14行の理財商品残高を公表しているが，これによれば，2015年末の残高は，銀行保証付き3.1兆元，非保証10.2兆元の合計13.3兆元である．

　以上の数値からシャドーバンキングの規模は，②および③のほとんどをカバーすると思われる信託貸出の合計約20兆元で，③のうちには全く銀行が関与しない部分もあると思われるので，銀行が関与しているシャドーバンキングの規模は15～20兆元の巨額に上ると推定される．

　なお，地方政府の資金調達との関連では，苑［2014］によれば，17.9兆円のうち銀行融資56.6％，債券発行10.3％，その他33.1％のうちの「その他」は，信託融資，

表2-3　社会融資規模（単位：億元）

	2002年～2006年	2007年～2011年	2012年	2013年	2014年	純増累計
委託貸出	8,750	36,123	12,838	25,466	25,069	108,246
信託貸出	825	15,108	12,845	18,404	5,174	52,356
未割引銀行割引手形	2,549	45,988	10,499	7,755	−1,286	65,505
小計	12,124	97,219	36,182	51,625	28,957	226,107
合計	155,558	537,046	157,631	173,168	164,133	1,187,536

（出所）『中国金融年鑑』および中国人民銀行ホームページに基づき筆者作成．

融資リース，証券・保険，その他金融機関による融資，BT（建設・譲渡）方式，非合法の出資金募集などであり，シャドーバンキングとよばれるとしている．また，神宮［2014］は，債券も都市のインフラ建設などに充てる「城投債」で，理財商品の運用先に含まれているとする．とすると，地方政府向けの7兆7738億元がシャドーバンキングの運用先ということになる．

なお，2012年のGDPは，51兆8942億元であり，15兆元はその28.9%である．また預金は91兆7555億元であるので，15兆元はその16.3%にあたる．

（3）中国におけるシャドーバンキングの背景

かくも巨額に上るシャドーバンキングの背景はどこにあるのであろうか．これまで次の3つの背景が語られてきた．

 ① 貸出総量規制，窓口規制など銀行の貸出業務に対する規制の回避．
 ② 預金金利規制などの銀行の受信面での自由化の遅れ．
 ③ 貸出金利規制（上限金利）など銀行の与信面での自由化の遅れ．

三浦・佐野［2013］，湯元・関［2013］は，①と②が背景であると考える．関根［2013］は，①が主因であるとする．金森［2013］は，②と③により，規制の外で市場原理が貫徹した結果であるとする．Schwarcz［2013］は，③が理由で，中小企業向け貸出が大口融資に比べて，銀行にとって魅力に欠けるところにあると考える．

しかし，金融引締めは2009年からでありそれ以前からシャドーバンキングが推進されてきたし，理財商品や信託商品も最近発売された訳ではない．金利に制限のない理財商品によって，金利規制を回避するという面もあろうが，購入者（預金者）からすれば，回収リスクを冒していることになる．

これらの諸点も1つの要因ではあろうが，中国のシャドーバンキングが2000年代後半から銀行を中心としたオフバランス取引として推進されてきた主な背景は，BIS規制（バーゼル合意，自己資本比率規制），金融政策，株式市場の制約の3つではないかと思われる．

1　BIS規制

中国では，2004年3月に銀行業監督管理委員会によって自己資本比率についての法令が公布され，2006年12月の改正を経て，2007年7月に「商業銀行資本不足率弁法」が施行された．これによって中国の銀行の自己資本は中核資本（Tier 1）が4%以上，その他資本（Tier 2）とあわせて8%以上でなければならないと定められた．

BIS規制の導入によって銀行の貸借対照表はどのような変化を迫られるであろうか．その結果，銀行はどのような行動をとることになるであろうか．簡単なモデルを使って考えたい．

完全競争市場では，銀行は価格すなわち預金市場，貸出市場，インターバンク市

表 2-4　ΔL の貸出による貸借対照表の変化

準備預金	$\lambda \cdot \beta \Delta L$	市場調達	$(1-\alpha-\beta+\lambda \cdot \beta)\Delta L$
貸出	ΔL	債務者預金	$\beta \Delta L$
		資本	$\alpha \Delta L$

(注) 貸出 ΔL に伴う，貸借対照表の変化．ただし，α は自己
　　資本比率，β は債務者預金比率（歩済み率），λ は預金準
　　備率．
(出所) 筆者作成．

場で決定される金利の受け手であり，利益は次のように決定される［Freixas and Rochet 2002］．

$$\pi(D, L) = (rl-r)L + (r(1-\alpha) - rd)D - C(D, L) \tag{1}$$

　ただし，D は，預金，L は貸出，rl は貸出金利，r はインターバンク金利，α は預金準備率，rd は預金金利，C は一般経費である．
　このモデルを，自己資本比率規制が導入され，資本コストも考慮したモデルに拡張する．
　まず，貸出を限界的に ΔL 増加させた場合，銀行の B/S は次のような変化を迫られる．限界的とするのは，以下の①で述べるように債務者預金以外の預金はないと仮定するからである．

　　① 貸出額は，貸出先の預金口座に振り込まれるが，債務者強制預金（歩済み預
　　　金）の部分（歩済み預金率＝β とする）を除いて，他の銀行に移転され，自行
　　　には残らないと仮定する．
　　② 自己資本比率（自己資本/貸出＝α とする）を保つために，自己資本を調達す
　　　る．
　　③ 準備預金（預金準備率＝λ とする）を中央銀行に積み立てる．
　　④ 資金不足額をインターバンク市場などから調達する．

　この結果，銀行の B/S は，限界的に表 2-4 のように変化する．
この時，銀行の限界的な収益（税引き後・配当後：Δπ）は，次のとおりとなる．

$$\Delta\pi = [<\ln+r \cdot \lambda \cdot \beta - i(1-\alpha-\beta+\lambda \cdot \beta) - d \cdot \beta>\Delta L - c<1+\lambda \cdot \beta>\Delta L]$$
$$\cdot (1-t) - di \cdot \propto \Delta L \tag{2}$$

ただし，

　　Δπ＝最終利益
　　α＝自己資本比率（8 ％と仮定）
　　β＝債務者預金比率（歩済み率　20%と仮定）
　　λ＝預金準備率（後述するように20%と高率）

ln＝貸出金利（定期預金利率率（dt）＋マージン（m）と仮定）

r＝準備預金金利（dt−1％と仮定）

i＝インターバンク金利（dt+1％と仮定）

d＝預金金利（dは定期預金（金利：dt）と流動性預金（金利：dl）に分ける）

c＝経費率（総資産の0.1%と仮定）

t＝税率（利益の25%と仮定）

di＝配当率（dt+5％と仮定）

中国の場合，貸出金利も中央銀行である中国人民銀行によって規制されているが，自己資本比率規制が導入されたことにより，どの程度の利ザヤを銀行が上げなければペイラインに達しないかを理解するために，銀行が定期預金金利に利ザヤを上乗せして貸出せると仮定する．

王［2005］によれば，中国の拘束預金比率は約20%であるとされるので，βは20%とした．中国では金利は定期預金金利より1％ほど低いが，準備預金にも付利されてる．従って，準備預金に対して，$\lambda \cdot \beta \cdot (d-0.01), \cdot \Delta L$の追加的な収入が得られることになる．

インターバンク金利は，理論的には準備預金金利よりも高くなるはずであり，定期預金金利プラス1％と仮定する．また債務者預金は流動性預金の場合と，定期預金の場合がありうる．なお，2010年末の各種金利は，次のとおりである．流動性預金（活期預金）0.36%，1年物定期預金2.75%，貸出金利（6か月〜1年）5.81%，準備預金1.62%でいずれも年率．

経費率（業務及び管理費の対総資産平残比率）については，2011年で，中国工商銀行0.48%，中国銀行0.96%，中国建設銀行1.25%，中国農業銀行1.22%であるので，1％とする．また，税率については，基本法人所得税率は25%であり，実際にこれらの銀行が2011年の税引き前所得に対して支払った法人税は所得の22〜23%であった．

配当率は，資本市場が正常に機能していれば，安全資産である定期預金金利やインターバンク金利より高くなるはずで，定期預金金利より5％高いと仮定する．

こうした前提のもとで，限界利益がゼロつまり式（1）の$\Delta \pi = 0$とすると，式（1）は次のように転換される．

ケース1　債務者預金が定期預金でおかれると仮定

m＝　0.0266dt+0.0287

ケース2　債務者預金が流動性預金（金利0％と仮定）でおかれると仮定

m＝−0.1733dt+0.0287

表2−5は，20%程度の定期預金を歩済み預金として積み立てさせたとしても，定期預金金利が3％であれば，定期預金金利に2.44%上乗せした金利を貸出金利としないと銀行にとってまったく利益が出ないことを意味する．

表 2-5　最小限必要とされる利鞘と実質借入金利

最小限必要とされる利鞘（マージン）			強制預金（流動性預金）がある場合の実質借入金利			
定期預金金利	ケース 1 （定期預金 で歩済み）	ケース 2 （流動性預 金で歩済み）	定期預金金利	表面借入金利	実質借入金利	実質マージン
2%	2.42%	2.02%	2%	5%	6.25%	4.25%
3%	2.44%	1.85%	3%	6%	7.5%	4.5%
5%	2.50%	1.50%	5%	8%	10%	5%
10%	2.70%	0.63%	10%	13%	16.25%	6.25%

（注1）最小限必要とされる利鞘は，銀行にとって収益がゼロとなる定期預金金利への利鞘（マージン）.
（注2）実質借入金利は，表面金利を定期預金金利プラス3％とした場合，強制預金（歩済み預金）を考慮した借入人にとっての実質コスト.
（出所）筆者作成.

　一方，債務者にとっては，強制預金分についても貸出金利が科せられるので，実質借入金利は次のとおりとなる.

$$Rbr = (dt + m) / (1 - \beta) \tag{2}$$

　ただし，Rbr は実質借入金利である. 債務者預金が借入額の20％を定期預金として要求されると，表2-5のとおり，定期預金金利が3％，上乗せ金利が3％であるとすると，実質金利は7.5％，つまり定期預金金利より4.5％高くなる.
　かくして，BIS 規制の導入によって，金融市場では次のような変化が起こる.

① 銀行にとっては，優良顧客といえども，マージンを上げなければ，貸出は採算に乗らなくなる.
② 借入人にとっては，実質金利負担は更に重くなる.
③ 預金者にとっては，直接借入人に貸出ができれば，銀行預金より相当高い利息を得る機会が生まれる.

　この結果，銀行が金融取引を仲介しながら，自行の勘定を通さない理財商品や委託貸出，委託預金などのオフバランス化が進行する. これが中国のシャドーバンキングの第1のそして最大の背景である.

2　金融政策
次に，なぜ当時の預金準備率が20％と高率になっているかを考察する.
①　為替政策
　中国は2005年7月21日に，それまでの米ドルに対する管理フロート制（実質的にはドルに対する固定相場制）から複数の主要通貨に対するバスケットの指数の変化を参考にして為替レートの管理と調整を行う通貨バスケット制度に移行すると発表した. しかし，リーマンショック前まで経常収支は大幅な黒字が続き，また直接投資を中心とした外資の流入も好調であったので，為替レートに対して上昇圧力が働き，

表 2 − 6　中国人民銀行の主要勘定（単位：％）

		2002年	2005年	2007年	2008年	2010年	2013年
外貨資産	対小計比	51.5	68.8	77.1	81.7	85.6	87.9
対預金銀行貸出	対小計比	21.6	8.5	4.9	4.2	3.8	4.2
その他金融機関貸出	対小計比	20.7	19.6	8.0	6.0	4.5	2.9
対政府債権（国債）	対小計比	6.2	3.1	10.1	8.1	6.1	4.9
小計（E）		100	100	100	100.0	100.0	100.0
準備預金	対小計比	44.2	43.7	43.5	46.3	54.3	66.5
債券残高	対小計比	3.2	22.0	21.3	23.0	16.1	2.5

（出所）『中国金融年鑑』に基づき筆者作成.

　そのままでは大幅な外貨安，人民元高となる（表2−6）．これを回避するため，固定相場制時と同様人民銀行によるドル買い元売りの介入が続き，外貨準備も増加し続けた.

②　預金準備率操作

　介入によるハイパワード・マネーの増加によって，市中銀行には貸出増加圧力が働くので，マネー・サプライの増加とインフレを回避するために，介入の不胎化の必要が出てくる．国債の買いオペレーションなどが伝統的な手段であろうし，わが国の場合は，外貨準備の保有は中央銀行ではなく政府であるが，政府による債券発行（為替：外国為替証券）によって，間接的な不胎化が図られている.

　中国の場合は，人民銀行自身による債券発行と預金準備の増加によって，不胎化を図ってきた．外貨準備が急増し始めた2002年では，預金準備による割合が高かったが，その後債券発行も活発に行われた．しかし債券発行残高は，2008年をピークに減少に向かい，外貨準備のほとんどは預金準備によって賄われている．外貨準備を債券発行によらず預金準備の増加によって不胎化することとした理由は，第1に債券発行と比較すると，手続きが容易であること，第2に中国の場合，預金準備には金利が支払われるが，定期預金金利より安く，債券発行よりコストが安いことが考えられる.

　この間，預金準備率は間断なく引き上げられ，2011年6月からは，21.5％にまでなった．なお，中国の預金準備率は，農村信用組合，都市信用組合，農村信用銀行，その他金融機関などの種類によって異なり，その他金融機関は大手とその他によっても異なる［斎2010］．本書では大手金融機関に適用される率を標準としている．預金準備率は，2013年12月から20％に低下したが，市中銀行からすれば，吸収した預金の20％が準備で吸い上げられるという構造となっている.

3　低迷する株式市場

　BIS規制が導入され，貸出などの資産を増加させようとすれば，相当なスプレッドを確保するか，新規に株式を発行して自己資本を増加させねばならない．2001年12月に中国はWTO（World Trade Organization: 国際貿易機関）の正式メンバーとなっ

たが，交渉の過程で外国金融機関の中国市場参入を段階的に認めてゆくこととなり，中国の銀行なかんずく中国工商銀行，中国建設銀行，中国農業銀行，中国銀行の4行（以下「4大銀行」）は，不良資産対策もあり，近代化を迫られることとなった．こうした中，2004年1月に，資本市場の強化方針が打ち出されたこともあり，2006年10月の工商銀行を皮切りに，2010年7月の農業銀行まで，相次いで中国及び海外でのIPO（Initial Public Offering）を進め，4大銀行すべてが上海市場および香港市場に上場することとなった．

そもそも中国の株式市場は，古島［2012］などが指摘するように，上場企業のほとんどが国有企業であること，流通できない株式が多いこと，内外が分離されていること，インサイダー・コントロールの問題があること，機関投資家が少なく個人の投機的投資家が中心であることなどもあり，2007年10月にピークを付けた後，長らく低迷している．こうした中で，新規に株式を発行することは極めて難しく，新規発行は2012年3127億元，2013年2802億ドルとGDPの0.3%にすぎず，4大銀行などの新規調達に応じることはできない状態が続いている．

海外市場もリーマンショック後の世界市場の混乱のため，中国の銀行が株式を追加発行できる状態ではなくなっている．従って，BIS規制を守るための資本市場での調達はほとんど不可能であると考えられる．

（4）銀行行動の変容

1 主要勘定の推移

以上述べてきたような，環境の変化の中で中国の銀行はどのように対応し，どのような経営成果を上げてきたのであろうか．**表2-7**は，『中国金融年鑑』（2004～2012年）に記載されている銀行15行の2004年から2012年までの主要勘定の年増加率である．

4大銀行についてみると，預金の伸びは毎年13～15%，貸出の伸びは11～16%と10%台であり，総資産の伸び率も15～17%となっている．収益面では利息収支は貸出・預金の伸び率と同程度の伸び率であるが，手数料収支は，29～39%の高い伸びとなっている．手数料の源泉別内訳は不明であるが，理財商品の販売などによるシャドーバンキングに伴う手数料が相当部分を占めていると推測される．

純利益が大幅に伸びる半面，総資産の伸び抑えられてきた結果，代表的な収益指標であるROAは，**表2-8**のとおり年々増加し，経営指標で見る限り中国の銀行は極めて順調である．なお，**図2-1**のとおり，ROAと資産規模の関係をみると，時間が経過するにつれて，また規模が大きな銀行ほどROAが高い．

規模の利益，例えば融資規模が大きくなっても，経費はさほど増えずに経費控除後の収益が向上しているという面もあるだろうが，中国の場合，手数料収支が大きく伸びていることがROA増加の背景にあると考えられる．そこで，各銀行の利鞘収支と手数料収支の合計に占める手数料収支の割合も見ると，各銀行とも収益に占める手数料収入の割合を大幅に増加させており，4大銀行ではシャドーバンキング

表2-7　15行の主要勘定の伸び率（2004〜2012年の年率，単位：％）

	15行	うち4大銀行		15行	うち4大銀行
総資産	26.8	16.1	利息収支	33.1	19.0
準備預金	30.6	26.2	手数料収支	53.5	35.1
貸出	25.1	13.8	営業利益	24.4	13.5
コールマネー	52.6	27.1	営業費用	37.1	30.6
預金	25.1	14.9	法人所得税	44.1	51.0
純資産	35.4	25.0	純利益	48.6	48.4

（注1）15行は，中国工商銀行，中国建設銀行，中国農業銀行，中国銀行，交通銀
行，中信実業銀行，中国光大銀行，華夏銀行，中国民生銀行，深圳発展銀
行（現平安銀行），招商銀行，興業銀行，上海浦東発展銀行，恒豊銀行，
浙商銀行である．
（注2）準備預金には現金を含む．
（出所）『中国金融年鑑』の各行データに基づき筆者作成．

表2-8　18行のROA（総資産利益率）および手数料収支比率推移　（単位:％）

	2004年	2005年	2006年	2007年	2008年	2009年	2010年	2011年	2012年
ROA 平均	-	0.47	0.59	0.84	0.88	0.83	0.94	1.09	1.14
うち4大銀行	-	0.60	0.66	0.92	1.14	1.07	1.16	1.26	1.31
手数料比率平均	6.01	6.80	6.09	9.31	9.45	11.74	12.42	14.77	15.76
うち4大銀行	8.57	10.95	9.45	14.53	14.70	18.55	19.25	20.90	19.93

（注1）表2-8の15行のほか，中国郵政貯蓄銀行，広発銀行，渤海銀行も数値が公表されている年より含む．
（注2）四大銀行は，中国工商銀行，中国建設銀行，中国農業銀行，中国銀行．
（注3）ROAは総資産利益率で最終利益/総資産平残［（前期＋今期の総資産末残）÷2］
（注4）手数料収支比率は，利息収支と手数料収支にしめる手数料収支の割合．
（出所）『中国金融年鑑』の各行データに基づき筆者作成．

がピークを迎えたであろう2011〜2012年で17〜22％に達しており，中下位行でも同
様の状況にある．

以上の観察から次のことが推察される．

（1）銀行の規模が大きいほどROAが高い．また，手数料収支への依存度も
高い．

（2）手数料収支がシャドーバンキングによるものであるとすると，銀行の規
模が大きいほど，信用力が高く理財商品など資金吸収面で有利であり，
資金の調達者に対するマーケティング上有利である．

2　利益の決定要因についての計量分析

それでは，各銀行の利益は，どのような要因によって決定されているのであろう
か．前述した（1）（2）の理論モデルをもとに，次のような計量モデルを考察す
る．

$$\pi_{i,t} = \alpha + \beta A_{i,t} + \gamma P L_{i,t} + \mu_i + \epsilon_{i,t}$$

　　　　　　　　　　　　　　　　　　　　　　　　　　　　　　　　（3）

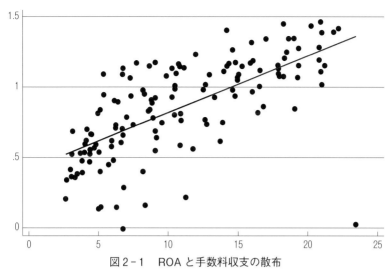

図 2-1　ROA と手数料収支の散布

（注）縦軸は ROA（総資産利益率：最終利益/総資産平残［(前期＋今期の総資産末残)÷2]，横軸は手数料収支の収益に占めるウエイト［手数料収支/（手数料収支＋利息収支)]．対象期間は2005年から2012年までで，対象銀行は18行である．

（出所）『中国金融年鑑』各年版の各行データに基づき筆者作成．

　ただし，π は税引き後純利益，A は資産・負債項目で，総資産，現金・準備預金，貸出，コールマネー，預金，純資産である．PL は損益項目で，利鞘収支，手数料収支，営業費用である．μ は，個体固有効果，ε は誤差項である．観察するのは，郵政貯蓄銀行，広発銀行，渤海銀行を除いた2004年から2012年までの15行のデータである．なお，各数値は2004年を基準年として，以降毎年の GDP デフレーターを使って実質化している．

　考察しているのはパネルデータであり，誤差項に系列相関があれば通常のパネル分析では，標準誤差を求められない．そこで，ウールドリッジ検定を行ったが，その結果系列相関がないという帰無仮説が棄却された．このため，通常のパネル分析は行えないので，コクラン・オーカット法によって分析することとした．

　この分析結果は**表 2-9**のとおりであり，次のことが分かる．

（1）説明変数と誤差項が相関しないことを帰無仮説とした Hausman 検定結果によって，ケースⅠ，Ⅱでは，帰無仮説が棄却され，固定効果法が採用され，Ⅲでは，棄却できないので，変動効果法が採用される．**表 2-9**は，有効な効果法による結果のみ記載している．

（2）総資産の増加は，収益の増加に貢献しているが，貸出はマイナスである．預金は有意にマイナスであり，利益の増加とは逆の動きをしている．つまり伝統的銀行業務である貸出や預金は，利益の増加に貢献していない．

（3）一方手数料収支は，収益の増加に大きく貢献しており，その偏係数は利

表 2 - 9　純利益の決定要因

	I				II		III	
	偏係数			t 値	偏係数	t 値	偏係数	t 値
総資産	0.1934			4.16＊＊			0.0016	1.67
現金預け金	0.0476			13.58＊＊				
貸出	-0.0036			1.3				
コールマネー	-0.0177			2.9＊＊				
預金	-0.0129			2.97＊＊				
純資産	-0.0049			0.34				
利息収支					0.3227	8.3＊＊	0.2933	6.59＊＊
手数料収支					1.0026	9.9＊＊	0.9812	7.64＊＊
営業経費					-0.0933	1.59	-0.2953	3.03＊＊
定数項	-61.744			6.63	-15.688	11.88	-15.618	1.02
Wooldridge 検定	11.395				2.553		1.808	
ρ	0.5238				0.5354		0.6379	
Hausman 検定	211.28				13.45		1.92	
決定係数	0.9465				0.9732		0.9618	
サンプル数	135				135		135	

（注）コクラン・オーカット法によるパネルデータ分析．＊＊は１％水準で有意，＊は５％水準で有意である．
（出所）筆者作成．

　　　息収支の３倍である．

（４）以上の分析結果から，シャドーバンキングに注力することが，利益の増
　　　加につながってきたことが類推できる．

第３節　シャドーバンキングの現状と地方政府債務・不良債権問題

　以上2000年代中ごろから2010年代中ごろにかけての銀行のバランスシート，損益
計算書なども参考にしながら，中国におけるシャドーバンキングを見てきた．その
特徴は，銀行業務のオフバランス化に特徴がある．地方政府や国有企業などの借入
人にとってはスプレッドの縮小，預金者・資金運用者にとっては利回りの上昇，仲
介者である銀行にとっては，仲介手数料増加による収益増が図れ，市場参加者すべ
てにとって銀行業務であるものをオフバランス化した結果，シャドーバンキングが
急増してきたと推測される．

　その背景として，金融自由化の遅れを挙げる意見が多いが，2004年から漸次実施
されてきた BIS 規制，準備預金を原資とした為替介入政策，低迷する株式市場な
どの要因も大きい．銀行業務のオフバランス化はこれらすべての問題を解決し，
ROA を向上させる効果をもたらした．

　その後のシャドーバンキングの規模はどのような推移をたどったであろうか．ま
た銀行に買い戻されたシャドーバンキングがあるとすれば不良資産化の懸念が強い
が，銀行の不良資産はどのようになっているであろうか．

　狭義のシャドーバンキングの規模については，最近では『中国金融年鑑』で公開

表2-10　理財商品残高（単位：億元）

	2015年末	2016年末	2017年末	2018年末
元本保証付き	30,614	33,091	41,528	32,889
元本保証なし	102,156	147,195	140,818	140,554
合計	132,770	180,286	182,346	173,443

（注）中国銀行を除く上位14行合計.
（出所）『中国金融年鑑』に基づき筆者作成.

表2-11　近年のシャドーバンキングの規模（単位：兆元, 各年末）

	2015年	2016年	2017年	2018年	2019年	2020年
委託貸出	10.92	20.9	13.97	12.36	11.44	11.06
信託貸出	5.39	14.8	8.53	7.85	7.45	6.34
未割引銀行引受手形	5.85	3.9	4.44	3.81	3.33	3.51
小計	22.16	39.6	26.94	24.02	22.22	20.91
企業債券	14.63	17.92	18.44	20.13	23.56	27.02
政府債券	—	—	—	7.27	37.73	46.06
合計	36.79	57.52	45.38	51.42	83.51	93.99
社会融資規模合計	138.14	156	174.71	200.75	251.41	284.83

（注1）　政府債券は, 2018年は地方政府専項債券.
（注2）　中国人民銀行によるシャドーバンキングの定義では, 債券を含まない.
（出所）　中国人民銀行ホームページに基づき筆者作成.

されており，その規模は，上位14行のみであるが，表2-10のとおりである．これによれば，2018年末でも簿外の理財商品が14兆元もあり，2016年末の残高から大きな減少はない．銀行全体で見ても大きな減少はないと思われる．

　また，2015年より残高が公表されている広義のシャドーバンキングの規模は表2-11のとおりである．これによれば，狭義のシャドーバンキングは2016年の39.6兆元をピークに減少しつつある．ただし，企業債券と政府債券の一部は，シャドーバンキングを肩代わりしたものであり，企業債券を含めた規模は，2016年末の57.5兆元（対GDP比78％）をピークに減少してはいるものの，2018年末では44兆元，更に地方政府専項債券を入れれば51.4兆元と高止まりしている．また，第3章で述べるように融資平台借入などのシャドーバンキングを肩代わりした地方政府の債券発行が2019年から本格化している．

　一方，銀行のオンバランスとなっている部分の不良債権（不良資産）は，表2-12のとおりであり，2020年末時点で要注意債権を含めても6.4兆元に過ぎず，全貸出に占める割合も4〜5％で推移しており，それ自体では大きな数字とは言えない．しかし，シャドーバンキングの規模があまりにも大きすぎるので，そのうちどのくらいの金額を銀行で引き取ることになるかによって，この数値は大きく変動する可能性がある．

　一方，国際金融界，例えばBIS（国際決済銀行）やIMF（国際通貨基金）などでは，中国全体の非金融機関向け（企業及び家計向け）の大きさと近年の伸びに警鐘を鳴ら

表2-12　商業銀行の不良債権（不良資産）残高推移（単位：億元，％）

	2010年	2015年	2017年	2018年	2019年	2020年
貸出残高（A）	394,182	761,734	977,860	1,104,978	1,296,326	1,468,498
不良債権残高（B）	4,336	12,744	17,057	20,254	24,135	27,015
要注意債権残高（C）	n.a.	28,854	34,092	34,555	37,695	37,763
合計（B＋C）	n.a.	41,598	51,149	54,809	56,843	64,778
貸倒引当金（D）	9,438	23,089	30,944	37,734	44,909	49,834
不良債権比率（B／A）	1.1	1.67	1.74	1.86	1.86	1.85
不良債権比率（B＋C）／A	n.a.	5.46	5.23	4.96	4.38	4.41
貸倒引当金カバー率（D／B）	217.7	181.13	181.42	186.31	186.07	182.8

（出所）中国銀行保険監督管理委員会ホームページ（https://www.cbirc.gov.cn/cn/view/pages/tongjishuju/tongjishuju.html）に基づき筆者作成.

表2-13　非金融部門向け対GDP比信用残高（各年末，単位：％）

	2012年	2013年	2014年	2015年	2016年	2017年	2018年
中国	194.6	211.0	227.9	239.3	249.7	253.4	254.0
フランス	275.7	274.2	288.7	292.1	300.0	309.5	310.6
ドイツ	196.2	191.9	188.6	184.0	181.4	180.1	177.9
日本	360.8	364.5	370.7	363.6	371.6	370.8	375.3
英国	280.7	269.1	270.9	267.4	284.7	283.1	279.2
米国	252.5	247.9	249.7	248.6	251.7	250.0	249.2
G20平均	227.5	226.5	221.1	232.8	235.8	245.1	255.0

（出所）BIS（国際決済銀行）ホームページ（https://www.bis.org/statistics/about_banking_stats.htm?m=6%7C31%7C637）.

す声も大きい．2012年からの数値で見ると，フランスを除いて，主要国の非金融部門向け貸出は減少ないし微増であり，中国だけが対GDP比率で50％以上残高を増加させている（表2-13）．

1990年代末に国有企業の合理化に伴い，中国の銀行に多額の不良債権が発生した際，中国のエコノミストからは，銀行は国有であり銀行の債務は国の債務と一体として考えるべきであるという意見もあった．一理ある意見であり，政府の債務残高，商業銀行の貸付残高，銀行のシャドーバンキング残高を一体として捉えると表2-14のとおりであり，ここ数年ハイペースで増加していることが分かる．ただし，2019年のシャドーバンキング残高は，政府債券発行額を含んでおり，政府の債務残高との二重計算になっており，過大な数値となっている可能性がある．

なお，2019年8月の新聞報道が伝えるところによれば，包商銀行（内モンゴル自治区），錦州銀行（遼寧省），恒豊銀行（山東省）などの地方銀行が経営難に陥り，公的管理下に置かれたり，外貨準備の運用機関である中央匯金投資有限責任公司が資金を投入するなどの動きがあるとのことである．

これらの銀行に対してどのように救済措置が行われているのかは外部からはよく分からない．1つには，中国人民銀行，銀行保険監督管理委員会などのモニタリングによって，早期に問題を発見し，事態の悪化をできるだけ早い段階で沈静化する

表 2 -14　政府の債務残高と銀行貸出残高等の対 GDP 比推移

（単位：倍率）

	2014年	2015年	2016年	2017年	2018年	2019年
政府債務	0.40	0.42	0.44	0.46	0.49	0.53
商業銀行貸出残高	1.05	1.11	1.16	1.18	1.20	1.31
シャドーバンキング	0.48	0.53	0.77	0.56	0.58	1.31
合計	1.93	2.05	1.93	2.20	2.37	3.15

（出所）政府債務は IMF Economic Outlook Database より. 銀行貸出残高および
　　　　シャドーバンキングは本章前述の数値から算出.

ことである．中国人民銀行は，中小銀行の信用力を10段階に格付けしており，随時
見直していると伝えられる．

　もう 1 つは，清算あるいは救済にあたっての預金保険制度（存款保険制度）の活
用である．中国では，2015年 5 月 1 日に預金保険条例（存款保険条例）が施行され，
銀行は信用力に応じて預金保険料を納付することとなった．預金保険料は当面中国
人民銀行におかれた預金保険基金が管理することとなっている［関根 2015a］．経営
破たんした商業銀行に対してもその保有する貸出債権購入などの形で救済措置が取
られていると伝えられる．

第 4 節　証券市場

（1）証券市場の現状

　この節では，証券市場とくに株式市場に重点を置いてその特徴を概観する．外国
人が中国株を購入しようと思えば，次のような方法がある［SMBC 日興証券「中国株
の基礎知識」による］．

① 中国本土の上海あるいは深圳証券取引所（証券交易所）で B 株を購入する．
　A 株は外国人は購入できなかったが，一部株式の購入が認められるように
　なり，また QFII（Qualified Foreign Institutional Investors: 適格海外機関投資家）
　制度によって基準を満たす海外機関投資家の投資が認められるようになっ
　た．

② 香港証券取引所で，H 株またはレッドチップ（Red Chip Stocks）を購入する．
　H 株とは，登記地が中国本土となっている企業が香港で発行する株式で，
　本土で事業を展開しながら香港市場に上場しているものを指し，道路，電
　力，鉄鋼など重厚長大型の国有企業が多く，これらの企業が，香港市場で
　海外の資金を調達する手段となっており，中国本土の法律が適用される．
　一方レッドチップは，中国政府資本が30％以上で，香港またはバミューダ，
　ケイマン諸島などのタックスヘイブンで登記されている銘柄であり，法律
　と会計制度は登記地のものが適用される．

表 2-15　発行市場の推移（単位：億元）

	2011年	2015年	2016年	2017年	2018年	2019年
株式	7,154	16,361	20,293	15,535	11,378	12,539
債券	1,730	21,621	36,668	39,147	56,878	71,986
海外株式市場	732	7,090	1,271	1,829	1,388	781
新興市場（NEEQ）	6	1,216	1,391	1,337	604	264
合計	9,623	46,290	59,628	57,847	70,248	83,571
対 GDP 比（%）	1.99	6.69	7.99	6.98	7.67	8.43

（注1）債券は取引所上場分.
（出所）『中国統計年鑑』に基づき筆者作成.

表 2-16　株式流通市場の推移

	単位	2011年	2015年	2016年	2017年	2018年	2019年
上場企業数	社数	2,342	2,827	3,052	3,485	3,584	3,777
時価総額	億元	214,758	531,463	507,685	567,086	434,924	592,935
対 GDP 比	%	44.4	76.8	68.1	68.4	47.5	59.8
内上場株分	億元	154,921	417,881	393,402	449,298	353,794	483,463
株価指数（年末）		2,199.42	3,539.18	3,103.64	3,307.17	2,493.9	3,050.12
取引額	億元	421,645	2,550,541	1,277,680	1,124,625	901,739	1,274,159
対 GDP 比	%	87.1	368.5	171.3	135.7	98.5	128.6

（注1）時価総額は，流通株式の時価総額.
（注2）株価指数は上海証券取引所の総合指数.
（出所）『中国統計年鑑』に基づき筆者作成.

　以下，中国本土の取引所について紹介することとする．中国における本格的な証券市場の発展は，1990年12月の上海証券取引所（上海証券交易所）および1991年7月の深圳証券取引所の正式な開業を契機とする．取引所の開設は地方政府のイニシアティブによるもので，中央政府内部ではいろいろ議論はあったものの，朱容其首相が改革に資するものとして承認したとされる［Naughton 2007］．

　発行市場の最近の推移は，表2-15のとおりであるが，2015年から発行市場の規模が急拡大している．最大の要因は，債券発行の急増で，シャドーバンキングの背景となっている BIS 規制による銀行からの借り入れコストの増加などの要因で，銀行借り入れからのシフトが進んでいるためかもしれない．株式市場からの新規調達も，2016年には2兆元を超えたが，2018年ではその半分に落ち込んでいる．香港も含む海外株式市場での調達も，2015年に大幅に増加した後は低迷している．

　流通市場はどうかと言うと，表2-16のとおり上場企業数は2011年の2342社から2019年の3777社と1435社も増加した．上場株式の時価総額は，対 GDP 比で，この間44.4%から59.8%とほとんど変化はない．取引高も，2015年には対 GDP 比で見て，369%に達したが，2019年は対 GDP 比で128%にとどまっている．数字で見る限り，株式市場は，2015年をピークに低迷状況にあるようである．

（2）中国株式市場の特徴

古島［2012］は，Naughton［2007］などを参照しながら，中国の株式市場について次のような特徴があるとした．

① 国有企業がほとんどである上場企業構成．国有企業改革に伴い，企業を分離し，上場して得た資金を，上場企業自体，あるいは親企業にプールし，現在あるいは将来の年金負担などに充当する．

② 非流通株の存在．企業への支配を継続するため，国家が非流通株を保有する．

③ 内外分離．外国投資家はＡ株の保有に限定されていたが，上述のように制限が一部緩和された．

④ インサイダーコントロールとコーポレートガバナンス．上場する企業経営者と上場の許認可権を持っている当局がともに国家公務員であることによる上場に伴う不正などが起きやすく，上場後も一般の少数株主の利益が反映されにくい．

⑤ 投資家．個人投資家が主で機関投資家が育っていない．

以上の点の内，⑤については，第 5 章で述べるように，社会保障基金や生命保険など機関投資家と呼ばれる組織，企業が成長しつつあるが，東京証券取引所のように，タイプ別投資家の株式保有状況が分からないで現状では判断できない．①の上場企業の属性であるが，国有企業が新たに株式会社化（公司化）して上場しているのか，上場企業している国有企業の子会社や関連会社などの企業が上場しているのか，それとも純粋に民営企業と呼べるような企業が上場しているのかは，新規企業の属性を調べない限り不明である．

ちなみに，上場企業の発行総株数と，そのうち流通が可能となっている株数を比較すると，**表 2-17**のとおりとなる．流通可能な株数の比率は上昇してはいるので，国有企業以外の上場が増えているのかも知れないが，民営企業でもオーナーあるいはオーナーの支配する企業の株式は非流通株となっているケースもあると思われる．

表 2-17　流通株数推移 （単位：億株，%）

	2011年	2012年	2013年	2014年
上場企業総株数（Ａ）	29,745	31,834	33,822	36,795
うち流通株数（Ｂ）	22,500	24,788	29,997	32,289
（Ｂ）/（Ａ）	75.6	77.9	88.7	87.8
	2015年	2016年	2017年	2018年
上場企業総株数（Ａ）	43,024	48,750	53,747	57,581
うち流通株数（Ｂ）	37,043	41,136	45,045	49,048
（Ｂ）/（Ａ）	86.1	84.4	83.8	85.2

（出所）『中国統計年鑑』に基づき筆者作成．

第5節　ネット金融を巡る動き

　中国のネット関連産業が急速に拡大していることは日本でもよく知られている．ネットを利用した金融関連業務も急速に発展しているようである．IT 産業は，アリババとテンセントの2大グループに独占され，競争上の弊害が起きる可能性も大きいように思えるのだが，柴田［2019］は，フィンテックにおける競争の激しさについても触れている．2015年は4308社が乱立していたが，2017年で360社にまで減少した．中国のフィンテック企業を分類すると，次のとおりで，ネット金融業の厚みが増していることが分かる．

① 「P2P」と呼ばれるネット金融仲介業者．個人や零細企業向け少額融資を扱い，詐欺や夜逃げなどの社会問題が発生しており，淘汰中．

② ネット金融情報サービス．オンライン投資情報サービスや AI を使った投資アドバイス．

③ ネット資産管理．個人や家計の財務管理サービス．

④ ネット消費金融．無担保フリーローンが主流になり，市場細分化と競争激化が進行中．

⑤ ネット金融インフラ．モバイル決済，ビックデータに基づくオンライン信用調査など．

　また，吉岡［2017］は，電子マネー口座にお金を預け，使わない部分は，金融商品に投資して利息を得られる仕組みも普及し，アリババグループの「余額宝」が知られているとする．

　金融仲介が国有銀行中心に行われてきた中国で，ネット金融を巡って当局による規制が強まるのではないかという観測が高まっている．発端となったのは，アリババの創業者で，現在でも実質的にアリババを経営していると言われるジャック・マー（馬雲）氏が2020年10月24日に上海で行われた金融フォーラムで，政府による規制が技術開発の妨げとなっていると金融当局を批判したためと伝えられている．直後の11月3日にマー氏は，中国人民銀行の事情聴取を受け，11月4日にアリババ傘下のアントグループ（螞蟻集団）が予定していた香港・上海株式市場でのIPO の中止が伝えられた．アントグループは，もともと2004年に対個人EC（電子商取引）の決済機構として設立された．当時のクレジットカードが普及していない中国では，売主は買主が代金を支払ってくれるか，買主にとっては品物が不良品ではないか，きちんと届くかがEC の最大の問題であったが，アントが仲介することで信用問題が解決し，EC が大幅に伸びることとなる．その後スマホの普及によってQR コードの決済が主力商品となっている．ユーザー数は10億人で，6月の稼働ユーザーは7億人を超え，2020年6月までの1年間の決済金額は118兆元に達する［ITmediaによる］[3]．さらに，2021年4月30日付の読売新聞によれば，中国人民銀行はアントグ

表 2-18　中国の金融（貸出・調達）システムの類型

	所有者	取引先情報の種類	金融のタイプ	顧客	重視される技能
商業銀行	国有	人的・数値情報	リレーションシップバンキング	国有企業，地方政府	文脈的技能
インターネットバンキング	民間・民営	数値情報	アームスレングスバンキング	民間・民営企業ベンチャービジネス	機能的技能

(注) 重視される技能は，第 9 章の比較制度分析の項参照.
(出所) 筆者作成.

ループの他にテンセントなど金融事業を手がける IT 大手13社に対して無免許や許可範囲を超えた金融業務の改善を命じ，今後すべての金融関連業務を金融当局の監督下に置く旨伝えたとされる.

　中国の金融システムの問題点として，国有銀行による銀行中心型システムであるが故に，民間・民営企業やベンチャービジネスに資金が流れないことが，かねてから指摘されてきた. 民間企業・ベンチャービジネスの多くは，友人・知人などからの資金調達が主であったとされる. ネット金融業の発展に伴い，アントグループのような決済ばかりでなく，資金の運用（預金かネット運用か）や調達（商業銀行からかインターネットバンキングか）などの面で，既得権益層としての国有商業銀行および政府と新興勢力としての民間ネット業者との軋轢はこれからも強まっていくことが予想される. なお，表 2-18のとおり中国の金融における商業銀行とインターネットバンキングとは求められる技能が異なるなど別の種類の産業であると考えられ，これからも商業銀行を支持する政府・規制部門と同じ規制部門の被監督部門としてのインターネットバンキング部門が対立する様々な局面があるかも知れない.

第 6 節　人民元のデジタル通貨化

　「デジタル人民元」あるいは人民元のデジタル化という言葉を最近よく目にするようになった. 本節では，その背景について考察する. 基本的なことから考えたい. 一般的な金融システムでは，通貨には，現金通貨と預金通貨がある. 通貨は，その機能の内の媒介機能，つまり財サービスの対価として支払われることが主たる目的である. 現金通貨は，中央銀行が発行する銀行券（および補助通貨の硬貨）である. 預金通貨は，商業銀行（市中銀行）に預けられている当座預金などの決済性預金である.

　中国において，預金通貨（貨幣：M1）として分類されているのは，現金（M0）と企業等の決済性預金（単位活期存款）の合計であり，その推移は表 2-19のとおりである. 通常，通貨発行量は GDP の増加につれて増加する（マーシャルの K）が，中国における現金発行残高の対 GDP 比率は，2000年以降は減少する一方である. また企業の決済性預金残高も2017年から減少に向かっているようである.

表 2-19　現金通貨と預金通貨の残高推移（各年末，GDP は年，単位：億元，％）

	2000年	2005年	2010年	2015年	2016年	2017年	2018年	2019年
現金通貨	14,653	24,032	44,628	63,217	68,304	70,646	73,208	77,190
預金通貨	38,495	83,247	221,993	337,737	418,253	473,145	478,478	498,820
通貨合計	53,147	107,279	266,621	400,954	486,557	543,790	551,686	576,009
GDP	100,280	187,319	412,119	688,858	746,395	832,036	919,281	990,865
現金/GDP	14.6	12.8	10.8	9.2	9.2	8.5	8.0	7.8
預金/GDP	38.4	44.4	53.9	49.0	56.0	56.9	52.0	50.3
通貨/GDP	53.0	57.3	64.7	58.2	65.2	65.4	60.0	58.1

（出所）『中国統計年鑑』に基づき筆者作成．

　その背景にあるのは，① 人民元紙幣が偽造されやすく，受け取る側に警戒されること，② 最高額面が100元で，高額取引が難しいこと，③ スマホ決済や業間決済のネット利用などのインターネットバンキングが急速に普及したことなどが考えられる．なお，雨宮［2019］によれば，現金に対する需要は意外に根強く，日本だけではなく多くの国で，現金流通高は GDP 対比で増加を続けているとのことで，中国は現金からネット決済への移行という意味で世界の最先端にあるのかも知れない．

　こうしたスマートフォンや IC カードなどの決済サービスの普及によって，媒介通貨としての現金をデジタル通貨に変換すること，つまり中央銀行によるデジタル通貨の発行も喫緊の課題となって来ている．中央銀行が発行するデジタル通貨（Central Bank Digital Currency: CBDC）は，利用者が銀行などの一部に限定され，金融機関相互間資金決済を目的とした「ホールセール型」と，銀行券などの現金を代替する「一般利用型」があり，後者は更に，「口座型 CBDC」と「トークン型 CBDC」がある［雨宮 2019］．ホールセール型は，現在あるスキームのデジタル化であり，特に大きな影響はないので，一般利用型について影響を考える．「口座型 CBDC」は，個人や企業が中央銀行に口座を開いて，口座間の振り替えで決済を行う方式である．この方式は，現在の商業銀行を通じた決済方法と真っ向から対立する．これは改革開放前の「モノバンク（単一銀行）制度」の時代に逆戻りすることになり，商業銀行の既得権益からしても実現には抵抗が大きいと思われる．

　「トークン型 CBDC」は，利用者のスマートフォンや IC カードに CBDC を格納し，利用者間で金銭的価値を移転することにより決済を行う方式であり，現在各国で技術的な側面を中心として，研究・実験が行われている．柳川・山岡［2019］は，2007年の iPhone 登場以来わずか10年の間にスマートフォンが世界的に爆発的に普及し，従来の決済方法に加えて，モバイルペイメントが世界的に拡大し，この間ブロックチェーンや分散型台帳技術などの新しい情報技術が登場するなど，技術革新を通じた支払い決済の効率性向上・コスト削減を CBDC を巡る議論の背景の第1に挙げる．また，スウェーデンなどの北欧の諸国では，民間によるモバイル決済支払い手段の浸透などを背景に，現金の減少傾向が顕著になっており，中央銀行として信用リスクのない支払い決済手段を広範な人々に提供するニーズが生じていることも背景に挙げている．

　デジタル通貨そのものというよりは，決済システムの問題として，日本銀行と欧州中央銀行も2017年から現在の中央管理システムを置いた決済機能を分散型台帳技術を使って，ネットワークでつながれた複数のコンピュータを使った分散型にすることが可能かどうかの実験を行っており，4回の調査結果が公表されている[4]．この実験・調査は，中央銀行通貨のデジタル化にとどまらず，一国の証券市場も含めた決済システムやクロスボーダー取引への応用を含んでいる．

　中国でどのような考え方に基づき，人民元のデジタル化を進めようとしているであろうか．2021年1月29日の読売新聞報道によれば，中国人民銀行幹部の講演などを総合すると，① 現金（紙幣，硬貨）と等価で，手数料なしで交換できる，② 小売店での買い物などで利用されることを想定しているとのことである．また，同報道では2020年10月に広東省深圳市で，また12月には江蘇省蘇州市で，人民元のデジタル化実験が始まったとのことである．媒体としては，スマートフォンばかりでなくカードなど複数が使われ，機能としてはトークン型CBDCを実験していたようである．このデジタル人民元と競合するのは，アリババやテンセントなどの主としてスマートフォンを利用して決済サービスを提供している民営企業であり，国有銀行ではない．

　柳川・山岡 [2019] も指摘するように，一般の人々が広く使えるCBDCの発行は，預金との競合や銀行の資金仲介への影響，危機時における預金からCBDCへの資金逃避の可能性など広範な論点を伴う．日本銀行（おそらくは欧州中央銀行も）のCBDCに対する取り組みを見ると，決済システム全体の機能や民間マネーの役割への配慮から，むしろ民間デジタル通貨の機能をより安全で信頼のおけるものにするかという点に重点が置かれているように思えるが，中国の場合は，決済手段としての人民元の地位を引き上げることに重点が置かれているように思われる．前述の新聞報道によれば，中国がCBDCの実現を急ぐのは，その国際標準を握ろうとするためであるとしているが，トークン型CBDCに技術的に大きな問題があるとは思えず，米欧日では，現在の日常生活の決済システムにさほど大きな問題はなく，中国政府ほど急ぐ理由もないからではないのだろうか．逆に言えば，アリババやテンセントなどによる民間の決済機能を活かすつもりであれば，中国政府，中国人民銀行も急ぐ必要もないのではないだろうか．

　なお，人民元のデジタル化と国際化との関係については第6章で検討したい．

第7節　現代貨幣理論（MMT）と中国の金融システム

　最近現代貨幣理論（Modern Money Theory, Modern Monetary Theory: MMT）が注目を浴びている．その概要については第9章で触れるが，MMTはポストケインジアンないしケインズ左派の思想を受け継いでおり，経済における政府の役割を重視する．その意味で中国の経済システムと親和性が強い．MMTはその名のとおり，貨幣論をベースとしているが，貨幣（あるいは通貨）は政府が課す納税に使われるが

故に通用力を持つとし，硬貨，紙幣，準備預金はいずれも政府（および中央銀行）の債務であるとする．また政府と中央銀行は政府として一体的に捉えている．

　金融システムについて Wray［2015］は，国家を頂点とする貨幣ピラミッドであるとし，政府・中央銀行，商業銀行，その他金融機関の 3 層のもとで，貨幣（現金，準備預金），銀行紙幣（銀行券，預金），銀行預金で返済されるその他金融機関の債務がそれぞれに対応すると考える．

　国債は歳入と歳出の差額を埋めるために発行するのではなく，むしろ国債の発行に先立って歳出が行われなければ，国債を購入することもできず，機能としては，他の政府債務である現金や準備預金と同じであると考える．

　この考え方を中国に当てはめると，国民にとっては現金や国債のみならず銀行預金も国有銀行がほとんどであるので全く同じ国家の債務であると認識されているということになる．従って中国の金融システムのなかで国家の債務と見なされないのは，インターネットバンキング等のその他金融機関の債務ということになる．

　Wray［2015］は，問題となるのは貨幣の量と目的であるとする．銀行貸出は，公益的か私益的かを問わず一般的には望ましいが，貸出にはリスクが伴うので適正な審査が要求されるとする．シャドーバンキングでは個人などの預金口座から地方政府の融資平台などの預金口座に移転が行われたため，銀行の貸出審査は行われなかったと推測される．預金者にとっては，政府債務であることに違いはないと映っていたのかも知れない．その他金融機関には信用創造つまり貸出によって貨幣（通貨）を創り出す機能はないが，IT 内部では貨幣（通貨）の機能を果たす準通貨を作ることは可能である．例えば，ネットショッピングに出品した代金を IT 企業の発行するコインでもらい，それがネット内の通貨として通用すると言った仕組みを作ることは可能である．モノ→貨幣→モノというプロセスとなり，MMT で想定する貨幣→モノ（流通）→納税というプロセスとは違うが貨幣に似たものが誕生してしまう．政府としては IT 企業の創造性・革新性を保ちつつコントロールを強めていくことになろう．

第 8 節　結　論

1．中国の金融システムは，銀行を中心にしたシステムであり，戦前，解放前に相当の発展を見せていた．戦前のシステムの特徴としては，同業者による自治ルールが行われていたほか，1930年代半ばには政府出資の銀行数行が大きな影響力を持つようになっていた．戦後，解放後は，民間の銀行も併営されていたが，1958年から中国人民銀行によるモノバンク制度が導入された．

2．改革開放路線の採択により，労働報酬の比率が上昇し，貯蓄と投資を仲介する機関としての銀行の重要性が増し，数次の金融改革を経て，機能及び数値から見て世界的レベルの金融システムが誕生した．しかし，その中心

である銀行は例外を除いて国有ないし公有であり，保険業，証券業も政府
の強い監督・管理下にある．

3．中国におけるシャドーバンキング拡大の第 1 の背景は2004年から法律が整
備され，2007年に導入された BIS 規制にある．第 2 は，金融政策であり，
人民元の為替レートを米ドルに実質的に固定する為替政策によって，介入
額が大幅に増加し，その財源を準備預金に頼ってきた結果，高率の預金準
備を回避するためにも，オフバランス取引が選好された．第 3 は，資本市
場の不振であり，2007年に株価はピークを付けた後，株式の新規発行はほ
とんど不可能となった．一方，リーマンショック以降の景気刺激策として，
地方政府の財政出動が行われ，その資金調達の多くが銀行借り入れによる
ものと推測される．かくして，すべての当事者にとってオフバランスとす
ることが有利となり，通常の銀行業務をオフバランス化した結果，シャ
ドーバンキングが急増してきたと推測される．また計量分析の結果からも，
シャドーバンキングによる手数料の増加が銀行の収益を拡大させ，ROA
を増加させる主要因であった．

4．シャドーバンキングの規模は，2016年には GDP の70％を超えていたと
推測されるが，なぜ銀行の直接債務ではない金融商品が大量に販売できた
かと言えば，販売元である銀行が国有であることをベースとした信認が大
きいと思われる．販売した商品の一部は，満期に銀行が引き取らざるを得
ないものもあると思われ，銀行の不良債権の一因となっていると推測され
る．

5．中国の金融関連指標は，非金融部門向け信用残高や銀行貸出残高・シャ
ドーバンキング残高などは，欧米諸国に比肩する数値となって来ており，
一人当たり GDP の水準に比べて，高水準過ぎる懸念がある．中国の金融
部門が円滑に機能してきたことが，経済成長の要の一つであってきただけ
に，今後の動向が注目される．

6．証券市場は，上海と深圳に証券取引所が設けられ，株式を中心に取引され
てきた．上場企業には，会社化（Corporatization）された国有企業が多く，
国有企業改革に伴って資金確保などの手段として活用されてきた．近年で
は，債券の発行市場も大きくなっている．

7．ネット金融業の発展に伴い，決済ばかりでなく，資金の運用（預金かネッ
ト運用か）や調達（商業銀行からかインターネットバンキングか）などの面で，
既得権益層としての国有商業銀行および政府と新興勢力としての民間ネッ
ト業者との軋轢はこれからも強まっていくことが予想される．なお，第 5
章で詳述するが，保険業界でもネットを利用した新商品によって既存の保
険商品のシェアが奪われたり，ネット業者と提携する保険会社が現れたり
するなど，ネット金融の影響が及んでいる．

8．現代貨幣理論（MMT）の発想は中国の金融システムと親和性が高い．

MMTでは，中央銀行は政府と一体であるとされ，国債，通貨，準備預金はともに政府の債務であり，収入（歳入）に先立って発行される．中国の銀行は国有銀行が主であり，銀行預金も政府の暗黙の債務であるといえる．ネット金融はこうした公的機関による制度の外であるが，政府の強い規制下にある．

注

1 ）http://www.pbc.gov.cn/diaochatongjisi/116219/116319/3959050/3959051/index.html，2021年 6 月 29 日最終閲覧．

2 ）https://www.smbcnikko.co.jp/products/stock/foreign/china/kiso/index01.html，2021年 6 月 29 日最終閲覧．

3 ）https://www.itmedia.co.jp/business/articles/2011/19/news043_6.html，2021年 6 月 29 日最終閲覧．

4 ）『日本銀行・欧州中央銀行による分散型台帳技術に関する報告調査』等プロジェクト・ステラ報告書 1 〜 4 参照．https://www.boj.or.jp/paym/digital/index.htm/，2021年 6 月 29 日最終閲覧．

第3章　財政システム
――中央政府と地方政府――

どんな科学の力を借りても，またどんな利子をもって釣ったところで，決して人間は不平なしに財産や権利を分配することはできません．常に自分の分け前の不足を訴え，互いにうらやんで滅ぼしあうに相違ありません．
　フョードル・ドストエフスキー『カラマーゾフの兄弟』

（米川正夫訳，岩波書店）

　改革開放政策は，経済に関わる様々なシステムの変更をもたらしたが，財政システム―財政収入（歳入）・財政支出（歳出）の制度と実際の運用・ルール―も例外ではない．この章では，第1節で財政システムの推移を考察する．国有企業を単位とした都市部のシステムと，村落共同体・人民公社内部で完結していた農村部のシステムが，財政という観点から，どのような経緯をたどって現在のシステムに形成されてきたかが中心である．第2節では，地方の財政システムとその改革と題して，中国の財政システムを分かりにくくしている地方の財政システムとその改革を審計署（我が国の会計検査院に相当）の資料を使って紹介する．第3節では，中央政府財政も含めて，財政システムの概観を解説する．特に，中国財政の特徴である巨大な地方財政と中央財政の関係に焦点を当てて考察する．第4節は，結論である．

第1節　財政システムの推移

　改革開放以前は，都市部では国有企業が歳入のほとんどすべてをもたらし，ほとんどの公共サービスや社会保障が企業内部で賄われ，農村部では自治原則のもと，自給自足的な統治が行われていた．国防・外交・警察などの公共財の財源は，中央政府・地方政府が所管する企業からの収入を直接に分配することによって賄われていた．つまり，企業が従業員に給与を支払い，企業や従業員が所得税を納税して，その財源で政府が公共財・サービスを購入するという2段階のプロセスを省略することができた．
　改革開放が進むにつれて，企業が公共サービスの提供義務を免れ，財・サービスの生産・提供に特化することとなり，公共サービス，社会保障の為の財政収入の手段が整えられてきた．1994年に分税制が採用されるまで，中央政府と地方政府の間の歳入，歳出についての明確な分担はなかったが，次第に両者を合理的に調整する

仕組みが必要とされるようになってきた.

　改革開放の初期段階では, 地方政府が中央政府に上納する税収について, 請負制が採用された. 地方政府が所管する国有企業などからの収入, その他の税収を請負い, それを超えた部分は中央政府に上納することなく自主的に処分できるというものである. 地域ごとの特徴や政策上の配慮によって, 地方ごとに請負制の細目は異なっていた [呉 1996参照].

　呉 [1996] によれば, 請負制の採用により, 中央政府から地方政府へ, 地方政府から個別企業へと権限や利益が移譲され, 地域の経済発展に対する地方政府の責任者の関心や熱意を強め, 他の分野での改革を財政面から支援する役割を果たした. その反面, 中央政府の財政基盤を弱め, 中央と地方政府の一対一の交渉で決められたため, 地域間の財政負担に不公平感をもたらし, 全国的な統一市場形成の阻害要因ともなり, 更には国有企業への地方政府の干渉を強めるなど弊害も目立つようになったとする.

　1994年から実施された分税制は, 中央と地方政府の管轄分担を明確化し, 税目ごとに中央政府と地方政府の税制収入を区分する制度である. 後述するように, 中央政府は国防, 外交, 中央省庁, 中央政府管理企業を担当し, 地方政府は, 所管地域の行政管理, 国有企業, 都市建設・維持などを担当する.

　税収については, 中央政府が関税, 消費税 (奢侈品への課税), 所管企業所得税 (法人税) などを, 地方政府が営業税 (各種サービスへの課税, 増値税との二重課税であり, 2017年に廃止), 所管企業所得税, 個人所得税などを主管し, 増値税 (付加価値税, わが国の消費税に相当) を共通税として, 中央政府75％, 地方政府25％の取り分とした. なお, 消費税の廃止に伴い増値税の配分は, 中央政府, 地方政府各50％に変更された. 現在の各種税の内容と中央政府, 地方政府の所管別内訳は, JETRO 資料「国税・地方税分類表」を参照.

　分税制について, 孫 [2017] は, ① 中央政府と地方政府の財政収入配分, 財政支出区分の明確化, ② 企業所得税と付加価値税を中心とする租税体系の確立, ③ 中央政府と地方政府の対等性を高めたこと, などの点を評価している.

　連邦財政主義と分権化について, 例えば Tanzi [1995] は, ① すべての課税権を地方政府に与え, その中から中央政府に移転する, ② 中央政府がすべて課税し, 地方政府に移転する, ③ 地方政府にある程度の課税権を与え, 中央政府は必要に応じて補填する, の３つを比較し, 中国も取ってきた①の方法では, 地方政府に誤ったインセンティブを与え, 効率的な税管理ができないと指摘している. また②では, 地方政府がモラルハザードにおちいり, 歳出を自制しないであろうとするが, 分税制改革は, ②の色彩が強い③の方法に変更することであり, この結果① 中央政府のコントロールが強くなることによって, マクロ経済政策などがやりやすくなったこと, ② 税に関する透明性が増したこと, など請負制に比べて改善がみられたと言える.

　一方で, 財政権の上部移管, 行政権の下部移転の結果, 省レベル以下の政府は中

央政府に代わって重要な社会的責任を負いながら，ほぼすべての公共サービスを担うことになり，潤沢な中央政府と困窮の地方政府という構図が生じることとなり，また都市土地使用税，都市不動産税，土地増値税，および国有地使用収入などの土地関連の税目をすべて地方政府に帰属させた結果，地方財政の財源が拡大すると共に，大都市における不動産価格高騰に象徴される土地バブルが全国各地に広がる下地を作ったという指摘もある［孟 2017］.

改革開放当初の財政システムのもう1つの特徴は，予算外資金の存在と，その規模が予算に比較して大きなことであった．予算外資金とは，これまでは政府と企業が一体となって運営されていた資金が，国有企業への留保資金の増大と軌を一にして地方政府の管理する予算外の資金が増大し，正規の予算とは別に第2予算として地方政府によって管理運営されていたことを指す．予算外資金は，違法な資金ではなく，予算外資金に関する国務院，財政部などによって公布された規定に基づいて管理されている［神宮・李 2007］.予算外の収入・支出は予算として管理されている財政と同じ規模にまで達していた．南部［1997］によれば，予算外資金は，国有企業及びその所管部門が，減価償却資金，留保利潤などの形で保持している部分が80％を占め，その他に地方政府の事業収入，サービス料金，地方の財政部門の雑税などからなっている．当然ながら予算外資金が大きくなるほど中央政府のマクロ経済コントロールは弱くなる.

梶谷［2009］によれば，予算外資金は，① 地方政府の財政部門が管理する工商税付加などの各種税に対する付加，地方政府が管理する企業の利潤，② 行政部門が管理・所有する学校，ホテル，招待所の収入などの雑収入，③ 国有企業あるいはその主管部門が管理する福利基金や減価償却費などを含む留保利潤，からなる．支出は企業の固定資産投資や福利厚生，ボーナスなどに当てられるほか，地域のインフラ建設や社会保障など本来は行政が負担すべき行政サービスに当てられるなど，地方政府の財政資金を一部肩代わりしていたとする．予算外資金の本質は，金融市場や土地市場に代表される要素市場への政府の介入を通じてもたらされる超過利潤＝レントの分配という側面を強く持つと分析している.

予算外資金は，① 1994年の分税制改革，② 1990年代後半の国有企業改革と独立採算の強化，③ 第2章で述べた2008年のリーマンショック以降の地方財政の問題噴出，④ 徴税・手数料徴収など行政予算の透明性確保により管理が強化され，現在は後述のように，「全国政府性基金」および「行政事業性収費」として管理しなければならない.

第2節　地方の財政システムとその改革

(1) 2011年「審計結果公告」

この節では，審計署の資料を基に，中国の財政システムを分かりにくくしている地方の財政システムとその改革を紹介する．シャドーバンキングの調達主体が，融

表 3 - 1　2010年末地方政府債務内訳（単位：億元）

	省クラス	市クラス	県クラス	合計
政府債務	12,699	32,460	21,950	67,109
政府保証債務	11,977	7,668	3,725	23,369
政府その他債務	7,436	6,504	2,757	16,697
合計	32,112	46,632	28,431	107,175

（出所）中国審計署「審計結果公告」2011年第35号.

　資平台などの地方政府の資金調達窓口であり，資金使途も地方政府の土地収用や不動産開発などであるとしても，どのくらいの規模で，どの程度地方政府が関与して公的資金が調達され，使われているかのついては不明な点が多かった．2011年になり，3月から5月にかけて審計署による全国調査が行われ，その結果が，2011年6月に第35号「審計結果公告」として公表された．この調査には，全国の審計機関の4万1300名が動員されたとあり，内容からも相当大掛かりなものであったと推測される．

　対象は，31省・自治区・直轄市（北京，上海，天津，重慶），5計画単列市（大幅な経済・財政の自主権を与えられた厦門（福建省），深圳（広東省），大連（遼寧省），青島（山東省），寧波（浙江省）の5都市），および所属する市，県の2万5590の政府および政府機構，6576の融資平台公司，4万2603の経費補助事業単位，2420の公用事業単位，9038のその他の単位である．対象とした債務は合計187万3683件に及ぶとする．調査対象には，後述する2013年調査と違い，郷クラスの政府は入っていない．

　この調査では，債務の種類を次の3つに分類しており，極めて合理的であると思われる．

　①政府が償還（返済）に責任を有する債務（以下「政府債務」）
　②債務者による債務の償還が困難となった時に，政府が保証を履行する債務（以下「政府保証債務」ないし「保証債務」）
　③債務者による債務の償還が困難となった時に，政府が助ける責任を負うことになる可能性のあるなどのその他の債務（以下「政府その他債務」）

である．なお，保証とは，正式な保証状ばかりではなく，報告書の後半では，承諾函（Letter of Understanding の意か）や寛慰函（Letter of Support の意か）に触れるなどの日本で言う念書も保証としているようである．

　表 3 - 1 は，2010年末における債務主体と債務の種類別の分類である．主体別では，意外にも省クラスではなく，その下の市クラスの債務が最も多い．債務の種類別では，政府が債務返済に責任を負うケースが最も多い．5つの計画単列市は，統計上は省クラスに含まれている．直接責任を負う債務は県クラスで最も多い．しかしながら，直接債務者であるケースは62.6％であり，37.4％は直接の返済責任を負わない．また，全体の15.5％は，債務者が債務不履行を起こした場合，政府が何らかの救済に乗り出さねばならないかもしれないという不確実な債務であり，政府の

表3-2　2010年末地方政府債務調達窓口別内訳（単位：億元）

	政府債務	政府保証債務	政府その他債務	合計
融資平台公司	31,375	8,144	10,191	49,710
地方政府部門及び機構	15,818	9,158	0	24,976
経費補助事業	11,234	1,552	4,404	17,190
公用事業単位	1,097	305	1,096	2,498
その他単位	7,585	4,212	1,003	12,800
合計	67,110	23,370	16,696	107,175

（出所）表3-1に同じ.

表3-3　2010年末地方政府債務調達先別内訳（単位：億元）

	政府債務	政府保証債務	政府その他債務	合計
銀行借り入れ	50,225	19,134	15,320	84,679
上級政府の財政資金	2,130	2,347	0	4,478
債券発行	5,511	1,067	989	7,567
その他の単位・個人からの借り入れ	9,242	822	386	10,450
合計	67,110	23,370	16,696	107,175

（出所）表3-1に同じ.

債務行為としては問題があると言わざるを得ない.

　表3-2は，調達窓口別一覧である．最も多いのは第2章でしばしば登場した融資平台であり，46.3％と半数近くを占める．融資平台が地方政府の為に，シャドーバンキングを積極的に利用したという観察は正しかったと言える．また，経費補助事業や公用事業単位などを合わせるとこの3部門で，64.7％を占める.

　表3-3は，地方政府がどのように資金を調達したかの内訳である．もっと多いのは銀行借り入れで，全体の79.0％を占める．シャドーバンキングは，銀行が直接貸出すのではなく，単に窓口を提供するだけであるから，本来のシャドーバンキングであれば，その他の単位・個人からの借り入れに分類されるはずであり，融資平台やその他の公共機関を通じた資金調達は銀行借り入れとして分類されているのかも知れない.

　表3-4は，資金使途別でみた内訳である．市の建設事業や開発の為の土地買収，水利建設，交通運輸などのインフラ建設が76.8％を占める.

　審計署は，今回の調査を通じて次のような問題が発見できたとする.

①　現行の規定には地方政府の債務に関する規定がなく，各地方政府も債務負担行為に関する規定を設けていない．そのため，調達窓口，方式などもバラバラであり，多くの地方政府が融資平台など別の形で資金調達している.

②　ほとんどの地方政府で，債券と各種転貸を除いて，政府の債務が予算管理されておらず，債務管理が不徹底である.

③　一部の地域と業務において償還能力が弱く，リスクがある．市や県クラス

表3-4 2010年末地方政府債務使途別内訳 (単位：億元)

	政府債務	政府保証債務	政府その他債務	合計
市政建設	24,711	4,918	5,672	35,301
交通運輸	8,718	10,770	4,437	23,794
土地収用	9,381	557	271	10,208
教育・科学・文化・衛生・社会保障住宅	4,375	1,318	3,476	9,169
農林水利建設	3,274	875	436	4,584
生態建設・環境保護	1,932	404	397	2,733
地方金融リスク回避	823	281	5	1,109
工業	681	579	22	1,283
エネルギー	45	190	7	242
その他	4,858	1,915	802	241
合計	58,797	21,807	15,526	96,130

(出所) 表3-1に同じ.

　　　では，新債務の発行でしか旧債務の償還ができないところもある．4つの
　　　市，23の県では，債務の延滞が生じている.
　　④ 融資平台の数が多く，管理が不徹底である.

（2）2013年「全国性債務審計結果公告」

　2011年の調査と同様の調査が2013年8月から9月にかけて行われ，2013年12月に
「全国政府性債務審計結果」として公告された．2011年の調査よりも多い5万4400
人が調査にあたった大掛かりなものとなっている．対象は，31省・自治区・直轄市，
5計画単列市，および所属する391の市，2778の県，更に前回調査対象ではなかっ
た3万3091の郷，に所在する合計6万2215の政府および政府機構，7175の融資平台
公司，6万8621の経費補助事業単位，2235の公用事業単位，1万4219のその他の単
位である．対象としたプロジェクトの合計は73万65件，債務は合計245万4635件に
及ぶとする.
　表3-5は，債務の類型別内訳であり，分類の仕方は2011年の調査と同様である．
今回の結果報告には，中央政府の債務も記載されている．中央政府の債務は，①
国債，国際金融機関からの借り入れなどの返済責任を負う債務，② 政府の保証債
務，例として国際金融機関からの借り入れで中央政府付属機関への転貸資金，中央
匯金投資有限公司が発行した銀行や輸出保険公司への出資分，③ 中央部門及び付
属単位の債務で政府の債務となる可能性のある債務，例として中国鉄路総公司（現
在の鉄道部）が発行した政府支持債券（政府のサポート文言がある債券か）や鉄路建設
基金が保証した債券などで合計2兆2949億元あり，他には，南水北調工程建設貸し
付けなどの国家の重大水利プロジェクト関連や中央所属の高校，病院，研究所など
の返済責任を負う可能性のある債務の合計である.
　地方政府の債務の合計は17兆6909億元と，2011年の10兆7175億元より大幅に増加
している．内訳別では，政府債務が4兆元強，保証債務が3000億元増加したが，政

表 3 - 5　2013年 6 月末政府債務類型別内訳（単位：億元）

	政府債務	政府保証債務	政府その他債務	合計
中央政府	98,129	2,601	23,111	123,841
地方政府	108,859	26,656	43,393	176,909
合計	206,989	29,256	66,505	302,750

（出所）中国審計署「審計結果公告」2013年第32号.

表 3 - 6　2013年 6 月末地方政府債務内訳（単位：億元, ％）

	省クラス	市クラス	県クラス	郷クラス	合計
政府債務	17,781 (9.9)	48,434 (27.1)	39,574 (22.1)	3,070 (1.7)	108,859 (60.8)
政府保証債務	15,628 (8.7)	7,424 (4.1)	3,488 (1.9)	116 (0.1)	26,656 (14.9)
政府その他債務	18,531 (10.4)	17,044 (9.5)	7,358 (4.1)	461 (0.3)	43,394 (24.3)
合計	51,940 (29.0)	72,902 (40.7)	50,420 (28.2)	3,647 (2.0)	178,909 (100)

（出所）表 3 - 5 に同じ.

表 3 - 7　2013年 6 月末地方政府債務の2011年からの増加率（単位：％）

	省クラス	市クラス	県クラス	郷クラス	合計
政府債務	40.0	49.2	80.3	n.a.	62.2
政府保証債務	30.5	−3.2	−6.4	n.a.	14.1
政府その他債務	149.2	162.1	166.9	n.a.	159.9
合計	61.7	56.3	77.3	n.a.	66.9

（出所）表 3 - 5 に同じ.

　府が返済責任を負う可能性のある債務が2.6兆元も増加している．郷クラスの地方政府を調査対象に加えたことは，その他政府債務の増加には，ほとんど影響していないので，再度検証した結果，これまで債務ではないとされた取引が，その他政府債務に分類されることとなった結果であろうと思われる．政府種類別の分析は後述する．

　より詳細に見るために，地方政府別・債務類型別にまとめたのが表 3 - 6 である．カッコ内は，全体を100とした場合の，シェアであり，地方債務の40.7％を市級（市クラス）の自治体の債務が占めており，省級と県級の自治体が同じくらいのシェアでこれに続いており，郷級の自治体のシェアはわずかである．債務類型別では，政府債務が60.8％を占め，その他債務が24.3％とこれに続いている．その他債務の大きさは，政府債務であれば難しいような取引を進め，リーマンショック後の中国のバブルともいえる景気過熱の一因となったプロジェクトの多さを表しているようにも思われる．

　2011年の調査時点からの増加率を計算したのが，表 3 - 7 である．政府債務が大幅に増加したのは，政府その他債務が増加したことによるところが大きい．政府その他債務はどのレベルの政府でも増加している．前述したように，最終的に政府の

表3-8　2013年6月末地方政府債務調達窓口別内訳（単位：億元，%）

	政府債務	政府保証債務	政府その他債務	合計
融資平台公司	40,756 (22.9)	8,833 (5.0)	20,116 (11.3)	69,705 (39.1)
地方政府部門及び機構	30,913 (17.3)	9,684 (5.4)	0	40,597 (22.8)
経費補助事業	17,762 (10.0)	1,032 (0.6)	5,157 (2.9)	23,951 (13.4)
国有独資・持ち株会社	11,563 (6.5)	5,754 (3.2)	14,039 (7.9)	31,356 (17.6)
自収自支事業単位	3,463 (1.9)	378 (0.2)	2,185 (1.2)	6,026 (3.4)
公用事業単位	1,240 (0.7)	144 (0.1)	1,896 (1.1)	3,280 (1.8)
その他単位	3,163 (1.8)	831 (0.5)	0	3,994 (2.2)
合計	108,860 (61.1)	26,656 (15.0)	43,394 (24.4)	178,910 (100)

（出所）表3-5に同じ.

　責任となるかどうかは，個々の調達機関と政府との関係や個別取引の契約内容によるので，2011年の調査で，政府債務ではないと結論した取引も，洗い直すことで政府のその他債務に分類することになったものも多いと思われる．特に，市クラス，県クラスと下級レベルの政府になるほど増加率が大きいのは，前回調査で見逃していた取引等が多かったのではないかという疑念も生じる．

　資金調達窓口別の分類は表3-8のとおりで，カッコ内は全体を100とした場合のシェアである．融資平台は，2011年の4兆9710億元，シェア46.4%から2013年6月では6兆9705億元と金額では増加しているものの，シェアは39.1%とウェイトを落としている．増加しているのは，2011年では分類項目にはなかった100%国有企業ないし持ち株会社，および独立採算企業である．これらの企業は前回調査ではそもそも対象としていなかったのか，対象ではあったがその他に分類されていたのかは不明である．

　資金の調達形態では，表3-9のとおり，銀行借り入れが圧倒的に多く，10兆1187億元と全体の56.6%を占める．しかし，2010年では8兆4679億元であったので金額では増えているが，シェアは大幅に低下し，代わって債券発行が7567億元から1兆8458億元と大幅に増加した．また2011年では記載のなかったBT（Build and Transfer）が1兆4773億元にまで増加した．BTとは，中田［2017］によれば，企業が政府と事前に合意を結び，インフラプロジェクトの資金調達・投資及び建設を行い，竣工後に政府は事前合意に基づいた価格でインフラの所有権を企業から買い取る方式である．通常は，投資家などが一定期間運営を行い，期間終了後政府などの公共機関にインフラを引き渡すBOT方式などがプロジェクトファイナンスの方式として一般的であるが，BTとはこうしたプロジェクトファイナンスの一形態ではなく，工事完成後一括払いの契約に他ならないが，工事期間中の金融を請負業者が負担することはこれまで希少であったのかも知れない．

　表3-10は，調達した資金の使途別内訳である．2011年では，市の建設事業や開発の為の土地収用，水利建設，交通運輸などのインフラ建設が76.8%を占めていたが，2013年調査では，社会保障住宅sも含めて13兆4130億元と全体の80%を占め，外部資金を調達する主たる目的はインフラ建設にある．

表3-9 2013年6月末地方政府債務調達方法別内訳（単位：億元）

	政府債務	政府保証債務	政府その他債務	合計
銀行借り入れ	55,252	19,085	26,850	101,187
BT	12,146	465	2,152	14,763
債券発行	11,659	1,674	5,125	18,458
うち地方政府債券	6,146	490	0	6,636
うち企業債券	4,590	809	3,429	8,828
うち中期手形	575	345	1,020	1,940
うち短期融資券	124	9	223	356
未払い金	7,782	91	702	8,575
信託融資	7,620	2,527	4,105	14,252
その他の単位・個人からの借り入れ	6,679	553	1,159	8,391
資金の立替施工・支払い猶予	3,269	13	477	3,759
証券・保険業・その他金融機関融資	2,000	310	1,056	3,366
国債・外債等財政転貸資金	1,326	1,708	0	3,034
ファイナンスリース	751	193	1,375	2,319
資金募集	373	38	394	805
合計	108,859	26,656	43,394	178,909

（出所）表3-5に同じ.

表3-10 2013年6月末地方政府債務調達目的別内訳（単位：億元）

	政府債務	政府保証債務	政府その他債務	合計
市政建設	37,935	5,265	14,830	58,030
土地収用	16,893	1,078	821	18,792
交通運輸	13,943	13,189	13,795	40,927
社会保障住宅	6,852	1,420	2,676	10,948
教育・科学・文化・衛生	4,879	753	4,094	9,726
農林水利建設	4,085	580	768	5,433
生態建設・環境保護	3,218	435	886	4,539
工業・エネルギー	1,227	805	260	2,292
その他	12,156	2,110	2,552	16,818
合計	101,188	25,635	40,684	167,507

（出所）表3-5に同じ.

また審計署は，全国政府債務状況について，次のようにまとめている.

① 2012年末の政府債務の対GDP比率（負債率）は36.7％である．また2007年からの政府保証債務，政府その他債務のうちで実際政府が負担することとなった実績率は，各19.13％，14.64％であったので，この数値を援用すると政府の総債務の対GDP比率は，39.3％と想定される.

② 債務残高の対税収等収入比率（債務率）は，政府債務のみでは105.66％であり，保証債務，その他債務を上記のウェイトで調整した総債務で見ると113.41％となる.

③ 延滞率は，政府債務は5.38％，保証債務は1.61％，その他債務は1.97％で

ある．

　また，地方政府の債務管理について次のような問題があると指摘している．

① 地方政府債務の増加が急である．

② 一部地域と業種の債務負担が重い．3つの省クラス，99の市クラス，195の県クラス，3465の郷鎮政府の債務比率は100％を超える．また，2つの省クラス，31の市クラス，29の県クラス，148の郷鎮では，新債務で旧債務の元本を償還している比率が20％を超えている．業種別では，高速道路に政府が転貸した資金は1兆9422億元に達し，通行料を免除することとなった2級道路に4434億元貸し付けている．

③ 地方政府の土地譲渡収入に対する依存が高い．11の省クラス，316の市クラス，1396の県クラスの土地譲渡収入を充てることを承諾した債務は3兆4895億元に上る．

④ 一部の地方と単位が法規に違反して資金調達し，違法に使っていると様々な例を挙げて指摘している．

　この会計検査報告について，斎藤［2014］は，① 返済義務のある債務者やプロジェクトが返済不能に陥っていることから，潜在的な不良資産比率はかなり高いと推測される，② 返済能力の低い下位政府の債務残高が急増している，③ 地方政府債務・偶発債務の金利負担が急増している，④ 債務の返済原資と返済期限（債務の53.8％が2015年末）にミスマッチが生じている，といった問題点を指摘している．

　以上のような審計署による度重なる大規模な調査で明らかになった地方政府の債務問題への本格的な対応が始まったのは，中田［2017］によれば，2014年からであり，次のような対応がとられてきたとする．① 地方政府による債券発行を認め，債券発行による既存債務の借り換えを進める，② 債務を正規予算の枠組みに繰り入れる，③ 国務院が定める限度額内での債券発行を認める，④ 融資平台地方政府に融資することを禁止する，⑤ 地方政府が企業に代わって債務返済を行うことを禁止する，などの措置が相次いで取られた．李［2017］は，2015年1月から施工された新予算法によって，① 省レベル以外の下級レベルの地方政府は債務を負ってはならないこと，② 省レベルの債務は債券形態によること，③ 債務の上限は毎年の全国人民代表大会が定めること，となったとする．

　一部地域の債務負担が重いとあるが，どの地域であろうか．OECD［2019］は，2017年の地方政府の債務と各地域のGDP（省内総生産）・歳入との比率を表3-11のとおり省ごとに計算している．歳入は，一般，基金，社会保障基金収入の合計である．これによれば，債務残高の対GDP比が大きいのは，貴州省で60％を超え，次いで青海省も50％を超えている．第3に大きいのは雲南省で，比率は40％強である．30％を超えるのは，内蒙古自治区，海南省，寧夏回族自治区，遼寧省，新疆ウイグル自治区である．一方対歳入の比率では，貴州省が200％を超え，内蒙古自治区，安徽省，青海省，雲南省が150％を超え，遼寧省，寧夏回族自治区，黒竜江省，湖

表3-11　省・特別市の債務負担の大きさ

	対省内総生産	対歳入
高債務負担地域	35%以上 貴州，青海，雲南，内蒙古	170%以上 貴州，内蒙古，安徽，青海，雲南
準高債務負担地域	30%以上 海南，寧夏，遼寧，新疆	120%以上 遼寧，寧夏，黒龍江
中債務負担地域	20%以上 甘粛，陝西，広西，四川，湖南，黒龍江，安徽，吉林，重慶，江西	100%以上 湖南，海南，広西，山西，新疆，甘粛，吉林，福建，四川，河北
低債務負担地域	20%以下 天津，浙江，山西，河北，福建，湖北，上海，山東，江蘇，北京，河南，広東，チベット	75%以下 江西，山東，天津，湖北，重慶，河南，江蘇，山西，浙江，広東，上海，北京，チベット

（出所）OECD［2019］に基づき作成.

南省，海南省，広西チワン族自治区，山西省，新疆ウイグル自治区が100％を超えている．一方，先端地域と思われるところの債務負担は相対的に小さい．結局，公共事業にせよ，公共サービスにせよ，シビルミニマムというか全国一律ないしそれに近い政策を行いながら，歳入では付加価値税や法人所得税などに依存しているため，経済活動が活発な先端地域とそれ以外との債務負担に大きな差が生じてきているということであろう．

　地方政府の債務問題と審計署の調査結果を踏まえて，我々は中国経済について，どのようなことが言えるであろうか．第1には，中国経済の深さである．それは，中央政府と地方の関係に表れている．感覚的に言えば，江戸時代の江戸幕府と諸藩の関係に例えることが出来ようか．中央集権的であり，それにも増して地方分権的でもある．津々浦々にまで中央政府の目が行き届くわけではない．

　第2には，1で述べた深さとも関係するが，省レベルではなく，それ以下の市あるいは県がもっている経済活動の重要性である．中央から離れるほど，目が行き届かなくなるから，管理のタガが緩めば地方は暴走することがよく理解できる．末端もそれなりの実力を持っているからである．

　第3には，問題の察知から真相の究明，更には是正措置までに時間がかかることである．1つには，中国の深さのゆえであろうが，官僚機構が整備されていることによる事務手続きの複雑さ故でもあろう．

　第4には，問題を解決しようという意欲の高さである．何年，何十年と慣行として行われてきたことを続ければ，問題がより複雑化し，解決が難しくなる．しかしそれを理解はできても，是正することは難しい．経路依存の故である．日本の社会福祉政策を見ればよく分かる．しかし中国には問題解決の意欲がある．

　第5には，公共投資の難しさである．この報告の中でも，鉄道建設の為の債券2兆2949億元，高速道路建設の為の1兆9422億元などの政府の実質債務が挙げられているが，日本でも旧国鉄や高速道路建設の債務の取り扱いに苦しんできた．他のイ

ンフラ（例えば電力や通信）と違い，実際の利用者が利益を受けるばかりでなく，例えば鉄道や道路が敷設された地域の観光業者などのフリーライターが多く発生するためである．中国も経済システムが欧米諸国とは違うとはいえ，同じ問題に直面するであろう．

第3節　財政システムの概観

（1）財政システムの概要

　中国の財政問題を複雑化している地方政府の財政問題をある程度紹介してきたので，全体の財政システムに戻り，まず中国における財政の大きさを確認したい．財政支出の規模は，表3-12のとおり年々増加しており，1990年にはGDPの16.2%であったものが，2019年には，34.0%にまで高まっている．

　各国と比較すると，表3-13のとおりで，近年ではフランスやドイツほど高くはないが，英米日と同じ規模になって来ている．

　中国の財政システムの主体は，中央政府と地方政府であり，わが国の一般会計に相当する一般公共予算と特別会計に相当する前述した予算外資金を基金として明確

表3-12　財政支出対GDP比の推移
（単位：%）

1990年	1995年	2000年	2005年	2010年
18.2	11.2	16.3	18.3	25.1
2015年	2016年	2017年	2018年	2019年
31.6	31.9	31.6	32.9	34.0

（注）財政支出は，中央政府，地方政府，自治体，社会保障基金支払額の合計．
（出所）「世界経済ネタ帳」ホームページ（https://ecodb. net/ country/ CN/ public_finance）．原典はInternational Monetary Fundデータベース．

表3-13　各国の財政支出（2019年，対GDP比，%）

フランス	ドイツ	英国	日本	米国
55.6	45.2	38.6	37.7	35.7

（出所）表3-11に同じ．

表3-14　中国の財政（一般公共予算，単位：億元）

	中央政府			地方政府			中央＋地方
	歳入	歳出	差額	歳入	歳出	差額	差額合計
2000年	6,989	5,520	1,469	6,496	10,367	−3,871	−2,402
2005年	16,548	8,776	7,772	15,101	25,154	−10,053	−2,281
2010年	42,488	15,990	26,498	40,613	73,884	−33,271	−6,773
2015年	69,267	25,542	43,725	83,002	150,336	−67,334	−23,609
2016年	72,365	27,404	44,961	87,239	160,351	−73,112	−28,151
2017年	81,123	29,857	51,266	91,469	173,228	−81,759	−30,493
2018年	85,456	32,708	52,748	97,903	188,196	−90,293	−37,545
2019年	89,309	35,115	54,194	101,081	203,743	−102,662	−48,468

（出所）『中国統計年鑑』に基づき筆者作成．

化した政府性基金から成り立っている．地方政府の範囲は，31 の省・自治区・直轄市，その傘下にある市レベル，県レベル，更に下級の郷鎮レベルの 4 層からなる．一般公共予算の歳出と歳入を中央政府と地方政府毎にみると**表 3 -14**のとおりとなる．1994 年の分税制導入までは，地方政府の財政が黒字で，中央政府に黒字分を上納していたが，分税制改革を契機として，中央政府は黒字に転換し，地方政府は赤字である．地方政府の赤字分は，わが国の地方交付税に似た中央政府からの交付金などによって賄われる．交付の方法は，① 税制改革によって減収となった分の補填，② 財政力の移転支出（一般移転部分），③ 専項移転支出（社会保障，環境保護，農業支援など目的別支援）の 3 つのカテゴリーで支出されてきたが，孟［2017］によれば，現在の財政移転支出制度は「一般性移転支出」と「専項移転支出」から構成されており，税収の多かった地域に税金を返済する「税収返済」のウエイトは減少している．「専項移転支出」は，義務教育，社会保障，環境保護，食料リスク基金など特定の政策目標達成のための移転支出である．

（2）一般公共予算

　中央政府と地方政府を合計した一般公共予算は，年々赤字が増加しており，最終的には中央政府，地方政府の債務の増加となる．

　一般公共予算の歳入を税収，その他に分けると，**表 3 -15**のとおりである．収入

表 3 -15　一般公共予算内訳（歳入，2019年，単位：億元，%）

	中央政府	地方政府	合計	%
税収合計	81,020	76,980	158,000	83.0
うち国内増値税	31,161	31,187	62,347	32.7
うち国内消費税	12,564		12,564	6.6
うち輸入品増値税	15,123		15,123	7.9
うち輸出増値税返還分	−16,480		−16,480	−8.7
うち企業所得税	23,786	13,518	37,303	19.6
うち個人所得税	6,234	4,154	10,388	5.5
うち家屋資産税		2,988	2,988	1.6
うち印紙税	1,229	1,234	2,463	1.3
うち都市維持建設税	206	4,614	4,820	2.5
うち車両購入税	3,498		3,498	1.8
うち土地増値税		6,465	6,465	3.4
うち契約税		6,213	6,213	3.3
うち関税	2,889		2,889	1.5
非税収合計	8,289	24,100	32,389	17.0
うち専項収入	284	6,850	7,134	3.7
うち行政事業性収入	404	3,483	3,888	2.0
うち罰金	133	2,929	3,062	1.6
うち国有資本経営収入	6,659	1,061	7,221	3.8
うち国有資源使用料	717	7,334	8,051	4.2
税収＋非税収合計	89,309	101,080	190,389	100.0

（出所）『中国統計年鑑』に基づき筆者作成．

表 3-16　一般公共予算内訳（歳出，2019年，単位：億元，%）

	中央政府	地方政府	合計	%
教育	1,836	32,961	34,797	14.6
社会保障・就業	1,232	28,148	29,379	12.3
衛生・保健	248	16,418	16,665	7.0
住宅保障	561	5,839	6,401	2.7
福利厚生・国民関連分野小計				36.5
国防	11,897	226	12,122	5.1
公共安全	1,839	12,062	13,902	5.8
外交	615	2	618	0.3
都市・農村自治体サービス	92	24,804	24,895	10.4
一般公共サービス	1,985	18,360	20,345	8.5
金融関連支出	944	672	1,615	0.7
商業サービス業支出	82	1,157	1,240	0.5
食糧・油備蓄	1,204	693	1,897	0.8
災害対策	466	1,064	1,529	0.6
他地区支援		471	471	0.2
政府行政分野支出				32.9
農林水利	532	22,330	22,863	9.6
交通運輸	1,422	10,395	11,818	4.9
インフラ建設分野支出				14.5
省エネ・環境	421	6,969	7,390	3.1
科学技術	3,516	5,955	9,471	4.0
文化・観光・体育・メディア	309	3,777	4,086	1.7
資源探査情報等支出	335	4,559	4,914	2.1
自然資源・海洋	314	1,869	2,183	0.9
債務発行費用	45	21	66	0.0
債務利子	4,567	3,876	8,443	3.5
その他	632	1,117	1,749	0.7
合計	35,115	203,743	238,858	100

（出所）『中国統計年鑑』に基づき筆者作成.

　は，税収とそれ以外の収入からなり，2019年では税収が収入の83％を占めている．
税収のうち最大の項目は，わが国の消費税にあたる付加価値税の増値税である．増
値税のうち輸出分は還付されるのでマイナス項目となる．消費税は，酒，タバコ，
車両などの贅沢品に課せられる．これら増値税と消費税の間接税の合計は税収合計
の46％であり，直接税である企業所得税（法人税），個人所得税の合計30％より多い．
中央政府の税収となるか，地方政府の税収となるかは，税毎に定められており，最
大の項目である増値税は，現在は中央，地方で折半となっている．他の主要税目で
ある，消費税は中央政府，また企業所得税（法人税）も中央政府の取り分の方が大
きく，税収の配分は中央政府に優位となっており，中央政府が地方政府に優越する
大きな武器となっている．
　なお，贈与税，相続罪はない．資産格差は，所得格差よりも大きく，格差に対す
る不満は将来さらに大きくなる可能性がある．
　一方，財政支出（歳出）の内訳は表3-16のとおりである．孟［2017］にならって

表 3-17　税収などの対省内総生産比率 (単位：%)

	税収の対 GRP 比	一般公共予算支出の対 GRP 比	財政赤字の対 GRP 比
北京	13.6	20.9	−4.5
天津	11.6	25.2	−8.1
河北	7.5	23.7	−13.0
山西	10.5	27.7	−13.9
内蒙古	8.9	29.6	−17.7
遼寧	7.7	23.1	−12.4
吉林	6.8	33.5	−24.0
黒竜江	6.8	36.8	−27.5
上海	16.3	21.4	−2.7
江蘇	7.4	12.6	−3.8
浙江	9.5	16.1	−4.8
安徽	6.0	19.9	−11.3
福建	5.1	11.8	−4.7
江西	7.1	25.8	−15.8
山東	6.8	15.1	−5.9
河南	5.2	18.7	−11.3
湖北	5.5	17.4	−10.0
湖南	5.2	20.2	−12.6
広東	9.3	16.1	−4.3
広西	5.4	27.6	−19.0
海南	10.4	29.5	−16.6
重慶	6.5	20.5	−11.5
四川	6.2	22.2	−13.5
貴州	7.2	35.5	−24.9
雲南	6.2	29.2	−20.2
西蔵	9.3	128.9	−115.8
陝西	7.2	22.2	−13.3
甘粛	6.6	45.3	−35.6
青海	6.7	62.8	−53.3
寧夏	7.2	38.4	−27.1
新疆	7.5	46.4	−34.8

(出所)『中国統計年鑑』に基づき筆者作成.

　分野別に分けると，教育，社会保障などの厚生・国民関連分野が36.5%，政府行政分野が32.9%　インフラ関連分野が14.5%となっている．孟［2017］によれば，厚生・国民関連分野は2011年34.1%，2015年35.8%であったので，この間にシェアが上昇している．政府行政分野は，2011年29.1%，2015年28.1%，インフラ建設分野は同16%，16.9%であったので，政府行政分野が増加し，インフラ建設分野はシェアが減少している．

　財政を地域ごとに見るとどうであろうか．各省・特別市別の一般公共予算を見ると，税収が最も多いのは，広東省であり，ついで江蘇省，上海市，浙江省などの長江デルタの先進地域が続く．支出も広東省がトップで，江蘇省がこれに続くが，山東省，河北省，四川省が上海市，浙江省よりも多い．

　これを各地域の省内総生産 (地区生産総値，Gross Regional Products) 対する比率で

見たのが**表3-17**である．北京，上海，天津などの直轄市の税収の比率が高い．財政支出については，広東省，福建省，浙江省，江蘇省などの先進地域でむしろ低い．財政赤字で見ると，黒竜江省，吉林省，甘粛省，貴州省，チベット自治区，新疆ウイグル自治区など東北開発，西部開発などの対象地域が高くなる．一般公共予算支出には，政府によるサービス提供ばかりでなく，インフラ建設費などの公共投資も含んでいるため，中央政府などの補塡による開発が進行している地域では，財政支出も財政赤字も地域経済に比して高率となるのであろう．

（3）政府性基金

政府予算には，一般公共予算とは別に，特別会計に相当する政府性基金予算がある．『中国統計年鑑2019年版』では，23種類の基金の収入，支出が記載されている．財政部ホームページ（2020年12月10日現在）には，21の全国性基金リストが掲載され，各々の基金の根拠法令が挙げられ，所管が中央政府であるか，地方政府であるか，共管かの記載がある．**表3-18**は，『中国統計年鑑』の記載による全国性基金の収支であるが，うち所管については財政部ホームページの基金リストによっている．従って，所管部分の記載のない基金は，2020年度についてはいずれかの基金に統合されたか，金額が少額となりその他に分離されたのであろう．また，財政部のリストには，『中国統計年鑑』にはない水利建設基金，教育費付加，地方教育付加，残疾人就業保障金，森林殖被回復費，可再生能源発展基金などの基金名が根拠法令，所管と共に記載されている．

政府性基金の財源，特に財源に余裕のない地方政府基金の財源，はどのようになっているのであろうか．内藤［2019］によれば，2018年の予算ベースであるが，地方財政収入（23.2兆元）のうち，一般公共予算収入は16兆元（61.3％），政府性基金収入は7.2兆元（38.7％）を占め，政府性基金収入は地方政府の独自財源である本級収入が7.1兆元とほとんどを占め，中央政府からの移転収入はほとんどない．政府性基金収入に占める地方政府の土地譲渡収入の割合は，2014年には80％であったものが，2018年には90％程度にまで拡大しているとする．つまり，地方の政府性基金の太宗は土地譲渡収入に大きく依存していることになる．

前述したように，2011年および2013年の審計署調査で明らかになったのだが，内藤［2019］によれば，公式には赤字財政が認められていなかった時期にも地方政府には相当の債務が存在し，その内訳が，直接返済責任を負う債務以外に，正式には認められていない債務保証や，さらには保証を提供するまでには至らないものの，最終的には地方政府が返済せざるを得なくなる可能性のある不透明な債務もあったとする．第2章で検討した地方政府による融資平台という資金調達窓口を通じた資金調達もその例として挙げられる．

中田［2017］によれば，こうして調達された資金を使って，地方政府はインフラ開発により土地を整備することで工場を誘致したり，不動産建設を促したりしてきた．地方政府は，国有地の使用権を譲渡する権利を有しているため，開発後は土地

表3-18　全国政府性基金決算状況（2019年，単位：億元）

	基金名	管轄区分	収入	支出	収支差
1	農網還貸資金	中央・地方	230	219	11
2	鉄路建設基金	中央	541	555	−14
3	民航発展基金	中央	429	405	24
4	海南省高等級公路車両通行付加費	地方	25	43	−18
5	港口建設費	中央・地方	237	212	25
6	旅游発展基金	中央	16	17	−1
7	国家電影事業発展専項基金	中央・地方	30	28	2
8	国有土地使用権出譲金	n.a.	70,679	74,366	−3,687
9	国有土地収益基金	n.a.	1,764	1,351	413
10	農業土地開発基金安排	n.a.	185	86	99
11	中央水庫移民扶持基金	中央	278	287	−9
12	中央特別国債基金	n.a.	633	633	0
13	宝くじ公益金	n.a.	1,166	1,249	−83
14	都市基礎設備配備費	地方	2,747	1,819	928
15	地方水庫移民扶持基金	地方	55	31	24
16	国家重大水利工程建設基金	中央・地方	219	257	−38
17	車両通行料	n.a.	1,434	2,950	−1,516
18	使用済核発電燃料処置基金	中央	24	8	16
19	可再生産源電価付加収入	中央	868	859	9
20	船舶油汚染損害賠償基金	中央	2	0	2
21	廃棄電器電子産品処理基金	中央	28	35	−7
22	宝くじ発行販売機構業務費	n.a.	212	175	37
23	汚水処理費	n.a.	603	552	51
24	その他政府性基金		2,112	5,512	−3,400
25	上記合計		84,518	91,548	−7,030
26	地方政府専項債券安排支出			21,500	−21,500
27	地方政府専項債券利息支出			2,616	−2,616
28	地方政府専項債券発行費安排支出			26	−26
29	地方政府専項債券関連支出			24,142	

（出所）『中国統計年鑑』および財政部ホームページ「全国政府性基金目録清単」に基づき筆者作成.

　の使用権譲渡収入が入る．これを地方政府の債務の返済に充てるという仕組みになっていた．こうした仕組みによって上がる利益，差額は，政府性基金に組み入れられ，様々な地域のニーズに対応する資金として使われてきたわけである．

　打ち出の小槌のようなスキームのもとで，行き過ぎた土地開発が行われ，2013年をピークとして土地バブルが崩壊に向かい，地方政府の債務問題が深刻化し，前述したように，債務の合計は，17.9兆元に達し，省レベルばかりでなく，市レベル，県レベル，さらには郷鎮レベルも債務を負っていた．

　2015年から本格的に始まった地方債の発行状況は表3-19のとおりであり，2016年までは，既存債務の借り換えの為の発行が多かったが，2017年からは新発債も増えてきている．また，一般財源に繰り入れられる債券と，基金などの特定財源に繰り入れられる専項債券とに分けると，次第に一般財源の為の発行が増えてきている．財政部の数据統計によれば，2019年末の地方政府の債務合計は21兆3072億元であり，

表 3-19　地方債の発行状況（単位：兆元）

	2015年	2016年	2017年	2018年	2019年
一般債券	0.5	0.8	2.4	2.2	1.8
専項債券	3.3	5.3	2.0	1.9	2.6
合計	3.8	6.1	4.4	4.2	4.4
借り換え債	3.2	4.9	2.8	2.0	1.3

（出所）内藤［2018］および中国財政部数据統計（http://yss.
mof. gov. cn/ zhuantilanmu/ dfzgl/ sjtj/ 202001/
t20200121_3462828.htm).

表 3-20　中央政府の債務残高（単位：億元，%）

	国内債務	国外債務	合計	対 GDP 比
2005年	31,848	766	32,614	17.4
2010年	66,988	560	67,548	16.4
2015年	105,467	1,132	106,599	15.5
2019年	166,032	2,006	168,038	17.0

（出所）『中国統計年鑑』に基づき筆者作成

表 3-21　政府総債務残高対 GDP 比の推移（単位：%）

1995年	2000年	2005年	2010年	2015年
21.6	22.1	26.3	33.9	41.5

2016年	2017年	2018年	2019年	2020年
44.3	46.4	48.8	52.6	61.7

（注）　2020年は予測値.
（出所）　IMF *Economic Outlook 2020 October Database.*

表 3-22　各国の政府総債務残高（2019年，対 GDP 比，%）

日本	米国	フランス	英国	ドイツ
238.0	108.7	98.1	85.4	59.5

（出所）　表 3-21に同じ.

うち21兆1183億元が債券形態によるもので，借り入れなどの他の形態によるものは1889億元とわずかな額になった.

　一方で，中央政府の債務残高を見ると，表 3-20のとおりであり，2019年末で，16兆8038億元である．これは，地方政府の債務残高合計21兆3072億元よりも少ない．地方政府の債務と合計すれば，38兆1110億元となり，GDP の38.5%となる.

　国際比較の為，国際通貨基金（IMF）の発表している政府の債務残高状況を見ると，表 3-21のとおりで，政府債務残高の対 GDP 比率は2019年で52.6%となっており，前述した係数よりも大きくなっているがこれは，政府債務の定義の違いであると考えられる．ちなみに，先進他国の状況は表 3-22のとおりであり，財政規律の厳しいドイツに迫る数字となっている.

　以上見てきたように，財政システムを巡る中央政府と地方政府の関係は，中国政治における放（自由化）と収（言論統制，整風）に似て周期性があるように思われる．孟［2017］は，集権的財政制度と分権的財政制度と呼ぶが，中央政府が財政のほと

んどすべてを実質的に決定するか，地方政府に大きな裁量の余地があるかの違いである．時代区分について，孟［2017］は，① 1950年〜1979年，集権的財政制度，② 1979年〜1993年，分権的財政制度，③ 1994年〜2003年，集権的財政制度，④ 2004年〜2014年，集権的財政制度，⑤ 2014年〜分権的財政制度の時期だとする．しかしながら，リーマンショック以降のシャドーバンキングの主役は，地方政府とその傘下の融資平台や公共事業団体であったので，むしろ自由で何でもありの分権的財政制度であったと言えるであろうし，2014年に改正された新予算法のもとで，地方政府は箸の上げ下げまで中央にお伺いを立てなくてはいけなくなったという意味で，集権的財政制度と言えるのではないだろうか．ただし，梶谷［2018］は，中国の財政システムは，中央集権か地方分権かという2項対立ではとらえられない複雑な中央-地方関係を反映しているとしており，現在の財政システムもどちらかと言えば中央集権的であるという程度の判断にとどめた方がよいのかも知れない．

第 4 節　結　論

1. 中国の財政システムは，複雑で外部からは分かりにくい．理由の第1はどこまでが政府の領域でどこまでが非政府の領域であるかが明確にされてこなかったことである．シャドーバンキングで明らかになった地方政府の融資平台などの窓口会社の債務は，地方政府の債務に含めるかなどの問題である．2015年1月から施行された改正予算法の下で初めて，政府の範囲と負うべき債務の範囲が明確となった．理由の第2は，法令に基づかない公共料金や手数料の存在である．これも法令が整備されるにつれて，透明性が高まってきている．

2. 第3に中央政府と地方政府の関係が1994年の分税制改革によって明確になったとはいえ，分かりにくいことである．地方政府負っている行政サービスの範囲と量は年々拡大しており，それに見合う財源の多くは中央政府による．

3. 第4の背景は，国有企業の存在である．国有企業は公共サービスを提供する政府部門ではなく，市場に財サービスを提供する企業部門であり，財政の一部ではない．ではその債務は政府の債務と言えるかどうか，さらにほとんどが国有である銀行部門の債務はどう考えるべきであろうか等の問題も浮かんでくる．

4. これらの分かりにくさに関わらず，財政面での改革は続いており，透明性は確実に上昇しているように思われる．明確な規定がなければ，自由裁量の余地が大きいが，当然暴走も生じやすい．シャドーバンキング問題はまさしくこの典型であろう．しかしながら近代化が進展するに従い，ルールが成文化され，全国的に適用されるようになって来ていることは財政システムにおいても例外ではないと思われる．

5．マクロ的に見ても，財政支出と政府債務のウェイトは年々上昇しており，高齢化社会を迎えて，社会保障などのニーズに対応していかざるを得ず，今後ますますウェイトは増えていくであろう．なお，現在の税法には，贈与税，相続税がない．格差の問題を考えるといずれ導入せざるを得ないだろうが，様々な論議を呼ぶことになろう．

注

1）https:// www. jetro. go. jp/ ext_ images/ jfile/ country/ cn/ invest_ 04/ pdfs/ cn9A010_ kokuzei_chihouzei.pdf，2021年 6 月29日最終閲覧．

第4章　企業システム
——中国の企業とは何か——

みんながめいめい自分の神さまがほんたうの神さまだといふだろう．けれ
どもお互いほかの神さまを信ずる人たちのしたこどでも涙がこぼれるだろ
う．それから僕たちの心がいゝとかわるいとか議論するだろう．そして勝
負がつかないだろう．
　　　宮沢賢治　「銀河鉄道の夜」(初期形)『宮澤賢治全集第九巻』(筑摩書房)

　1978年末の改革開放路線の開始以前の中国の企業には，都市部の国有企業と農村
部の郷鎮企業の2種類しかなかった．郷鎮企業はかつての人民公社の社隊企業であ
り，農業部門をサポートする軽工業を中心として運営されていた．
　中国の企業改革は，後述するように国有企業を中心とした企業制度が多様化して
きたという制度的変遷をみても，同時並行的に行われてきた2つの改革から成って
いると言える．第1の改革は，工業の圧倒的部分を担っていた国有企業の改革であ
り，一般に中国の企業改革といえば，この国有企業の改革を指す．第2の改革は，
国有部門以外の企業改革であり，郷鎮企業などの急成長をもたらした改革である．
この2つの改革が同時並行的に進んできたことが中国の企業改革の大きな特徴であ
る．この章では，第1節では，企業改革の進展と企業形態の変化を考察し，主とし
て国有企業の所有形態がどのように変化してきたのかを考察する．第2節では，大
企業がどのように保有されているかいくつかケースを紹介する．第3節では，中国
企業の保有形態について，歴史的考察も踏まえた推論を展開する．第4節では，中
国の地域別産業構造の特徴と製造業の所有者別構造との関係を考える．製造業発展
の一例として，中国ばかりでなく世界最大の産業となってきた鉄鋼業及び自動車産
業を取り上げ，家電・電子産業との比較において，地域別，所有者別構造の特徴を
考える．第5節は，結論である．

第1節　企業改革の進展と企業形態の変容

(1) 改革初期

　改革前の国有企業は，どのような状況にあったのであろうか．Xu [1997] は，中
国社会科学院が実施した1980年から1989年の国有企業769社の調査をもとに改革の
内容を次のようにまとめている．1980年代の始めまでは，国有企業の所有権と管理

はすべて政府に属し，政府がすべての利益を吸い上げ，すべての資金，賃金，社会福祉費用を割り当て，経営・管理者は生産・従業員の処遇に裁量権を持たず，報酬と成果が結びついておらず，労働のインセンティブがなかった．改革が浸透するに従い，① 利潤の企業への留保額の増加，② 生産決定の自主権の増加，③ 従業員の賃金についての経営・管理者の自主権拡大，④ 資金の自主調達，⑤ 経営請負制のもとでの賃金の裁量額の増加，などが行われてきたとする．小宮 [1989] も，中国の企業は，生産，販売，資材・資金の調達などの決定権限がなく研究開発も独自には行っておらず，西側諸国で言えば，工場に過ぎないとし，中国には企業はないとした．

国有企業改革は，「放権譲利」とよばれる目標を超過達成した場合の利益処分の自由度や設備投資などの企業自主権の拡大や，「経営請負制」とよばれる経営者と契約を締結し，定められた経営目標を超過達成すれば便益が受けられる制度の採用などの試行錯誤を経て，1992～1993年に企業経営システムの転換を加速すべく，いくつかの改革措置が講じられた．これらの措置として1992年7月に公布された「全人民所有（国有）工業企業の経営構造の転換に関する条例」（以下「経営構造の転換に関する条例」とよぶ），1993年11月の「中共中央の社会主義市場経済体制に関する若干の問題についての決定）」（以下「社会主義市場経済体制に関する決定」とよぶ），1993年12月に全人代常務委員会を通過した「公司法（会社法）」がある．呉 [1995] によれば，「経営構造の転換に関する条例」は，国有企業の経営についての自主権を法制化したものであり，「社会主義市場経済体制に関する決定」は国有企業改革の方向を明確にしたものである．「公司法」は，有限会社と株式会社について法制化したものであり，国有企業改革の現状認識と方向について特に重要であると思われる「社会主義市場経済体制に関する決定」は，法人としての企業の財産権についてその重要性を指摘したものであるとする．

（2）改革の本格化

そもそもなぜ国有企業の改革が必要なのであろうか．World Bank [1995] によれば，どの個人，グループも国有企業を保有しておらず，また国有企業からのリターンに明確な利害を持っておらず，従って誰もが国有企業の成果目標とその達成について責任とモチベーションを持っていない．むしろ政治家，官僚，従業員その他の利害グループが複数の，しばしばお互いが矛盾する目的（例えば，収益の最大化，雇用の最大化，その他の社会的目的）を押し付け，その一方で互いに矛盾する制限（例えば，解雇の制限，価格の据え置き，資材調達の制限）を押し付ける．複数の目的と制限は取引コストを上昇させ，管理者のインセンティブをそぎ，その経営努力を低下させる．国有企業が補助金，移転収入，政府保証の借り入れを受ければ，それによって非効率であれば受けねばならない倒産の恐れを減じてしまうとする．

特に社会主義国の国有企業には，ラチェット効果（ratchet effect）とソフト予算（soft budget）の2つの問題がある．ラチェットとは，歯止めの爪の意味で，ラ

チェット効果とは企業が業績を超過達成した場合に，政府当局がその企業の超過達成分を徴収してしまい，翌年の業績目標は超過達成した数字をもとに課せられる可能性がなくはないため，企業に業績を超過達成するインセンティブが働かないことである［Freixas et al. 1985］．ソフト予算とは，失業などの社会的政治的問題を回避するために，政府が損失を出している企業を救済してしまう可能性があることであり，やはり企業のインセンティブを削ぐ結果となる．また，国有企業が過剰雇用問題になるのも，原材料の超過調達，過剰投資などと合わせて，ソフト予算の結果である［Kornai 1979］．

　国有企業のこうした問題は，当然のことながら中国でも広く認識され，徐［2014］は，1990年代中頃から2000年代初頭にかけて，国有企業の民営化（中国語では私営化）について中国国内で論戦が交わされたとする．民営化が必要だとする意見は，国有企業ではインサイダーコントロールが甚だしく，経営者の選任メカニズムを改善するためには，民間株主の導入が不可欠であり，民営化が必要だと主張する．一方，プリンシパルエージェント関係の複雑さと所有権の不明確さは民営化しても解決されない，国有企業が背負っている社会的負担や戦略的負担などの政策的負担の解消が必要であり，所有権はエージェンシー問題とは無関係であるとする意見とが対立した．

　同じころ「公有制」についても論争があったとする．つまり，私的資本の拡大と国有企業の民営化は社会主義の「公有制主導」に合致するのか否かの論争である．公有制の範囲を広くとれば，国有小企業の民営化と国家資本の投資範囲縮小に反対となる．一方，限られた資源（資金）を前提にすれば，規模の小さな国有企業は国際競争に耐えられないし，技術改造の為の資金も集中して投入する必要があるとし，国有であるべきかどうか産業ごとに優先順位をつけるべきだという意見になる．優先順位については，2001年11月「国家経済貿易委員会」による「第10次5ヶ年計画鉱工業構造調整規画綱要」，あるいは2006年12月国務院国有資産監督管理委員会「国家資本調整と国有企業再編の推進に関する指導意見」などに盛り込まれることとなったとする．

　なお，民営化と公有制についての論争は，第9章でもふれるが，加藤・久保［2009］が「新西山会議」として紹介している．

　1990年代中ごろから，不採算企業の合理化，WTO（国際貿易機関）加盟交渉などのためにリストラクチャリング（中国語では「改制」）を含む国有企業改革が加速し，2003年4月に国務院の機関として国有資産監督管理委員会が設立され，2003年5月に「企業国有資産監督管理暫定条例」が公布・実施された．また各省・市にも同様の監督管理委員会が設立された．

　こうした企業改革の結果，組織上の分類は**表4−1**のとおり推移してきた．国有企業は，1980年には，工業生産の76%のシェアを占めていたが，1995年には，34%にまで落ち込んだ．2000年には47%へと回復しているが，これは統計の対称を売上高の大きな企業としたためであろう．前述した公司法の施行に伴い，1990年代後半

表 4 - 1　工業粗生産額に占める形態別シェアの推移（単位：%）

企業の種類	1980年	1985年	1990年	1995年	2000年	2004年	2008年	2018年
国有	76.0	64.9	54.6	34.0	47.3	15.1	13.1	2.3
集団所有	23.6	32.1	35.6	36.6	14.2	4.5	1.8	0.1
うち郷営		7.8	10.2	13.0	n.a.	n.a.	n.a.	n.a.
うち村営		6.8	10.0	12.9	n.a.	n.a.	n.a.	n.a.
私営（民営）		1.8	5.4	12.9	6.1	22.4	26.9	16.9
その他	0.5	1.2	4.4	16.6	32.4	58.0	58.2	61.0
うち株式制				3.0	11.7	10.4	9.9	6.5
うち外資系				5.2	15.0	24.4	19.4	5.5
うち華僑系				5.3	12.3	10.9	10.1	7.7
合計	100	100	100	100	100	100	100	100

（注1）2000年の国有企業は国有企業と国有企業持ち株会社の合計．2004年，2008年は国有企業，国有聯営企業，国有独資企業の合計．
（注2）2000年，2008年は主要業務の売り上げが500万元以上の企業．2018年は2000万元以上の企業の売り上げシェア．
（注3）2004年は規模を限定しておらず，売上合計は22兆2315億元．500万元以上に限定すると18兆7220元となる．
（出所）『中国統計年鑑』に基づき筆者作成．

表 4 - 2　中国の企業分類（2018年における大規模企業の工業部門における内訳）

	企業数		総資産		売上高	
	社数	(%)	億元	(%)	億元	(%)
内資企業	330,704	87.4	910,029	80.2	806,012	43.6
国有企業	1,836	0.5	65,398	5.8	42,334	2.3
集体企業	1,675	0.4	1,732	0.2	1,926	0.1
股份合作企業	772	0.2	666	0.1	762	0.0
聯営企業	96	0.0	138	0.0	169	0.0
有限責任公司	92,935	24.6	427,067	37.6	331,503	17.9
股份有限公司	11,980	3.2	174,685	15.4	115,447	6.2
私営（民営）企業	220,628	58.3	239,288	21.1	311,970	16.9
その他企業	782	0.2	1,055	0.1	1,901	0.1
香港マカオ台湾企業	22,829	6.0	98,303	8.7	101,369	5.5
外資企業	24,907	6.6	126,049	11.1	143,109	7.7
合計	378,440	100.0	1,134,382	100.0	1,849,490	100.0

（注）売上高2000万元以上．
（出所）『中国統計年鑑』に基づき筆者作成．

から国有企業や郷鎮企業の株式会社や有限会社などへの会社化が急速に進行した．
　現在の企業の組織上の区分をより詳細に見ると表4-2のとおりとなっている．国有企業は，有限責任会社（有限責任公司），株式会社（股份有限公司または股份公司）に改組することができるとされ，前者のうち，投資主体が単一のものは，制度上の1人会社のため，国有独資会社として，社員総会の不設置など，組織機構の特則が

定められている．なお，株式会社への改組は，募集設立の方法に限られるので，公募・上場を予定していない場合は，有限責任会社ないし独資会社への改組が一般的であろう．こうした企業形態の多様化を受けて，現在の企業統計のような分類となった．

　中国の企業改革の中心は国有企業改革であり，企業形態についても様々な試みがなされてきた．国有企業数はピーク時には11万社を超えていたが現在の企業数は2000社を切るまでに激減している．もともと国有企業であった企業の多くは，そのほかの企業形態に移行している．例えば，聯営企業（複数の企業が合弁で所有する企業），有限責任公司（出資者の責任が有限である会社で株式の譲渡を前提としていない企業をさし，わが国の有限会社のように規模が小さいわけではない），股份有限公司（わが国の株式会社にあたる）などにそのまま，あるいは他の業態との共同形態の企業などの形で移行している．民営化された国有企業ももちろんある．私営企業，民営企業の意味については後述する．

　会社形態に転換されていない国有企業は，企業数では1836に過ぎないが，工業部門全体の総資産に占める比率は5.8％に達し，売上高のシェアが2.3％であるので，いわゆる重厚長大企業で会社化していない国有企業であることをうかがわせる．業種ではどのような業種が国有となっているのであろうか．金［2007］は，国有資産監督管理委員会の管理する業種について，軍事，電網電力（送電線網をもった電力会社），石油・石油化学，電気通信，石炭，航空，港湾の7業種における国有資本は絶対的な支配力を有し，マジョリティをもつ，次にプラント・設備製造，自動車，電子情報，建築，鉄鋼，非鉄金属，化学，探査設計，科学技術などの業種について国有資本は比較的強い支配力を有し，マジョリティか条件付マジョリティを有することとしたとする．

（3）「国進民退」と習近平の国有企業政策

　国有企業改革が一段落した後，リーマンショックによる世界不況を乗り切り次節で述べるように中国企業特に大企業の躍進が続き，「国進民退」つまり国有企業が躍進し，民営・民間企業が沈滞気味であるという意見も目立つようになった．徐［2014］は，1998年と2008年規模以上鉱工業企業のデータを分析し，国家資本も伸びているがそれ以上に民間資本も進出しており，「国進民進」だとする．なぜ「国進民退」批判がなぜ起きたかというと，①戦略的分野ばかりでなく競争的分野でも国家資本のシェアが増加した，②国有企業の収益性と生産性が急速に改善しており，特に原油・天然ガス，電力，鉄鋼，石炭，自動車，非鉄金属等の分野で拡大しており，これらの分野では民間資本の進出が様々な規制を受けているなどの事例が「国進民退」の印象を与えているのではと分析している．

　習近平政権の国有企業改革について三浦［2015］は，2013年11月の「三中全会」で採択された「改革の全面的な深化における若干の重要事項に関する中共中央の決定」に示される3つの柱からなるとする．第1は，混合所有制の推進で，混合所有

制とは，公有制と非公有制が混在する所有制で，指導部はより多くの分野で，より多くの民間資本を導入するとしている．第2は，国有資本管理体制の整備であり，経営への関与を減らし，出資者としての管理に徹する．総資本回転率，総資本利益率，総資本純利益率のいずれも国有・国有持株会社は私営企業に圧倒的に差をつけられていることが背景にあるとする．国有の資本投資会社構想は，シンガポールの国営出資会社タマセックホールディングがモデルであるとする．第3は，現代的な企業制度の整備であり，公共性の高い分野に国有資本を集中し，それ以外の分野では混合所有制などを通じて国有資本の役割を減らすことであるとする．

2015年9月に中国共産党中央と国務院による「国有企業改革の深化に関する指導意見」が公表されている．関根［2015b］によれば，①国有企業の管理について従来の企業そのものに対する管理から，資本に着目した出資者としての管理に転換するとしている．具体的には，国有資産管理機構（国有資産監督管理委員会の意か）が直接国有企業を管理する方式から，同機構の傘下に新たに設立する国有資本投資・運営会社が国有企業の資本管理をベースに監督管理を行うとする．また，②国有企業を「商業類」と「公益類」に分類し，前者は更に，「競争性企業」（市場での競争が進んでいる産業における国有企業）と「特定目的企業」に再分類し，分類に従って資本構成を調整する仕組みを導入するとしている．

同じ時期に，国務院から「国有企業の混合所有制経済発展に関する意見」が公表され，商業類の特定目的企業として，①重要な通信インフラ設備，②重要な水資源・森林資源，③石油・天然ガス・電力の輸送網，④原子力発電，⑤軍需産業，⑥その他の国に戦略産業の6分野を指定し，分野ごとの非国有資本の関与方法を分類した．関根［2015］は，これをネガティブリスト（投資制限分野）に指定したものとする．

第2節　大企業の保有構造

（1）世界における位置づけ

中国には，どのような大企業があり，誰によって保有されているのであろうか．米国の雑誌「フォーチュン」が毎年8月号に，世界の売り上げ上位500社のランキング，Global 500，（以下「フォーチュングローバル500」）を発表している．この25年間の各国別の推移は，次のとおりであるが，この資料を使う場合，いくつかの注意が必要である．

第1に，2020年8月号で発表されたランキングは，前年の2019年の売上高（収入）をもとに算出している．「フォーチュングローバル500」のリスト上では，該当年の2019年となっているので，何年のランキングなのか最初に明示すべき必要がある．以下の表は発表年ベースであり，売上高は前年ないし発表年の直近期である．

第2には，「フォーチュングローバル500」の国・地域の区分は，中国と香港を区分しておらず，台湾は区分している．また，中国の政府メディアが報道する場合は，

表 4-3　フォーチュングローバル500の国・地域別内訳 （単位：社数）

	1995年	2000年	2005年	2010年	2016年	2020年	1995年～2020年	2000年～2020年
米国	151	179	175	141	134	120	−31	−59
中国	3	9	15	42	97	118	115	109
日本	149	107	81	71	52	49	−100	−58
ドイツ	41	37	34	36	28	25	−16	−12
英国	33	36	33	30	25	22	−11	−14
フランス	44	37	39	39	29	29	−15	−8

（出所）「Fortune Global 500」に基づき筆者作成.

これらの地域すべてを中国に含んでいることが多い．従って国・地域をどのように区分しているかを明示する必要がある．なお，本表では，香港，台湾共に除いている．ちなみに，2020年の発表では，中国（China）とある企業の数は122社であったが，うち1社は台湾（Taiwan）企業であった．またChinaとある中に，Hong Kongを活動の中心としている企業が3社あったのでこれらを除いた．ただし，香港を本社所在地としていても大陸企業であることが明らかである場合は，中国企業として取り扱っている．これらを総合すると中国企業数は118社となる．

　なお，香港における中国系企業は，大橋・丸川［2009］によれば，清末から民国期に設立され，中華人民共和国建国後接収あるいは帰属を明確にした老舗中資企業である．招商局，中国銀行，華潤集団，中国旅行社などがあり，改革開放後外資導入や経営ノウハウ修得のために設立した中信集団，光大集団，首鋼などの国有企業集団などがあるとする．

　第3には，複数の本社所在地を持つ場合の取り扱いである．例えば，Royal Dutch Shellはオランダ，Unileverは英・オランダとなっているのでどのように取り扱うか明確にしていく必要がある．本表では，前者は英国に含まず，後者は含んでいる．

　なお，売上高，収入について，銀行業の場合は，貸出に伴う金利収入や手数料などの合計額であり，保険業の場合は，保険料収入や金利収入などの合計額をとっている．

　表4-3は，フォーチュングローバル500の国・地域別内訳である．これによれば，1995年には3社，2000年には9社であった中国企業の数は，2020年には118社に達し，米国とほぼ同じ企業数となった．1995年（営業成績は1994年）の日本は，バブルは崩壊したが，余韻がまだ残っていた時代であるので，2000年あたりが実力と考え，2000年から2019年の社数を比較すると，中国は109社の増加で，日本と米国はそれぞれ58社，59社をリストからなくし，ドイツ，英国，フランスも数を減らしている．欧米日の合計減少社数は151社で，BRICS，韓国，台湾，その他アジアなども増加はしているが，中国にその座を多く明け渡したことになる．

　世界を代表する上位100社のうち，中国企業は23社入っている．最も多い業種は銀行・保険の金融業で6社，銀行部門を持つ郵政を入れれば7社が入っている．次

いで石油，自動車が各3社入っている．次いで，鉄道・道路建設も入れて建設が3社，その他では，電力網保有，IT（華為），携帯電話，コングロマリット，電気・電子設備（正威国際集団）が各1社である．これら世界の100大企業している中国企業の中で，民営企業とされているのは，21位にランクされている平安保険，91位の正威国際集団だけである．

　より規模の小さい企業も含む500大企業の場合はどうであろうか．関［2018］によれば，2017年のフォーチュングローバル500のうち，中国企業は105社，そのうち81社が国有企業，24社が民営企業とされる．2020年では，**表4-4**のとおり22社がランクインした．つまり，この3年間でランクインした民営企業の数はむしろ減少しているのである．ただし，上場企業でない場合，株主構成などが不明であり，詳細な株主構造が分からないため，国有企業ではなく民営企業であるとする論拠がどこにあるのか不明な点は残る．

　これらの企業はどのような特徴を持っているであろうか．平安保険は，1988年に損保兼営の株式会社として設立され，当初の出資者は招商局蛇口工業区社会保険公司および中国工商銀行深圳分行信託投資公司であり，営業地域も深圳市に限定されていた［伊藤2015］．1つの実験企業と言えるだろう．現在の筆頭株主はスイスのUBS銀行グループで，ついでタイ華僑のCPグループとなっている．華為投資は米中間の懸案となっている華為技術の持ち株会社であるが，株主の具体的構成はよく分からない．太平洋建設についても同様である．

　正威，山東魏橋創業，江蘇沙鋼は，もともと郷鎮企業であったようである．大橋・丸川［2009］は，資本主義国であれば，民間企業として設立されたであろう企業も，改革開放前は国有企業や集団所有制企業として設立されたりしているとし，郷鎮企業には① 公的性格が強い政経一体型，山東省や揚子江以北に見られる，② 半民半公型．集団所有制の公と従業員の民が結合，③ 民間企業だが集団所有制を装う．温州市が有名としている．

　京東，アリババ，テンセントは日本国でも著名なインターネット関連企業である．碧桂園，万科企業，陽光龍浄集団は，不動産業である．かつては，許家印氏の中国恒大集団や王健林氏の大連万達集団などの不動産会社もフォーチュングローバル500にランクインしていたが，2020年には姿を消している．聯想集団（レノボ）については後述するが，株主構造を見る限り国有企業の側面も持っている．中国民生銀行は，大手銀行の中で唯一民営企業とされてきたが，最大株主の安邦保険グループが解散・清算を開始したと伝えられるなど不祥事の影響を受けているものと予想される．なお，安邦保険集団は，投資性商品を主力の販売商品とし，急成長を遂げた新興勢力であり，2016年のフォーチュングローバル500で139位を占める巨大民営企業であったが，2018年2月に元董事長（会長）である呉小暉氏の法令違反と支払い能力悪化を理由として国務院保険監督管理機構の公的管理下に置かれていたが，2020年9月同社は解散・清算手続きの申請を行ったとされる［2020年9月14日付日本経済新聞電子版］．

表4-4　フォーチュングローバル500にランクインした民営企業

2020年順位	2019年順位	企業名	業種	売上高	第1位株主	第2位株主	第3位株主	本社所在地
21	29	中国平安保険	保険	1843	UBS 10.8%	ト蜂集団 9.8%		深圳市
49	61	華為投資控股	通信設備	1243	労働組合	仁正非氏が創業者		深圳市
75	97	太平洋建設集団	建設・土木	975	厳介和ほか			深圳市
91	110	正威国際集団	電子・電気設備	889	郷鎮企業			深圳市
102	139	京東	インターネット	835	テンセント 17.8%	劉強東 15.4%	Walmart 9..9%	北京市
132	182	アリババ	インターネット	732	ソフトバンク 25.9%	Alibaba 9.4%	Jack Yun Ma 6.2%	浙江省杭州市
147	177	碧桂園	不動産	230	楊惠妍 57.2%	平安人寿保険 9.0%		広東省仏山市
197	237	テンセント	インターネット	546	Naspers 31.1%	Adance Date Service（馬化騰）8.6%		深圳市
208	254	万科企業	不動産	533	深圳市地鉄集団 28.7%	深圳市鉅盛華 13.8%	安邦保険集団 6.6%	深圳市
224	212	聯想集団	コンピュータ・事務機械	507	聯想控股有限公司 29.4%	Union Star 8.8%	Black Rock 8.3%	香港
239	232	中国民生銀行	銀行業	485	安邦人寿保険 17.8%	中国泛海控股集団 4.6%	新希望六和 4.2%	北京市
243	220	浙江吉利集団	自動車	479	李書福氏設立	Proper Gleery Holding 28.9%	浙江吉利汽車 8.7%	浙江省杭州市
296	301	雪松控股	ビジネスサービス	413	張勁氏が1997年設立の君華集団が母体			広東省広州市
307	312	美的集団	家電	404	美的控股 31.9%	中国証券金融 2.2%	方洪波 2%	広東省仏山市
308	273	山東魏橋創業集団	繊維・アパレル	404	郷鎮企業			山東省鄒平県
324	333	蘇寧集団	小売り	390	張近東 21%	蘇寧電気集団 20%	淘宝軟件 20%	江蘇省南京市
329	361	青山控股集団	鉱業金属加工	380	2003年登記			浙江省温州市
351	340	江蘇沙鋼集団	鉄鋼業	365	郷鎮企業			江蘇省蘇州市
354	368	陽光龍浄集団	不動産など	359	林騰蛟氏が1995年設立			福建省福州市
422	468	小米集団	携帯	298	雷軍 27.7%	林斌 11.6%	TMT General Partner 10.9%	北京市
424	498	泰康人寿保険	保険業	295	2003年登記			浙江省温州市
435	448	海彌集団	家電販売	291	海彌智家 57.7%			山東省青島市

（注）株主構成については，グループ内の上場企業の株主構成を準用.
（資料）『中国株2季報2020年春号』DZHリサーチ社，各社ホームページなどに基づき筆者作成.

表4-5　フォーチュングローバル500にランクインした企業の業種別内訳

業種	国有	民営	合計	備考
石油・鉱業	8	1	9	
石炭	10		10	
電力・同関連	7		7	
化学	3		3	
繊維・アパレル	1	1	2	
医薬品	2		2	
電子・電気製品	3	6	9	
自動車	5	1	6	
鉄鋼・非鉄金属	9	1	10	
航空・宇宙・防衛	5		5	
建設・土木	8	1	9	中国建材を含む
銀行	11	1	12	中国郵政を含む
保険	5	2	7	
不動産	4	3	7	
電話・通信	3		3	
貿易	4		4	
インターネット関連		3	3	
その他	8	2	10	
合計	96	22	118	

（出所）表4-4に同じ.

　浙江吉利は，大手自動車メーカーの中で唯一民営企業であり，1986年に冷蔵庫の製造からスタートし，1994年にオートバイの製造に参入，1997年に四輪車の製造に参入した中国では異色の企業である．雪松控股は，コングロマリットとされるが詳細はよく分からない．美的集団，海爾集団は，家電製品メーカーであり，蘇寧集団は，家電製品の販売チェーン店である．

　青山控股集団は，金属加工からスタートし，インドネシアでのニッケル鉱山開発に乗り出すなど，アップストリームから加工までの一貫生産を目指している．藤田［2018］によれば，泰康人寿保険は，テンセントと提携して保険商品の販売を進めている．

　これら民営企業の本社所在地は，広東省の深圳市，広州市，仏山市また浙江省杭州市，温州市など，改革開放路線の初期から，民営企業の活動が盛んであった地域に多く，改革の最先端地域から世界的な大企業が誕生したと評価できる．

　中国の大企業を国有企業と民営企業に2分した場合，業種に何らかの特徴があるのであろうか．表4-5は，国有企業と民営企業の業種別分類である．この表からは次のことが分かる．

　① 石油，鉱業，石炭などの資源関連は国有企業が圧倒的に多い．民営企業は，前述した青山控股である．

② 発電および送電などの電力関連も国有である.

③ 製造業では, 鉄鋼, 非鉄金属, 自動車, 化学などの規模の経済の働く産業は国有企業が圧倒的に多い.

④ 飛行機製造, 宇宙産業, 兵器産業など軍需に直接関連した産業は国有である.

⑤ 銀行業は, 前述した中国民生銀行を除いてすべて国有である. 保険業も国有が圧倒的に多い. 経済を国家が主導する場合, 金融が鍵であると考えているためであろう.

⑥ インターネット関連, 電子・電気製品製造, 不動産などの新しい産業は, 民営企業のウェイトが高い.

⑦ なお, その他とあるのは, コングロマリットと称される3社の他は, 1社のみの業種で, 食品, 海運, 一般機械, 航空, 鉄道車両, セメント, 投資専門各1社となっている.

以上ある程度予想された通りの結果となっている.

（2）中国大企業の保有構造

　中国の企業を国有企業, 民営企業とする区分は株式の保有構造によるだろうが, 具体的に誰が, どのような形で保有しているのであろうか. まず, 国有企業についてみてみよう. 前述したように国有企業にも法人（会社, 中国語では公司）の形をとっているものとそうでないもの, つまり企業が法人形態をとっていないものがある. 外部の資金を導入する場合は, 株式公募などの不特定多数からの場合は株式会社（股份有限公司）の形態をとるのが通常である. フォーチュングローバル500の世界2位を占める中国を代表する大企業である中国石油化工公司の株式の保有構造は図4-1のとおりである.

　これらの国有企業の場合は, 前述した国務院国有資産監督管理委員会が, 持ち株会社である中国石油化工集団公司の株式を保有し, これら持ち株会社が中国石油化工公司を支配するに足る株式を保有し, 上場時に一般株主からの公募による出資を受けている. 石油化工公司の子会社である上海石油化工股份有限公司も上場しており, 日本市場でも認められている親子上場を果たしている.

　なお, 国有資産監督管理委員会が, 実際に株式の名義人となっているかどうかは不明である. また, 前述したように, 国有資産監督管理委員会に代わって, 国有資本投資・運営会社が国有企業の監督管理にあたる計画があるとされるが, 実際に株式の名義人となるかどうかも不明である.

　国有企業については, いくつかの保有パターンがあるようである. 国有銀行である中国工商銀行の場合は, 図4-2のとおり中国投資有限公司が究極的な持ち株会社となり, 外貨準備の運用機関である中国匯金投資有限責任公司が有力な株主となっている. 中国工商銀行は, 公募増資を行っており, その株式は上場されている.

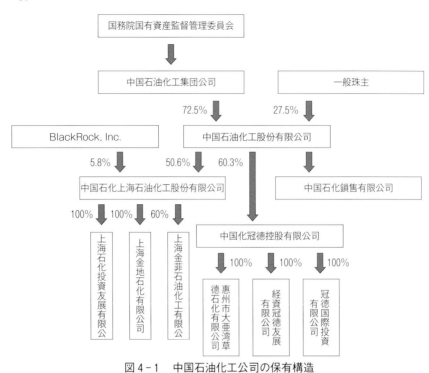

図4-1　中国石油化工公司の保有構造

（出所）林［2018］および『中国会社二季報』DZH フィナンシャルリサーチ社に基づき筆者作成.

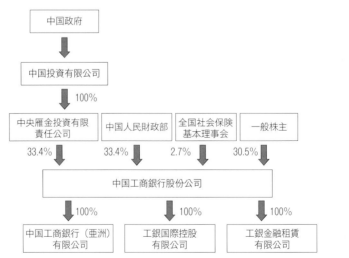

図4-2　中国投資有限公司による所有型（外貨準備運用型）その1

（出所）図4-1に同じ.

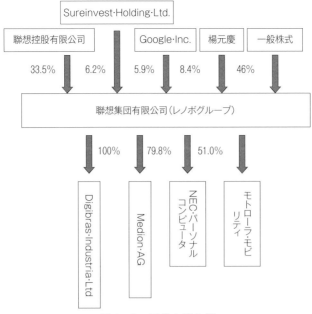

図4-3　　民営企業の例

(出所) 図4-1に同じ.

4大商業銀行である中国建設銀行，中国銀行，中国農業銀行も同じような所有構造となっている.

　民営企業はどうであろうか．前述した聯想についてみると**図4-3**のとおりであるが，親会社の1つである聯想股份有限公司などの保有者が分からなければ究極的な保有者が分からない.

　なお，「二季報」のウェブサイト[1]によれば，聯想控股有限公司の株式の29.04%は，科学院控股有限公司が保有する．科学院控股有限公司は，1984年に科学院が母体となって設立した企業が前身である．また，聯想控股有限公司は，2020年9月時点で，聯想集団の29.1%の株式を保有するとされる．中国科学院は，中国政府の機関であり，中国政府は間接的にレノボの8.4%を保有しており，筆頭株主である．従って，聯想集団は純粋な民営企業と呼べるかは議論のあるところである.

第3節　　中国企業の保有形態についての歴史的考察

（1）中国において，企業とは何か

　なぜ，中国の国有企業あるいは民営企業の一部は，かくも複雑な保有構造をしているのであろうか．保有構造を複雑にすることによって，例えば前述したような国有企業特有のガバナンス上の問題などが回避され，資本主義国家の民間企業のような経営効率の追求が可能になるのであろうか.

　第8章で詳述するが，加藤［2013］は，中国の経済システムを「中国型資本主義」と呼び，その本質的な特徴は「曖昧な制度」にあるとした．また，加藤［2016］では，なぜ混合所有企業が高い経営効率を実現できたのかについて，複雑で入り組んだ所有構造が，結果として所有と経営の分離をもたらしたことを理由の1つとして挙げている．また，「曖昧な制度」である「包」は，請負制を指し，農家経営請負制や地方財政請負制など様々な分野で多用されているとする．

　梶谷［2011］は，中国では，権力が庶民の生活に介入するのは刑罰と徴税のみであり，国家と社会が乖離した伝統中国で両者の溝を埋め，社会的な統治を成立させるうえで，重要な役割をはたしたのが自治であるとする．歴史的に見ると，久保［2018］は，前近代の中国においても，国家と市場の間に存在した同業団体のような中間団体が，至上秩序を支える重要な役割を果たしていた．20世紀初めになると清朝政府や民国政府がこうした同業団体とそれを基礎にした商工会議所の役割に着目し，それを意識的に再編強化するようになったとする．

　また足立［1998］によれば，生産力の発展には分業化が必要であるが，中国専制国家の社会統合能力は近代世界と遭遇する以前に低下をきたしていた．国家は戸籍に基づく人民の直接把握を放棄し，請負人化した官と吏による定額の土地税収取に甘んじていた．社会の側が要求するますます多くの管理課題と国家の管理機能低下の落差は，共同体の形成されない中国では，個人によるか，個人的性格と切り離せない形で作られる中国式任意団体によって担われたと説明する．

　岩井［2004］は，伝統的な中国の財政制度は，中央政府が徴税権を集中的に管理するが，その財源が制度化された租税体系の中に十分に位置づけられておらず，地方政府は，中央の財政収入の一部を留保することにより維持されるという組み合わせからなっていたとする．これを現在の中国に当てはめれば，地方政府や国有企業は，ある程度の国庫（中央政府，地方政府）への負担を果たせば，残余の収入あるいは利益は自由裁量に任されるというシステムが伝統・習慣に合っているということになる．

　梶谷［2016］によれば，中国最初の近代的綿紡織企業は，清末の1890年に操業を開始した上海機器織布局であるが，官商合弁（半官半民）であった．その後上海は綿紡織業の中心となって行くが，中国系企業は，オーナーが直接工場を経営せず，職工の管理は包工頭が一括引き受けを行っていた．一方日本企業（在華紡）は，包工頭による中間搾取を嫌って，日本人による職工の直轄制を採用していたと日系企業との違いを指摘する．

　銀行業の場合も，前章で述べたように，中国企業の所有と監督・管理の問題を考える上でもユニークな発展過程をたどってきた．一言で言えば，自治であり，政府の株式所有である．

　Bremmer［2010］は，混合所有制のおおもとにある動機は経済ではなく政治だと考える．中国の指導層はソ連の崩壊を通じて次のような教訓を引き出したとする．① 国民に繁栄をもたらさない限り，中国共産党は長くは持ちこたえられない，②

国が大号令をかけるだけで経済成長が永続するわけではない，③ ひとたび成長が解き放たれたなら，市場が生み出す富のうち可能な限り大きな部分を国家が管理する仕組みを整える以外は，共産党が政治権力を独占しておく道はない，とする．国家社会主義の下で政府は様々な種類の国有企業を使って国にとって極めて貴重だと判断した資源の利用を管理したり，高水準の雇用を維持・創造したりする．えり抜きの民間企業を活用して特定の経済セクターを支配する．いわゆる政府系ファンドを用いて余剰資金を投資に回して国家財政を最大限潤そうとする．これら 3 つの場合を通じて，政府は市場を通して富を創造し，上層部がふさわしいと考える用途に振り向ける．いずれの場合も，おおもとにある動機は経済ではなく政治に関係したものであり，このことは，2008 年 9 月温家宝首相の発言「我が国の経済活動の完成形は，政府がマクロ経済の道案内と規制を担い，その枠内で市場原理に，資源配分にかかわる基本的役割を十分に果たしてもらうことです．この 30 年間，市場を規制するにあたって，見える手と見えざる手の両方に真価を発揮してもらう経験をしてきた．」にも表れていると考える．

　かつて，WHO（国際貿易機関）の加入交渉の前後，国有企業の改革が急ピッチで行われ，国有企業のパフォーマンスについての研究も多数行われた［古島 2012，第 2 章及び補論 1 参照］．個別企業のデータの比較が可能な上場企業について，例えば，Shirai［2002］は，1992～2000 年までの上場企業 1098 社のデータを使い，政府の出資比率が大きい企業のパフォーマンスはよいが，比率が下がるにつれて悪くなり，低くなるにつれてまた上昇するという V 字型をしている．これは出資比率が高ければ政府のコントロールも強いが，低くなるにつれて経営者の裁量権が強くなり，20％以下になると一般投資家が経営に強い関心を持つようになるためではないかとする．A 株による IPO を行った企業の業績はその直後およびその後も悪くなるが，これは内部の監査が弱い，一般投資家が経営者の規律付けをしないなどの理由によるのであろうとする．

　最近でも，飯田・庄司・米山［2018］は，中国の上場企業 4452 社の 2010 年から 2016 年のパネルデータを用いて，企業部門の全要素生産性（TFP）の成長を計測した．その結果，① TFP 水準の低い国有企業の相対的な規模の縮小，② 国際的にも高い競争力を持つ新興企業の創業の継続，などが認められたとする．中国の企業なかんずく上場企業のデータを使用するにあたっては，国有企業であったものが法人化（会社化）した企業が多く，国有企業かどうか，創業年はいつか（本来の創業年ではなく，法人化した年や親会社から分離した年の可能性大きい）の判断にあたっては注意が必要である．

（2）中国企業のガバナンス

　このように考えてくると，中国において企業とはどのようにとらえられ，どのようなガバナンスがそれに適合するであろうかというのが次の問題となる．企業とは何かについてはこれまでも多くの異なる見解があった［古島 2012，第 2 章補論参照］．

例えば，次のような考え方がある．

① 企業とは資産の集合であり，最初の契約で明示されたい偶発的事項の決定を行うため財産権，所有権が最も重要である．

② 市場の取引は情報の非対称のゆえにコストが大きいので，取引を内部化するために企業は存在する．

③ 企業とは様々な契約の束である．

①．の所有権，財産権が重要であるとする立場からは，コーポレートガバナンスの目的は，少数株主の権利も含めて，株主の権利の保護ということになる．②では，取引費用の最小化が最終の目的であろう．③は，様々な契約の追行を可能にする仕組みが重要ということになろう．①は，英国，米国において当然とされる株主がすべてを決定し，すべての利益が株主に帰属するようなガバナンスが最重要視される．②や③であれば，企業は株主ばかりでなく企業に関与する経営者，従業員，取引先，地域住民さらには政府などの利害にも配慮する必要が出てくる．これらへの利害の配慮は例えば，監査役会などの株主以外の会社機関や労働法などの法律によっても，また慣習などの暗黙のルールによっても規定される．

　梶谷［2011］によれば，中国は資産に対する包括的かつ排他的な使用権という概念が人々の内的な規範として根付いていない社会である．中国における財産権とは，何らかの収益が取得可能な経済活動の独占権であると解されているとする．生産請負制度も農業経営や企業経営を行う権利が政府から認められた制度であると理解されている．

　以上のような社会においては，持ち株に応じて，株主に企業を支配する権利が与えられ，株主の利益を最大限にするという原理のもとで経営者が行動するということはないであろう．ある程度の利益を上げ，従業員や株主に相応の報酬を払った後は，かなりの部分が経営者の自由裁量に任されているように思われる．それが中国の伝統に沿った企業観であるように思われる．

第4節　中国製造業の地域別，所有者別特徴
——鉄鋼，自動車，家庭電器，電子機器産業のケース——

（1）省・自治区・直轄市別の産業別総生産

　中国の省・自治区・直轄市別の総生産を産業別にみると，各地域とも驚くほど似ている．ちなみに，1996年では，自治区・直轄市を除くと，各産業のウェイトは，平均で，第1次産業23.9%，第2次産業43.8%，第3次産業32.3%であった．その後の，第1次産業のウェイトは大幅に減少したが，23年を経た2019年の第1次，第2次，第3次産業のウェイトは**表4-6**のとおりであり，第2次産業のウェイトは，北京，天津，上海，重慶の直轄市を入れても平均38.6%とさほどの大きな減少を示していない．

　この理由は，もともと都市部は，国有企業の生産拠点であったので，直轄市でも

表4-6　産業別地区総生産（2019年，単位：億元，%）

	省内総生産	シェア(%)	第1次産業	第2次産業	第3次産業
北京	35,371	3.6	0.3	16.2	83.5
天津	14,104	1.4	1.3	35.2	63.5
河北	35,105	3.6	10.0	38.7	51.3
山西	17,027	1.7	4.8	43.8	51.4
内蒙古	17,212	1.7	10.8	39.6	49.6
遼寧	24,909	2.5	8.7	38.3	53.0
吉林	11,727	1.2	11.0	35.2	53.8
黒竜江	13,613	1.4	23.4	26.6	50.0
上海	38,155	3.9	0.3	27.0	72.7
江蘇	99,632	10.1	4.3	44.4	51.3
浙江	62,352	6.3	3.4	42.6	54.0
安徽	37,114	3.8	7.9	41.3	50.8
福建	42,395	4.3	6.1	48.5	45.4
江西	24,758	2.5	8.3	44.2	47.5
山東	71,067	7.2	7.2	39.8	53.0
河南	54,259	5.5	8.5	43.5	48.0
湖北	45,828	4.7	8.3	41.7	50.0
湖南	39,752	4.0	9.2	37.6	53.2
広東	107,671	10.9	4.0	40.4	55.6
広西	21,237	2.2	16	33.3	50.7
海南	5,309	0.5	20.3	20.7	59.0
重慶	23,606	2.4	6.6	40.2	53.2
四川	46,616	4.7	10.3	37.3	52.4
貴州	16,769	1.7	13.6	36.1	50.3
雲南	23,224	2.4	13.4	34.3	52.3
西蔵	1,698	0.2	8.2	37.4	54.4
陝西	25,793	2.6	7.7	46.4	45.9
甘粛	8,718	0.9	12	32.8	55.2
青海	2,966	0.3	10.2	39.1	50.7
寧夏	3,748	0.4	7.5	42.3	50.2
新疆	13,597	1.4	13.1	35.3	51.6
合計	985,332	100	3.8	36.8	59.4

（出所）『中国統計年鑑』に基づき筆者作成.

製造業のウェイトが大きく，改革開放路線のもとでも急速に第3次産業にシフトしなかったことと，直轄市にも農村部があったが，急速に宅地化が進んで第1次産業が減少すると共に，都心部では第3次産業が急速に発展したためと考えられる．

　ちなみに，省内総生産の最も大きな省は広東省であり，江蘇省がこれに次ぐが，それでも全国シェアの10%程度である．地域として見ても，最も先進的な地域と言われる揚子江デルタを構成する上海市，江蘇省，浙江省を合計しても20%程度にしか過ぎない．つまり，ある程度の塊としての経済圏はあるものの我が国の京浜地帯・首都圏や韓国のソウルとその近郊の首都圏などの圧倒的なウエイトを持つ経済

圏は中国にはないと言える.

　一方, 産業の集積について, 丸川 [2013] は, 1 業種に属する企業が100社以上にのぼる場合などを産業集積と定義すると, 長江デルタで鎮 (町) ベース, 343か所の産業集積があり, うち浙江省が208か所, 江蘇省が130か所, 上海には 5 か所ある. 産業集積地では, 製品の販売市場ばかりでなく部品も取引されている. 温州では, パルプ工場や電磁スイッチ工場など文化大革命の時代から社隊企業の名前を借りて活動する民間企業がたくさんあったと指摘する.

（2）主要産業における所有者別内訳

　各省・自治区・直轄市でどのような財・サービスがどのようなプレーヤーによって生産されているか, 容易に入手可能な資料を基に考察したい. 産業として, 自動車 (中国統計年鑑の統計上の産業分類は汽車製造業, カッコ内は以下同じ), 鉄鋼 (黒色金属冶錬和圧延加工業), 電気機械 (電気機械和器材製造業), 電子機器 (計算機, 通信和電子設備製造業) を取り上げる. この 4 産業を取り上げる理由は, 自動車産業は① 部品数が 2 ～ 3 万点に達するすそ野が大きい組み立て加工産業であり, ② 規模の経済による利益が大きい最終財として生産され, ③ 部品および完成車も活発に輸出入が行われ, ④ 省エネルギー, 安全走行などの技術革新も激しく, ⑤ 生産水準としては飽和状態にある. 各国ともその育成に尽力しているが, 発展途上国ではその発展が難しい産業である.

　鉄鋼業は, ① 粗鋼は産業のコメと言われる素材産業であり, ② 規模の経済が働き, ③ 省エネルギーなどの技術革新も求められるが, ④ 産業としては飽和状態にある. 家庭電器は, ① 規模の経済は, 自動車や鉄鋼ほど大きくはなく, 要求される資本は小さい, ② 労働集約的である, などの特徴がある.

　また電子機器は, 集積回路 (IC) は, 資本集約的, 技術集約的であるが, パソコンや携帯電話は, ① 設計段階では技術集約的であるが, ② 生産段階では, 加工組立であり, 労働集約的である. など, それぞれが生産に必要な, あるいは有利な条

表 4-7　主要産業における所有者別内訳 (2019年, 単位：社数, 億元, %)

	合計		国有企業		民営企業		外資・他	
	企業数	総資産	企業数	総資産	企業数	総資産	企業数	総資産
自動車	15,485	807,883	5.1	4.4	57.0	1.5	37.9	94.1
鉄鋼	5,113	65,731	5.2	47.3	70.2	26.4	24.6	26.3
電気機械	25,267	69,800	2.4	11.2	65.9	34.7	31.7	54.2
電子機器	18,726	112,958	3.9	16.5	53.0	16.1	43.1	67.4

（注1）一定規模以上 (年間売り上げ2000万元以上) の工業生産額を上げた企業の内訳である.
（注2）国有企業の定義は, ① 国が50%以上, ② 50%以下でも全体の保有状況との関係で国有と見なす場合もある.
（注3）「外資・その他」は, 全体の数値から国有企業と民営企業の合計を差し引いた残余であり, ほとんどのケースで外資 (華僑系も含む) と思われる.
（出所）『中国統計年鑑』に基づき筆者作成.

件が異なり，これらの産業の地域別，所有者別内訳を分析することが中国の経済発展の経路を解くカギとなるかも知れない．

　表4−7は，一定規模以上（年間売り上げ2000万元以上）の工業生産額を上げた企業の内訳である．うち国有企業の定義は，国が50％以上ないし，実質的に国の支配下にある企業であり，「外資・他」は合計から国有企業分と民営企業分を引いた残余である．

　自動車産業は，部品メーカーとそれを組み立てるアセンブラー（完成車メーカー）からなるが，企業者数からして部品メーカーを含んだ数字である．総資産で見ると，外資系（含むその他）が94.1％と圧倒的に多い．国有企業は，パーセンテージでは企業数の4.4％を占めるにすぎないが，母数が大きいので786社に上る．

　鉄鋼業は，国有企業が企業数では5.2％，268社に過ぎないが，総資産の47.3％を占め，圧倒的に国有企業優位の産業と言えるだろう．これに対して，電気機械は，民営企業，外資系企業など国有企業以外の部門が圧倒的に大きなシェアを持っている．電子機器は，民営企業が数では過半数を占めているが，総資産額では外資系企業他が3分の2を占め，外資系優位の産業と言える．

　こうした一般的状況を念頭に置いて，各産業の現状をより詳細に検討していきたい．なお，丸川［2013］でも，産業ごとに保有者別分析を行っているが，本稿と重なっているのは，通信機器・コンピュータ・電子機器であり，その当時は，外資系が生産額の81.3％，国有企業が8.8％，その他（民営企業）が9.9％となっており，生産額と総資産の差はあるが，外資系が若干シェアを落としている．

（3）自動車産業

　中国の自動車産業は，世界の産業の発展史の中でも最も著しい発展の例と思われる．丸川・高山［2004］によれば，中国の自動車産業は1953年に第一汽車製造廠が吉林省長春市に設立されたことをもってスタートを切り，自動車メーカーの数は1970年に地方分権が行われたころから増え始め，1978年からの改革開放路線によって増加のペースが速まったとする．この背景には，地方では自動車が不足したことと，政府も1970年以降各地が独立した経済圏として一通りの産業をそろえることを奨励したことを上げている．当時の経済環境からして，乗用車生産が主眼ではなく，物資の運搬に不可欠なトラック生産を念頭においた政策であると推測される．

　丸川・高山［2004］は，21世紀に入ると，中国の自動車市場の成長可能性を睨み，海外の自動車メーカーによる中国市場への参入が急増しており，特に2001年来外国メーカーの新規参入計画が加速している．また中国メーカーもWTO加盟に伴う国内の競争激化や拡大する市場でのビジネスチャンスに対応するため外資との提携に積極的な姿勢を見せていると当時の業界の状況を表現している．

　表4−8は，2000年から2020年1〜8月までの世界各国における自動車生産台数である．自動車にはトラック，バスなどの乗用車以外の四輪車を含む．2000年では，206万台が生産されるにすぎなかったが，2005年には571万台となり，2010年には

表4-8　主要国の自動車生産台数推移（単位：1000台，％）

	2000年	シェア	2005年	2010年	シェア	2015年	2019年	シェア	2020年
中国	2,069	3.5	5,718	18,265	23.5	24,503	25,721	28.0	14,432
米国	12,800	21.9	11,947	7,743	10.0	12,100	10,880	11.9	5,301
日本	10,141	17.4	10,800	9,629	12.4	9,278	9,684	10.6	4,319
ドイツ	5,527	9.5	5,758	5,906	7.6	6,033	4,661	5.1	1,824
インド	801	1.4	1,639	3,557	4.6	4,126	4,516	4.9	1,451
韓国	3,115	5.3	3,699	4,272	5.5	4,556	3,951	4.3	1,973
合計	58,374	100	66,720	77,584	100	90,781	91,787	100	

（注1）乗用車及びトラックなど4輪車の生産台数.
（注2）2020年は1～8月．日本は1～7月．ドイツおよびインドは乗用車のみ.
（出所）日本自動車工業会ホームページ資料（http://www.jama.or.jp/stats/foreign_prdct/index.html）に基づき筆者作成.

表4-9　中国自動車メーカーと海外メーカーの提携（○が合弁会社設立）

	第一汽車	上海汽車	東風汽車	長安汽車	奇瑞汽車	北京汽車	広州汽車	浙江吉利
本社所在地	吉林省長春市	上海市	湖北省武漢市	重慶市	安徽省蕪湖市	北京市	広東省広州市	浙江省杭州市
フォルクスワーゲン	○	○						
豊田	○						○	
ルノー・日産			○	○			○	
GM		○					○	
現代						○		
フォード				○				
ホンダ			○					
フィアット					○		○	
プジョー・シトロエン			○					
ダイムラー						○		○

（出所）ウィキペディア「中国の自動車産業」（/%E4%B8%AD%E5%9B%BD%E3%81%AE%E8%87%AA%E5%8B%95%E8%BB%8A%E7%94%A3%E6%A5%AD），中国各社のウィキペディアをもとに筆者作成.

1826万台と圧倒的な世界一の座を獲得している．

　中国の生産台数が世界一になったのは2009年である．2008年には日本の生産台数がまだ中国より多かったが，リーマンショックによって，2009年の先進国の生産台数が大幅に落ち込む中，中国が前年比で450万台も生産台数を伸ばし，世界1位となり，以降中国の世界一が続いている．

　この大幅増加の理由は，前述したように2000年代に入って急増した外国資本との提携による工場が一斉に稼働時期に入った結果であろうと思われる．

　外国資本との提携について敷衍すると，世界の大手自動車メーカーの中国の自動車メーカーとの提携状況は，**表4-9**のとおりである．

　中国の自動車メーカーは，生産規模によって第一汽車，上海汽車，東風汽車を大手3社，長安汽車を加えて大手4社，更に奇瑞汽車を加えて大手5社とするが，準

表 4 -10　主要自動車メーカーの概要

	上海汽車集団	東風汽車集団	北京汽車	比亜迪（BYD）
本社所在地	上海市	湖北省武漢市	北京市	広東省深圳市
設立年月日	1958年	1969年	1953年	1995年
総資産	780,227	239,689	190,435	199,923
売上高	831,898	97,633	173,560	128,895
純利益	30,250	13,817	3,696	1,737
従業員数	12,988	1,389,602	20,434	220,000
主要株主	上海汽車工業（集団）71.2%	東風汽車集団有限公司 66.9%	北京汽車集団 42.0% 北京首鋼股份 12.8%	王伝福 18.9% 呂向陽14.7% Berkshire Hathaway Energy 8.3%
主要子会社	上海大衆汽車 50% 上海通用汽車 50% 上海通用五菱汽車 51%	東風汽車 50% 神龍汽車 50% 東風本田汽車 50%	北京奔馳汽車 51% 北京現代汽車 50% 福建奔馳汽車 50%	深圳市比亜迪鋰電池 100% 比亜迪汽車 99%
備考			自動車部品の製造のため第一汽車附件廠として設立.	グループ企業各社を通じて, IT部品（二次電池, 携帯電話部品・組立）と, 自動車の2大事業を展開

（出所）『中国株2季報2020年春号』DZHリサーチ社に基づき筆者作成.

大手である北京汽車, 広州汽車, 浙江吉利まで加えるとすべてが, 海外メーカーと提携関係にあり, 合弁会社の形でいくつかの会社を設立し, 工場を運営している. 本社の所在地を見ても分かるとおり, これらの大手自動車メーカーの本拠地は, 全国に分散している.

　次に, 上場している自動車メーカーの概要を見てみよう. 大手5社のうち, 上場しているのは, 上海汽車と東風汽車である. 両社に北京汽車と, 近年注目を浴びている電気自動車メーカーの比亜迪（BYD）の概要を付け加えた4社の概要は, **表4-10**のとおりである. 上海汽車と東風汽車は各々親企業があり, 親企業が上場している両社の株式の70%前後を保有して支配し, 上場企業が海外メーカーと合弁会社を設立し, 合弁会社の株式の50%を保有している. 基本的な所有構造は前述した国有企業である中国石油天然気や中国石油化工と同様である.

　一方, 北京汽車は親会社である北京汽車集団も北京首鋼も北京市が支配している. また, 比亜迪（BYD）は2003年に自動車製造に参入したが, もともとは電池メーカーであり, 携帯電話用のリチウム電池も生産している. 創業者のほかウォーレン・バフェット氏傘下の投資機関も出資しており, 民営企業の典型であると言える. もともと電気部品メーカーであることや本社が深圳市にあることから, 自動車をパソコンなどの電子・電機製品と同じく部品の組立産業の1つとして捉える発想が強いと思われ, 自動車産業の新しい展開を考える上で注目される企業の1つである.

　次に, 自動車等の主要工業品の地域別生産状況を見ると, **表4-11**のとおりであ

表4-11　省・自治区・直轄市別主要工業品生産状況（2019年，単位：%）

	自動車	粗鋼	家庭用冷蔵庫	エアコン	家庭用洗濯機	携帯電話	パソコン	集積回路
北京	6.4			0.0		4.9	1.5	7.6
天津	4.0	2.2	0.6	1.0	0.5	0.0	0.0	0.7
河北	4.1	24.3		6.0	0.0	0.0	0.0	0.0
山西	0.3	6.1				1.1		
内蒙古	0.1	2.7				0.0		
遼寧	3.1	7.4	2.3	0.4		0.0	0.0	0.2
吉林	11.3	1.4						
黒竜江	0.7	0.9				0.2	0.0	0.1
上海	10.7	1.6	0.4	1.4	0.7	2.5	3.3	10.3
江蘇	3.3	12.1	13.5	2.3	10.2	3.0	17.7	25.6
浙江	3.9	1.4	7.2	8.9	15.0	2.7	0.8	7.1
安徽	3.0	3.2	31.7	15.4	31.3	0.0	6.6	3.0
福建	0.6	2.4		0.6		1.1	6.4	0.5
江西	2.1	2.5	1.2	2.9	0.2	2.9		0.1
山東	3.0	6.4	9.3	4.0	6.9	0.7	0.0	1.0
河南	2.4	3.3	3.2	7.0	0.8	12.8		0.4
湖北	8.7	3.6	6.8	9.7		2.3	3.7	0.0
湖南	2.3	2.4		0.1		0.7	0.4	0.3
広東	12.1	3.3	20.6	30.6	9.1	41.6	16.9	18.0
広西	7.1	2.7			0.8	0.4	0.7	
海南	0.0	0.0			0.0			
重慶	5.3	0.8		8.7	0.0	10.3	22.3	1.7
四川	2.5	2.7	1.3	1.2	2.1	8.5	19.3	3.8
貴州	0.2	0.4	2.0			1.9	0.0	0.0
雲南	0.4	2.2				1.6	0.4	0.2
西蔵		0.0				0.0		
陝西	2.1	1.4				0.8		0.2
甘粛	0.0	0.9						19.3
青海		0.2						
寧夏		0.3						
新疆	0.1	1.2						
合計	100	100	100	100	100.0	100.0	100	100.0

（注）0台とあるとは，生産しているが単位台数以下を意味し，全く生産しない場合は空欄である．
（出所）『中国統計年鑑』に基づき筆者作成．

る．第一汽車の本社所在地である吉林省，上海汽車の本社がある上海市，広州汽車の本社がある広東省，東風汽車の本社がある湖北省のシェアが高いが，チベット，青海，寧夏を除いて全国各地で生産されている．もっとも生産台数の小さな省では，乗用車ではなく，トラック・バスだけが生産されているケースもあろう．

　中国の自動車産業について，大橋・丸川［2009］は，第一汽車製造廠のように垂直統合的な自動車メーカーが存在する一方で，エンジンやトランスミッションさえ自社で作っておらず，最終組み立てや塗装だけ社内で行っているメーカーがたくさんある．各地方が自動車メーカーや製鉄所などを抱えているという分散的で競争的

表4-12　道路網の建設と自動車保有台数推移（単
位：万キロ，万台）

	2000年	2005年	2010年	2015年	2019年
自動車道	168	335	401	458	501
高速道路	2	4	7	12	15
自動車保有数	1,609	3,160	7,802	16,284	25,376

（出所）『中国統計年鑑』に基づき筆者作成.

表4-13　電気自動車（EV）プラグインハイブリッド車
（PHV）販売ランキング

順位	前年	企業名	国籍	販売台数
1	1	テスラ	米国	316,820
2	6	フォルクスワーゲン	ドイツ	113,091
3	2	比亜迪自動車販売（BYD）	中国	104,176
4	5	BMW	ドイツ	101,270
5	13	ルノー	フランス	68,928
6	25	メルセデス・ベンツ	ドイツ	67,304
7	16	ボルボ	スウェーデン	67,561
8	21	アウディ	ドイツ	67,304
9	9	現代自動車	韓国	63,679
10	11	起亜自動車	韓国	59,840
11	―	上海通用五菱汽車（SGMW）	中国	58,785
12	4	上海汽車集団（SAIO）	中国	51,275
13	―	プジョー	フランス	43,498
14	7	日産自動車	日本	42,181
15	15	広州汽車集団（GAO）	中国	39,833
16	10	トヨタ自動車	日本	33,101
17	33	フォード・モーター	米国	30,432
18	12	三菱自動車	日本	28,208
19	30	ポルシェ	ドイツ	27,928
20	28	上海蔚来汽車（NIO）	中国	26,498

（出所）「電気自動車「後進国」日本の末路」『選択』2020年12月号

な産業組織，そして各企業が最終的組立や特定の部品などに特化し，他社との分業
が前提で成り立っている垂直分散的な構造が中国モデルの特徴であるとする.

　こうした自動車生産に合わせて，道路網，なかんずく自動車道や高速道路の建設
が進んできたのは言うまでもない．表4-12は，自動車道，高速道路および自動車
保有台数の推移である．自動車保有台数は，2000年の1609万台から2019年には，２
億5376万台へと15.8倍に増加した．この間，自動車道は501万キロと３倍に，高速
道路は7.5倍に増加したものの，自動車の増加のスピードには追い付かず，急速な
モータリゼーションによって物流や通勤・観光などの利便性が大いに向上したもの
の，各地で交通渋滞などを引き起こす原因となっていると思われる.

　中国政府は，新車販売の大半を電気自動車（EV）などのエコカーに切り替える
方針を明らかにし，2025年に新エネルギー車（EVその他，充電可能なプラグインハイ

ブリッド車（PHV），水素で走る燃料電池車（FCV）であり，ハイブリッド車は含まれない）の販売比率を現在の5％から20％に引き上げ，2035年にEVを新車販売の主流にする方針である［2020年11月12日読売新聞］．EV化の流れの中で，HVを得意としてきた日本メーカーの動向が注目される．こうした中，「選択」2020年12月号がEVおよびPHVの新車販売状況（**表4-13**，原データは「EV Sales」）を紹介し，日本勢は立ち遅れているとする．一方，中国は比亜迪自動車販売（BYD），上海蔚来汽車（NIO）などのベンチャー企業も含めて，5社が上位20社にランクインしており，自国の優位性を活かして今後の業界をリードする日が来るかもしれない．

（4）鉄鋼業

中国の鉄鋼業は，1996年に日本を抜いて世界一の生産量となった．ちなみに，1995年の粗鋼生産量は，9536万トン，1996年1億123万トンであった．それからわずか23年後の2019年の粗鋼生産量は，9億9634万トンと世界シェアの53.3％と半分を占めるに至っている．世界に占めるシェアを見ると**表4-14**のとおりで，2000年で15％，2005年で31％，2010年で45％，2015年で50％であったので，世界的に見るとすでに成熟している産業である粗鋼生産において，一貫してシェアを増加していることになる．

表4-15は，世界の主要鉄鋼メーカーの粗鋼生産量上位10グループである．中国は5社が入っているが，上位50社にはこのほか21社がランクインしている．合わせれば上位50社中26社となり，世界粗鋼生産に占める中国のシェである53％にほぼ等しくなる．

しかしながら上場している鉄鋼業の数は少ない．世界上位10社のうち，上場しているのは鞍山鋼鉄集団（上場企業は鞍鋼）のみである（**表4-16**）．なお，馬鞍山鋼鉄を保有しているのは，馬鋼（集団）であるが，その株式を保有している安徽省国有資産監督管理委員会は，2019年6月に保有株の51％を宝武鋼鉄集団に売却したと伝えられている．鉄鋼業は，世界的に見ても飽和状態にあり，中国でも再編が急ピッチで進められていることが窺える．

中国の鉄鋼業の特徴の1つは，前述したように国有企業のシェアが高いことにあ

表4-14 世界の鉄鋼生産量（粗鋼生産量，単位：1000トン）

	2000年	シェア	2005年	2010年	シェア	2015年	2019年	シェア	2020年
中国	128,500	15.1	355,790	638,743	44.6	803,825	996,342	53.3	1,052,999
インド	26,924	3.2	45,780	68,976	4.8	89,026	111,245	5.9	99,570
日本	106,444	12.5	112,471	109,599	7.6	105,134	99,284	5.3	83,199
米国	101,824	12.0	94,897	80,495	5.6	78,845	87,927	4.7	72,690
ロシア	59,136	7.0	66,146	66,942	4.7	70,898	71,572	3.8	73,400
韓国	43,107	5.1	47,820	58,914	4.1	69,670	71,421	3.8	67.127
ドイツ	46,376	5.5	44,524	43,830	3.1	42,676	39,674	2.1	35,658
合計	850,020	100	1147976	1,433,432	100	1,621,537	1,869,900	100	1,363,980

（出所）日本鉄鋼連盟ホームページ資料（https://www.jisf.or.jp/data/iisi/index.html）などに基づき筆者作成.

表 4 -15　世界の主要鉄鋼メーカー（粗鋼生産量，2019年，単位：100万トン）

順位	社名	本社所在地	生産量	備考
1	アルセロールミタル	ルクセンブルグ	97.3	
2	宝武鋼鉄集団	上海市	95.5	2016年12月に宝鋼集団と武漢鋼鉄集団が合併
3	日本製鉄	日本	51.7	
4	河北鋼鉄集団	河北省石家荘市	46.6	
5	ポスコ（POSCO）	韓国	43.1	
6	江蘇沙鋼集団	江蘇省蘇州市	41.1	
7	鞍山鋼鉄集団	遼寧省鞍山市	39.2	
8	建龍集団	北京市	31.2	北京市の建龍集団が各地の鉄鋼メーカーを買収
9	タタ・スチール	インド	30.2	
10	首鋼集団	北京市	27.6	

（出所）「粗鋼生産ランキング」ウィキペディア（https://ja.wikipedia.org/wiki/%E7%B2%97%E9%8B%BC%
E7%94%9F%E7%94%A3%E3%83%A9%E3%83%B3%E3%82%AD%E3%83%B3%E3%82%B0）により
筆者作成．

表 4 -16　上場鉄鋼業の概要（2019年，単位：100万元，人）

	馬鞍山鋼鉄	鞍鋼	重慶鋼鉄
本社所在地	安徽省馬鞍山市	遼寧省鞍山市	重慶市
設立年月日	1993年	2010年	1997年
総資産	81,964	89,348	26,486
売上高	76,484	103,382	20,220
純利益	1,750	2,252	1,223
従業員数	28,454	34,596	6,443
主要株主	馬鋼（集団）45.5% 中国匯金投資 1.9% 中国農業銀行 0.5%	鞍山鋼鉄（集団）53.3% 中国石油天然気 9.0% 中国電力建設（集団）15.0%	重慶長寿鋼鉄 23.5% 重慶能源環保 4.8% 重慶農村商業銀行 3.2%
主要子会社	馬鞍（蕪湖）加工 100% 安徽馬鋼和菱実100% 馬鋼（金華）鋼材加工 75%	鞍鋼鋼材配送（武漢）100% 鞍鋼鋼材配送（合肥）100% 広州鞍鋼鋼材配送75%	重慶市重鋼建材销售 100%
備考	2019年 6 月の報道によると，馬鋼を所有する安徽省国有資産監督管理委員会（国資委）が，保有株の51%を宝武鋼に無償譲渡．	鞍鋼集団の再編に伴い，2010年 7 月設立．国有資産監督管理委員会（国資委）が，100%出資．	中堅鉄鋼メーカー．重慶鋼鉄集団の再編成により設立．

（出所）『中国株 2 季報2020年春号』DZH リサーチ社に基づき筆者作成．

るが，産業の育成にとって不可欠であり，各省共に競って育成に努めてきたであろうから生産拠点は全国に存在する．実際に世界生産上位50社に登場する中国メーカー26社の本社所在地は全国に分布しており，実際の粗鋼生産量も**表 4 -11**のとおり全国に分散している．北京市は首鋼集団の本社所在地であるが，大気汚染対策から北京での鉄鋼生産は停止している．その他の省・自治区・直轄市では，チベットと海南省だけが生産しておらず，自動車以上に全国的に生産されている．二酸化炭素産出量が極めて多い産業である上に，そもそも中国の生産能力が過剰であり，今後さらに集約化が進むものと考えられる．

なお，伊藤・玉井［2016］によれば，2016年2月に鉄鋼業・石炭業の過剰生産能力解消についての意見が国務院から発表され，鉄鋼は今後5年間で1〜1.5億トン（当時の生産能力の約8〜13%），石炭は3〜5年で5億トン以上（現在の生産能力の約9%以上）を淘汰するという数値目標が明らかになっているとする．

（5）電気機械産業 （電気機械和器材製造業）

電気機械の内，家庭電器の生産状況を冷蔵庫，エアコン，洗濯機について調べると，表4-11のとおりである．自動車，鉄鋼業に比べると，これらの家庭電器を生産している地域は限定されている．これらを全く生産していない省・自治区・直轄市は，内陸部の山西，内蒙古，吉林，黒竜江，海南，貴州，雲南，チベット，陝西，甘粛，青海，寧夏，新疆など13省・自治区に及ぶ．これらの民生用電気製品への需要が増大したのは，もちろん改革開放路線の結果であり，新たに生産を開始するためには，採算を重視せざるを得なかったため，地方政府主導ではなく，郷鎮企業などの民営企業や華僑系・外資系企業主導の育成が図られてきた結果であろう．

（6）電子機器産業 （計算機，通信和電子設備製造業）

コンピュータ，通信・電子機器は，産業としては改革開放路線以前にはほとんど重要性を持たなかった．国有企業でこれらの産業を手がけている企業も少なく，表4-7のとおり，外資系企業や民営企業が大きなシェアを持っている．この産業について，携帯電話，パソコン，集積回路について，各地の生産状況をまとめると表4-11のとおりである．電子機器のなかでも生産状況にはかなりのばらつきがある．携帯電話は圧倒的に広東省が42%とシェアが高い．しかし，重慶市・四川省，河南省もそれぞれ19%，13%とこれら3地域で73%のシェアを占めており，生産が地域的に分散している点で，これまで見てきた産業とは異なる．

一方パソコンは，広東省のシェアが圧倒的に高いイメージであるが，実際は重慶市・四川省が42%，江蘇省が18%と広東省のシェア17%よりも高い．これら3地域を合計すると76%に達する．集積回路（IC，集成電路）は，江蘇省のシェア26%に次いで内陸部の甘粛省が19%と，広東省の18%を抑えて2位のシェアを占めている．甘粛省は，一帯一路のシルクロードの入り口であり，近年先端科学の育成に力を入れており，集積回路の生産もその一環と考えられる．パソコンや，集積回路を生産していない地区は携帯電話より多く，パソコンでは15，集積回路では，9の地区が生産していない．

電気機械産業や，とりわけ電子機器産業では，規模の経済が働くと共に，技術革新のスピードが速く，効率的な生産が他の産業より強くもとめられるため，産業の集中が他産業以上に進んでいることが考察できる．国有企業ではなく，外資系や民営企業が中心である産業構造がそれを後押ししていると考えられる．

表4-17　企業のタイプ（比較制度分析的分類）

タイプ	国別	情報のあり方	求められる技能	有利な産業
Jタイプ Aタイプ	日本企業に多い 米国企業に多い	共有 分散・分化	文脈的技能 機能的技能	組立型機械産業，自動車 コンビナート型産業，マスメディア産業，ソフトウエア産業

(出所) Aoki (1990), 青木 (1995), 青木・奥野 (1995) などを参考に筆者作成.

（7）中国の企業類型

　第9章でもふれるが，比較制度分析はもともと日本企業と米国企業との比較から出発している．Aoki［1990］，青木［1995］，青木・奥野［1995］などを参考に典型的な日本企業と米国企業を比較すると**表4-17**のようになる．

　企業を分類にあたっては，企業の内部で情報がどのように処理されるかが重要だと考える．企業全体の情報を従業員がかなりの程度保有するのが情報共有型で，従業員が自分の属する部署についての専門的知識だけを持つのが情報分散型・分化型であるとする．情報共有型企業では，特定の企業に参加後にその文脈で有用な技能である文脈的技能，まずは一般的な問題処理能力や組織的コミュニケーション能力，が求められ，情報分散型企業では，どのような組織のおいても通用するような特殊機能の技能である機能的技能が有用であるとする．

　この考え方を中国の企業に適用すると，基幹産業，重厚長大産業においては，情報は企業内部で共有されることが有利であるような産業が多く，そうした産業では，文脈的技能が有用であろう．こうした産業はこれまで見てきたように国有企業が多い．一方，電子・電機産業やIoT産業では，内部での情報共有よりも，外部からの情報が重要であり，情報分散型・分化型であり，当然のことながら機能的技能が求められる．これらの産業においては，民間・民営企業が有力である．中国は国有企業と民間・民営企業が並立している混合経済・複合経済であるが，これは産業ごとに棲み分けしていることが1つの理由ではないかと思われる．これについては第8章，第9章で再考したい．

第5節　結　論

1. 改革開放路線採択前の中国の企業は，都市部における国有企業が中心であり，農村部には集団所有制の企業もあった．改革開放路線のもと外資系企業が参入するとともに，国有企業も独立採算を迫られ，また農村部の企業は郷鎮企業として自由化，国際化に対応していった．国有企業の多くは，株式の一部を公開するなど会社（公司）として再発足し，また民営企業の中には大企業となるものもあらわれた．

2. 2020年では，世界的な大企業500社のうち118社が中国企業である．うち96社が国有企業であり，22社が民営企業であるが，国有企業も民営企業も株

式の保有構造は複雑である．また，民営企業の中にも国家機関あるいは公的機関が株式を保有していたり，もともと集団所有制企業であったりと公的な色彩が濃い企業も多い．

3．中国企業のこうした複雑な株式保有構造が，中国的な資本と経営の分離により近代的な経営を可能としているという意見もあるが，コーポレートガバナンス上の問題，例えば少数株主の権利の保護の問題などをもたらす可能性もある．また，請負制に見られるように，歴史上国家権力が経済運営にどのように関与してきたかなどの伝統が背景にあるとする意見もある．

4．中国の産業構造を見ると，ほとんどの省・自治区・直轄市で製造業が盛んである．主要な産業である自動車産業，鉄鋼業，電気機械産業，電子機器製造業について，省・自治区・直轄市別の生産業況を見ると，自動車と鉄鋼はほとんどの地区で生産されているが，電気機械と電子機器は地区別に偏りがある．前者は国有企業がほとんどであり，後者は民営企業が有力であることが主な理由であると考えられる．

5．比較制度分析の考え方を中国の企業に適用すると，基幹産業，重厚長大産業においては，情報は企業内部で共有されることが有利であるような産業が多く，そうした産業では，文脈的技能が有用であろう．こうした産業はこれまで見てきたように国有企業が多い．一方，電子・電機産業やネット関連産業では，内部での情報共有よりも，外部との情報のインタラクションが重要で，情報分散型・分化型であり，当然のことながら機能的技能が求められる．これらの産業においては，民間・民営企業が有力である．中国の企業に国有企業と民間・民営企業が並立しているのは産業ごとに棲み分けしていることが理由ではないかと思われる．

注

1）https://www.nikihou.jp/company/company.html?code=03396&market=HKM&type=outline，2021年6月29日最終閲覧．

第5章　社会保障システムと保険業界
──企業から国家へ──

昨日またかくてありけり　　　　鳴呼古城なにをか語り

今日もまたかくてありなむ　　　　岸の波なにをか答ふ

この命なにを齷齪（あくせく）　　過し世を静かに思へ

明日をのみ思ひわづらふ　　　　百年もきのふのごとし

島崎藤村「千曲川旅情の歌」『藤村全集第一巻』（筑摩書房）

　この章では，これまで論じてきた中国の企業システムや金融システムの歴史的変遷を踏まえて，社会保障制度・システムと保険業界について論じる．ともに，計画経済の時代には，存在意義はほとんどなかったが，改革開放路線の採択に伴い，整えざるを得なかったシステムである．まず，第1節では，中国の人口問題すなわち高齢化問題と都市化の問題を考察する．第2節で，社会保障システムの変遷と，現状について紹介する．第3節では，保険業界の歴史と現状について紹介する．第4節は結論である．

第1節　人口問題──高齢化と都市化を巡って──

　中国の社会保障を論じる前提として，中国の人口問題，高齢化の問題，都市化の現状などについて，簡単にデータを参照にしながら振り返りたい．なぜなら，中国の社会保障問題を複雑にしているのは，それが高齢化の問題ばかりでなく，都市と農村を分けている戸籍のもとで進行している都市化の問題と切り離せないからである．まず中国の総人口であるが，このおおよそ30年間の動きをまとめると**表5-1**のとおりで，1990年の11億4333万人から2019年には14億人を突破している．人口増加を抑制するための「一人っ子政策」が採られたのは，1979年であるが，その時の総人口は，9億7542万人であり，1981年に10億人，1988年に11億人の大台を突破して，2019年には14億人を超えた．抑制を決断してから人口は4億人以上増加してきたことになる．

　人口増加の最大の要因となってきたのは，長寿化（死亡率の低下）であり，**表5-2**のとおり，平均寿命はこの30年余りで，1981年の男66.3歳，女69.3歳から2015年には，男73.6歳，女79.4歳と，男は7.4年，女は10.1年伸びている．香港が世界一の長寿社会であり，また日本や韓国などの例からも，平均寿命は更に延びていくこ

表5-1　中国の人口構成 (各年末, 単位；万人, %)

	総人口	14歳以下	15歳〜64歳	65歳以上
1990年	114,333	27.7	66.7	5.6
1995年	121,121	26.6	67.2	6.2
2000年	126,743	22.9	70.1	7.0
2005年	131,448	20.3	72.0	7.7
2010年	134,091	16.6	74.5	8.9
2015年	137,462	16.5	73.0	10.5
2019年	140,005	16.8	70.6	12.6

参考　日本

	総人口	14歳以下	15歳〜64歳	65歳以上
2019年10月末	12,613	12.1	59.5	28.4

(出所)『中国統計年鑑』. 日本の数値は, 総務省ホームページ (https://www.stat.go.jp/data/jinsui/).

表5-2　平均寿命の推移 (単位：年)

	合計	男	女
1981年	67.77	66.28	69.27
1990年	68.55	66.84	70.47
1995年	70.80	n.a.	n.a.
2000年	71.40	69.63	73.33
2005年	72.95	70.83	75.25
2010年	74.83	72.38	77.37
2015年	76.34	73.64	79.43

参考

	合計	男	女
日本 (2019年)		81.41	87.45

(出所)『中国統計年鑑』. 日本は, 厚生労働省ホームページ (https://www.mhlw.go.jp/toukei/saikin/hw/life/life19/dl/life19-06.pdf).

とが予想される.

　「一人っ子政策」は, 2015年10月の中国共産党中央委員会第5回全体会議 (5中全会) で廃止が決定された.「一人っ子政策」が人口抑制効果を持つには長時間かかる. 1979年からこれまでの死亡率の低下によって, 人口構成には高齢化と少子化が進行する一方, 人口は増加を続けてきたわけである.

　15歳から64歳までの生産適齢人口の比率が最も高かったのは, 2010年の74.5%であり, この時期の中国経済はリーマンショックを乗り切り, 油の乗り切った時期で, 将来中国経済を懐古する時に, 中国経済が最も問題も少なく, 輝いた時期であったということになるかも知れない. 少子化現象には歯止めがかかっていくかもしれないが, 高齢化はこれまで以上のペースで進行していくと予想されている.

　中国の高齢化について, 陳 [2017] は次のような特徴があるとする. ① 高齢化が急速に進行していること. 1949年の中華人民共和国の成立時には, 平均寿命は40歳にも満たなかったが, 出生率と死亡率が下降を続け, 2010年には73歳になり, 高齢化が急速に進行した. 65歳以上が人口に占める比率が7%を超えたのは, 2000年であるが, 14%を超えるのは2025年と予想され, 25年しかからない. これは日本と同じ年数である. ②「豊かになる前に高齢化する」ことで, 中国では経済や社会の発展に伴う工業化や都市化はいまだに完了していない. ③ 都市と農村の間, 地域と地域の間で高齢化の状況が大きく異なること. 農村の労働力が都市に向かい, 農村には高齢者が多く, また合計出生率が高いことから14歳以下人口も多いとする.

　また, 厳 [2013] は, ①「一人っ子政策」を柱とする計画生育政策が採られ結果, 人口転換は先進国型の少産少死局面に突入し, そのプロセスが大幅に縮小されている, ② 男児が女児より2割弱多く生れ続けているといういびつな性比が, 近い将来の中国社会に問題を生む可能性がある, ③ 都市化や高学歴化, 高所得は合計特殊出生率 (TFR) を低下させることは中国でも確認されており, 今後の経済発展の結果, 更に高齢化が進むと予想される, ④ これまでは人口ボーナスを享受してき

たが，2010年以降人口オーナスを背負うようになったと指摘する．

　これらの意見から，中国の人口問題＝高齢化社会の進行にともなう問題は，社会保障制度をどう構築するかという問題であり，都市と農村を2分する戸籍制度をどのように改革するかの問題であることが分かってくる．

　都市化（＝戸籍制度改革）について，2014年3月「国家新型都市化（城鎮化）計画（2014～2020年）」が発表された．労働政策研究・研修機構 [2014] は，その内容について，① 新型都市化計画」は初めて，都市化率を常住人口都市化率と戸籍人口都市化率の2つに区分．常住人口都市化率が2012年の52.6％から2020年までに60％前後に達し，戸籍人口都市化率は2012年の35.3％から2020年には45％前後に達する．このため，2020年まで1億人に居住している地域（都市・城鎮）の戸籍を与えるという目標を掲げている，② これらの問題を解決するため，都市規模に基づき，戸籍登録制限を一定程度自由化する対策を盛り込んでいる，③ 常住出稼ぎ労働者の子供が都市部で義務教育を受ける権利をはじめ，公的就職サービスの提供，社会保障（年金，医療など）の拡大，地域サービス利用条件の改善，公的住宅の提供拡大など，様々な分野を提示したとする．

　富田 [2014] は，これまでの都市化政策は，インフラ整備・開発に偏重しており，開発されたものの住む人のほとんどいないゴーストタウン（「鬼城」）が全国各地に実現し，地方政府の財政は，破綻が懸念されるまでに悪化したことの反省の上に，農民工の都市への定住促進，農民工の市民化が政策の核心にあるとする．農民工を市民にするためのコストは1人当たり8万元から10万元を要するとされ，巨額の財政支出を要するが，政府，企業，個人が共同で負担し，社会保障，医療衛生，教育などの基本的サービスの費用は主に政府が負担するとする．

　三浦 [2015] は，「国家新型都市化計画」の背景について，① 内需の底上げ，サービス業の拡大・高度化，③「三農（農村・農業・農民）問題」の解決，④ 均衡のとれた国土の発展，⑤ 生活の質の改善―があるとする．政府は都市化が不透明感の強まる経済を支えると同時に経済発展モデルの転換に寄与する「万能薬」と見なしていることが明らかになったとする．

　さらに，三浦 [2015] によれば，2014年7月に「戸籍制度改革をさらに進める国務院の意見」において，改革の焦点は都市の社会保障制度からこぼれ落ちた農民工の救済にあることを明示した．2009年以降の3級行政区における都市化は，中西部の中小都市における農村部を都市部に変更するという行政区画の変更によってもたらされたと考えるのが妥当であるとする．戸籍制度改革についてはその道筋もみえず，① 地方政府は社会保障制度の加入率を水増ししている可能性が高い，② 戸籍制度の手本としている深圳市の経験が当てはまる地域は少ない，③ 改革の費用負担を巡る議論が全く進展していない，と同改革は，都市化を推進する起死回生の一打とはならない可能性があると指摘する．

　新保・阿古 [2016] は，教育が都市と農村の格差を再生産しているとする．教育事業が拡大し，未就学児童が急速に減少しているにも拘らず，都市，農村，あるい

は少数民族地域という出生地域の違いが教育格差となっている．巨大な学校教育制度が絶えず不平等を再生産し続け，新たな格差を生み出し，格差を固定化している．また，農村留守児童は6100万人いると問題の広がりと大きさを指摘する．菱田・鈴木［2016］は，農村戸籍の保有者が都市戸籍に変更したり，都市戸籍と同等の権利を持つ都市住民となった場合に必要な財政負担は，数兆元から数十兆元と大きな幅がある．財源不足を補う方法．① 新税の導入または既存の税の増税，② 保障や給付水準の抑制または引き下げがあるが，いずれの場合も既得権益を脅かされる多くの人々の不満を惹起すると難しさを指摘する．

　最近のデータでは都市化の状況はどうなっているのであろうか．

　表5-3は，都市部人口の全人口に占める比率の推移である．2010年から2019年までの9年間で，全国の比率は，49.5％から60.6％へと大幅に増加した．地域別にみると，シェアの増加が全国平均を超えているのは，河北省，山西省，安徽省，江西省，山東省，河南省，湖北省，湖南省，重慶市，四川省，貴州省，陝西省，甘粛省，寧夏回族自治区など圧倒的に内陸の中西部である．また最も都市部人口比率の上昇率が高いのも貴州省，雲南省，河南省，チベット民族自治区など内陸部である．

　都市部と農村部の所得格差は，どのようになっているのであろうか．**表5-4**によれば，都市部と農村部の平均所得の格差は，農村部を1とすると2000年では，都市部が2.74倍，2005年では3.08倍であったがその後格差は縮小に転じ，2019年では，2.64倍となっている．クズネッツ仮説を検証するような現象ではあるが，仮に，農村部から都市部への行政区画の変更が大規模に行われるようになっているのであれば，行政区画の変更による効果もあるのかも知れない．

　都市化の度合いと，人口の増加率との関係はどうなっているのであろうか．都市化が進むほど人口の増加率特に出生率は低下すると予想される．教育水準，特に女性の教育水準が農村部より高くなること，世帯構成人員数が減少し，子供を養育する役割の大きい老父母に頼ることができなくなるなどの理由からである．都市化の進行度と出生率，死亡率，自然増加率，人口増加率，自然増加率と人口増加率の差である移住者増加率（人口増加率−自然増加率）の関係をみると**表5-3**のとおりとなる．

　これによれば，直轄市である北京，天津，上海の人口の自然成長率は，全国平均を下回っている．これら直轄市に次いで，都市化率の高い江蘇省，浙江省，広東省を見ると，江蘇省の自然成長率は低いが，他の省ではむしろ高い．また，対前年比都市部の人口が減少しているのは，遼寧，吉林，黒竜江の東北3省である．これら3省では，人口の自然減ばかりでなく，省外への移住がみられる．一方，浙江省や広東省などでは，自然成長率ばかりでなく，同じ省の農村部や他の省などの外部からの移住の占めるウェイトも大きい．

　こうした人口の移動は，各地域の所得と関係しているのであろうか．**表5-3**の2019年の各省の平均所得でみると，2013年からの年平均の増加率は，全国平均で9％であるが，東北3省はいずれも7.3〜7.4％と全国平均を大きく下回っている．少

表 5-3　地域別都市部人口比率，同増加率，可処分所得，同増加率

	都市部人口比率		2019年の対前年人口増加率			可処分所得	
	2010年	2019年	自然増加率	移住者増加率	合計増加率	2019年（元）	対2013年増加率
全国平均	49.50	60.6	3.34	0.00	3.34	30,733	9.0%
北京	85.96	86.6	2.63	−2.63	0.00	67,756	8.8%
天津	79.55	83.48	1.43	−0.15	1.28	42,404	8.2%
河北	44.50	57.62	4.71	−3.92	0.79	25,665	9.1%
山西	48.05	59.55	3.27	−0.31	2.96	23,829	7.9%
内蒙古	55.50	63.37	2.57	−0.20	2.37	30,555	8.5%
遼寧	62.10	68.11	−0.8	−0.81	−1.61	31,820	7.3%
吉林	53.35	58.27	−0.85	−3.59	−4.44	24,563	7.4%
黒竜江	55.66	60.9	−1.01	−4.82	−5.83	24,254	7.3%
上海	89.30	88.3	1.5	0.15	1.65	69,442	8.7%
江蘇	60.58	70.61	2.08	0.28	2.36	41,400	8.9%
浙江	61.62	70	4.99	14.71	19.70	49,899	9.0%
安徽	43.01	55.81	5.39	1.25	6.64	26,415	9.7%
福建	57.10	66.5	6.8	1.32	8.12	35,616	9.0%
江西	44.06	57.42	6.56	−2.69	3.87	26,262	9.7%
山東	49.70	61.51	4.27	−2.98	1.29	31,587	8.8%
河南	38.50	53.21	4.18	−0.54	3.64	23,903	9.1%
湖北	49.70	61	4.27	−2.58	1.69	28,320	9.5%
湖南	43.50	57.22	3.11	−0.36	2.75	27,680	9.6%
広東	66.18	71.4	8.08	7.34	15.42	39,014	8.9%
広西	40.00	51.09	7.17	−0.27	6.90	23,328	8.8%
海南	49.80	59.23	6.76	5.02	11.78	26,680	9.2%
重慶	53.02	66.8	2.91	4.18	7.09	28,920	9.7%
四川	40.18	53.79	3.61	0.47	4.08	24,703	9.6%
貴州	33.81	49.02	6.7	−0.31	6.39	20,397	10.7%
雲南	34.70	48.91	6.43	−0.63	5.80	22,082	9.8%
西蔵	22.67	31.54	10.14	10.21	20.35	19,501	12.3%
陝西	45.76	59.43	4.27	−1.16	3.11	24,666	9.4%
甘粛	36.12	48.49	3.85	−0.06	3.79	19,139	9.7%
青海	44.72	55.52	7.58	0.71	8.29	22,618	9.7%
寧夏	47.90	59.86	8.03	2.14	10.17	24,412	9.0%
新疆	43.01	51.87	3.69	10.79	14.48	23,103	9.1%

（注）人口の伸び率は1000人当たりであり，％の場合は10で割る必要がある.
（出所）『中国統計年鑑』に基づき筆者作成.

表 5-4　居住先別所得の推移（単位：元，倍率）

	2000年	2005年	2010年	2015年	2019年	増加倍率（対2000年比）	増加倍率（対2010年比）
平均	3,721	6,385	12,519	21,966	30,732	8.26	2.45
都市部	6,256	10,382	18,779	31,194	42,359	6.77	2.26
農村部	2,282	3,370	6,272	11,421	16,020	7.02	2.55
所得比	2.74	3.08	2.99	2.73	2.64		

（注1）所得は可処分所得.
（注2）所得比は，都市部所得の農村部所得に対する倍率.
（出所）『中国統計年鑑』に基づき筆者作成.

なくとも東北3省については，所得の伸び率が低いことが外部への移住の一因となっているようである．

　各地域の人口動態は，より長期的な統計ではどのようになっているであろうか．2010年から2019年までの中期的な趨勢を見ても，全国平均が年率0.5％の増加であるのに比して，東北3省はいずれも人口減少がしている．また，2000年から西部大開発が行われているが，中国西部（甘粛省，貴州省，寧夏回族自治区，青海省，陝西省，四川省，チベット自治区，新疆ウイグル自治区，雲南省及び重慶市の10省区市）の2005年から2019年までの人口の伸び率を全国平均と比較すると，甘粛，貴州，陝西，四川，の人口伸び率は全国平均を下回ったが，寧夏，青海，チベット，新疆，雲南，重慶の人口伸び率は全国平均を上回っている．

第2節　社会保障システム

（1）歴史的変遷

　計画経済の時代には，それなりに社会保障のシステムが存在した．それなりにというのは，豊かではなくとも，都市部には国有企業があり，その企業に一生勤務することが予定されている従業員は，ゆりかごから墓場まで，企業が衣食住を提供する建前となっていた．農村部には社会的弱者に対する互助制度が定められた．

　具体的には，1951年に国務院は「労働保険条例（試行）」を公布し，都市部については，「単位」（職場）が，賃金総額の3％を保険料として徴収し，保険料総額の70％を企業と企業内労働組合が管理して，医療，労災，年金，出産育児に充てることを定めた．また，農村部には1956年に「高級農村生産合作社示範章程」によって，「農村五保制度」が施行された．五保とは，身寄りのない高齢者，孤児，未亡人，障害者に対して，食料，衣服，燃料，教育，葬儀の5種類の保障を行う制度である[澤田 2018]．

　1979年からの改革開放路線は，やがて国有企業の独立採算（自負盈虧）を迫るようになる．米国のGM（General Motors）の赤字・国有化の大きな原因が，負の遺産（Legacy Costs）であったのとまったく同じ理由で，中国の国有企業も自らが抱える病院の赤字経営や退職者への年金支払いに苦しむようになった．そこで，澤田[2018]によれば，1986年7月に「国有企業の労働契約制度の実施についての暫定規定」が公布され，市が国有企業から保険料を統一して徴収し，共通の社会保障基金を設置することが定められ，1991年には，共通基金への統一徴収を省レベルまで引き上げること，そして基礎年金，企業年金，商業保険3層からなる年金制度の構築を目標に掲げた．

　こうして国有企業の社会保険部門を各企業から切り離し，地方政府，最終的には省に移し，保険料の徴収と保険金，報酬の支払いを行わせるとともに，集めた資金を独立して運営する組織として「全国社会保険基金」が2000年8月に設立された．その財源は，政府補助と運用収益からなる．前者の政府補助は，①中央財政から

の予算配分，②国有株売却に伴う収入，③宝くじ収入からなっている．後者の運用収益は，国内運用と海外運用からなり，国内外ともに委託運用も行っている［関根 2009］．扱っている保険は，基本老齢年金（基本養老保険），基本医療保険，労災保険（工傷保険），出産保険（生育保険）などの基金に分かれて管理されている．

　2002年に誕生した胡錦濤政権は，それまでの社会保障の対象が，国有企業から外資系企業や私営企業従業員も対象へと拡大してきたのをさらに進め，農民と都市無業層も対象にすべく制度を整備することとした．この方針のもと，前者を対象に「新型農村合作医療」「新型農村社会年金」が創設された．後者に対しては，「都市住民基礎医療保険」「都市住民基礎年金」が創設された．なお，これらの新保険制度は全て任意加入である［澤田 2018］．

　わが国の生活保護制度に匹敵する最後のセーフティネットとしては，「最低生活保護制度」がある．これは，1999年の発足当初は都市部のレイオフされた国有企業就業者を対象としていたが，その後農村部も対象となり，2014年からは生活保護ばかりでなく，医療，教育，住宅扶助，災害救済までをカバーする体系となった［澤田 2018］．

　加藤・久保［2009］は，2006年3月に北京で行われた改革についての会議（非公開）に触れ，医療改革については，医療保険，医療機関の管理，薬品の生産・流通の3つがあるが，どの分野についても市場にどれだけ任せるのが適当かを一概に論じることはできない．医療体制の問題点が医療の「大鍋飯」にあるのなら，市場化を進めれば問題は解決できる．医療の市場化は相当進んだが，医療費の高騰や医療へのアクセスの不平等などかえって問題が悪化した側面もあるという意見を紹介している．医療衛生は公共品の性格が強いので市場に任せられないのは明らかだが，政府が市場よりうまく運営できる保証はないとする．

　習近平政権になり，都市住民と農村住民を隔てていた農村戸籍と非農業戸籍を廃止し，居住戸籍に統一する計画が進行している．これに伴い，都市と農村に分かれていた社会保障の統合も進められており，まず非就労者の社会保障の統合が発表され，公的年金制度と医療保険制度は，都市従業員，（都市・農村）住民の2種類となることとなった［澤田 2018］．

　柯［2014］によれば，中国の年金や医療などの社会保障は，①幹部と呼ばれる上級従業員に厚く，②国家公務員などの政府従業員に厚く，③都市部企業従業員に厚く，④農村部には手薄いなどの不公平感があるとされる．その後の社会保障関連の数値を見ると，所得の上昇に伴い，次第に充実しつつあるように思われる．

　以上見てきたように，朱［2014］は，資本主義社会へと体制変換を図り，計画経済期の「単位：保障制度」も，1980年代後半から徐々に社会保障制度へと転換していかざるを得なかった．また，中国では都市と農村という巨大な二重構造があり，また移動が自由でなかったので，1990年代にまず都市部で構築し，2000年以降農村部で構築するという二段構えで社会保障制度を構築せざるを得なかったと総括する．また，社会保障制度が創設されたばかりの時期に，少子高齢化問題，介護問題，非

正規雇用問題などの新しい問題にも直面し，社会保障費用は急膨張する傾向を示しており，2011年以降全国民に対して基本的な生活を適切な水準で保障する「適度普恵型」社会保障制度が今後のモデルとして提唱されるようになったとする．

（2）社会保障の現状

どの程度の国民が社会保障の対象となっているのか，参加状況を調べると**表5−5**のとおりである．基本老齢年金（基本養老保険），失業保険，基本医療保険，労災保険（工傷保険），出産保険（生育保険）の5部門に分かれており，最も大きい基本老齢年金の加入者数は，1990年では，6166万人，うち受給者数（退職者数）865万人に過ぎなかったのが，2018年には，合計して9億4293万人が加入している．前述したように2014年から就業者でない都市・農村住民（全国民）も対象になったので，加入者のうち半数以上の55.6%がこうした新規加入者となっている．人口比で見ると，15歳以上の人口は，11億6015万人なので，その数字をベースとすると，加入者のカバー率は81.3%となっている．また健康保険（基本医療保険）の加入者数は，13億4458万人と2018年末の推計人口13億9538万人と比して，96.3%とほぼ皆保険を達成している．

社会保険基金の収支については，**表5−6**のとおりである．『中国統計年鑑』の注

表5−5　社会保障基本状況（単位：万人）

	1990年	1995年	2000年	2005年	2010年	2015年	2018年
基本老齢年金	6,166	10,979	13,617	17,487	35,984	85,833	94,293
うち都市部従業員	5,201	8,737	10,447	13,120	19,402	35,361	30,164
うち都市部退職者	965	2,241	3,170	4,107	6,305	9,141	11,798
うち都市・農村住民	0	0	0	0	0	50,472	52,392
失業保険	0	8,272	10,408	10,648	13,376	17,326	19,643
基本医療保険	0	746	3,787	13,783	43,262	66,582	134,458
労災保険	0	2,615	4,350	8,478	16,161	21,432	23,874
出産保険	0	1,500	3,002	5,408	12,336	17,771	20,434

（出所）『中国統計年鑑』に基づき筆者作成．

表5−6　社会保険基金収支状況（単位：億元）

	1990年	1885年	2000年	2005年	2010年	2015年	2018年
収入	187	1,006	2,645	6,975	19,276	46,012	79,255
うち基本老齢年金	179	950	2,279	5,093	13,873	32,196	55,005
うち医療保険	n.a.	10	170	1,405	4,309	11,193	21,384
支出	152	877	2,386	5,401	15,019	38,988	67,793
うち基本老齢年金	149	848	2,116	4,040	10,755	27,929	47,550
うち医療保険	n.a.	7	125	1,079	3,538	9,312	17,823
残高	117	517	1,328	6,074	23,408	59,532	89,776
うち基本老齢年金	98	439	947	4,041	15,789	39,937	58,152
うち医療保険	n.a.	3	110	1,278	5,047	12,543	23,440

（出所）『中国統計年鑑』に基づき筆者作成．

によれば，基本老齢年金の収入は，所属事業所・個人の保険料，政府の補助金，投資利息・配当などがあり，支出には，年金，医療補助金，葬儀補助金，廃疾手当などがある．医療保険についても，収入については同様であり，支出については，医療費，入院費，出産保険が医療保険に含まれている地域では出産費用も対象となる．収支は年金毎に分かれているが，5つの年金すべてについて黒字である．ちなみに，2018年の基本老齢年金の支出額（必ずしもすべてが年金支給額とは言えない）4兆7550億元を退職者数1億1788万人で割ると1人当たり平均4万0337元（1元＝16円で換算すると64万5392円）となり，低すぎる額とは言えない．

　なお，新聞情報によれば，2020年予算では，社会保険基金の収支が赤字となり，積立基金が初めて減るとされる．景気対策としての保険料率の引き下げが響いているとし，2022年からは中国版「団塊の世代」の退職で給付が急増し，財政全体をさらに圧迫すると予想している．

第3節　保険業界の歴史と現状

（1）保険業界の歴史

　銀行業と同様，1949年以前の中国にも貨物保険や船舶保険など外国貿易に伴って発展してきた海上・損害保険会社および生命保険会社が存在したが，1949年の新中国設立に伴って，中国人民保険公司がそれまでの「官僚資本」の保険会社を接収して設立された．しかし，業務開始から10年ほどで活動を停止し，その後の20年間中国には，細々と続けられた国外業務を除いた保険業務は停止され，空白期が生じることとなった［伊藤 2015］．

　銀行が中国人民銀行としてこの間も営業を続けたのに対して，保険業はなぜ計画経済では不要となったのであろうか．第1の理由は，外国貿易がほとんど重要性を持たず，海上保険などが必要である場合でも，大大的な業務として行う必要性が乏しかったことである．第2には，国内の物上保険については，それを必要とする売主あるいは買主の被保険者は，すべて国有企業であり，いずれ国庫の負担で買換えなどをしなければならないのであるから保険の必要がないことである．つまり被保険者も再保険者も保険者と同じ財布であることである．第3に，生命保険については，第1節で述べたように雇用者である国有企業がゆりかごから墓場までを原則保障するのでこれも不要である．

　1979年からの改革開放路線に先立ち，1972年1月にニクソン大統領の訪中が行われ，同年米国との貿易など経済関係の強化が検討された．また外国貿易に伴う再保険先の委託や，保険のノウハウ吸収の為 AIG（American Insurance Group）等との関係の強化も含まれていた．AIG は，もともと1919年に上海で創業された企業である．ノウハウは欲しいが，外国資本に牛耳られるのは好まないというのが中国の考え方であったろう．まず中国人民保険公司の再建・強化が強力に進められ，1992年になって，「上海外資保険機構暫定管理弁法」が制定され，同年9月に第1号の許

可案件として AIG の中国進出が認められた.

　中国人民保険公司は, 中国最大の保険集団であったが, 何度かの組織改正を受けて, 損害保険部門, 生命保険部門, 再保険部門の３部門がそれぞれ独立した持ち株会社を持ち, 傘下に更に損保, 生保などの子会社を持つ構造となっている. ただし, 最終的かつ, 最大の株主は中国政府である.

（２）保険業界の概要

　こうして, もともとは中国人民保険公司１社から始まった保険業界であるが, 現在では, **表５-７**のとおり, 持ち株会社が14社, それらの傘下にある保険会社が中国系160社, 外資系61社の合計235社に達し, 従業員数の合計は, 123万3180人となっている.

　保険会社の規模を保険種類ごとに考察すると, **表５-８**のとおりであり, 保険料収入に占めるシェアで見ると, 人身保険（生命保険（人寿保険）と健康保険）が69％と損害保険（財産保険）のシェア31％の２倍以上となっている. 人身保険の中でも生命保険が最も大きく, 保険業全体で見ても55％を占めている. また, 健康保険（医療保険）も, 前述した公的保険ではカバーが不十分であるためか, 13％と大きなシェアを占めている. 損害保険分野で最も大きい分野は, 近年のモータリゼーショ

表５-７　保険機構数, 要員数
（2019年末, 社数, 人）

	機構数	従業員数
保険集団公司	14	6,327
中国系公司	160	1,164,561
外資系公司	61	62,292
合計	235	1,233,180

（注）保険集団公司とは保険会社を傘下に持つ持ち株会社である.
（出所）『中国統計年鑑』に基づき筆者作成.

表５-８　保険種類ごとの規模 （2019年, 単位：億元, ％）

	保険料収入	保険金支払い	売上シェア
損害保険公司	13,016	12,893	30.5
うち自動車保険	8,188	4,613	19.2
うち企業責任保険	753	341	1.8
うち農業保険	672	527	1.6
うち健康保険	840	623	2.0
生命保険公司	29,628	5,615	69.5
うち生命保険	22,754	3,742	53.4
うち健康保険	6,225	1,728	14.6
合計	42,644	12,893	100.0

（出所）表５-７に同じ.

表 5 - 9　　保険公司の総資産推移 (単位：億元)

	2000年	2005年	2010年	2015年	2018年	シェア (%)
損害保険公司	948	1,718	5,833	18,481	22,939	11.6%
生命保険公司	5,161	13,458	42,642	99,325	169,575	86.2%
再保険公司	211	292	1,152	5,187	4,261	2.2%
総計	6,320	1,586	50,482	123,598	205,644	100%
中国系公司	n.a.	14,631	47,860	115,058	192,052	93.4%
外資系公司	n.a.	666	2621	6,540	13,592	6.6%

(注) 保険種類別資産の総計は不突合である．残余は持ち株会社分であろうと思われる．
　　　シェアは，3 種類合計に対するシェアである．
(出所) 表 5 - 7 に同じ.

表 5 -10　　保険会社の資金運用状況 (単位：億元)

	2005年	2010年	2015年	2019年	シェア (%)
銀行預金	5,165	13,910	24,350	25,227	13.6%
国債	3,591	4,816	5,831	20,672	11.2%
金融債	1,805	10,039	15,215	20,658	11.2%
社債	1,205	7,936	17,037	21,462	11.6%
投資信託	1,107	2,621	8,857	9,423	5.1%
資金運用残高合計	14,093	46,046	111,795	185,271	100.0%

(出所) 表 5 - 7 に同じ.

ンを反映して，自動車保険となっており，保険料収入全体に占めるシェアも20％を
超えている．

　次に，この20年ほどの保険業界の発展状況を見てみよう．**表 5 - 9** は，種類別に
見た総資産の推移である．2000年からの19年間で，総資産額は32倍になった．総資
産額で見ると，長期の商品を取り扱う生命保険部門が86.2％を占めている．中国の
保険市場の特徴の１つが，実質国有の再保険専門会社があることであり，その資産
規模も全体の2.2％を占めている．中国系と外資系とに分けると，中国系保険会社
の社が93.4％と外資系を圧倒している．外資系が全く振るわない状況は銀行部門と
同様である．

　資金の運用状況を見ると，**表 5 -10**のとおりであり，部門別の数字はないが，生
命保険部門が大きい現状からすると，株式投資のウェイトが小さい．第 2 章で述べ
たように，中国の証券市場の投機的な性格からしてやむを得ないことと思われる．

　また，直近の経営状況は，**表 5 -11**のとおりである．これによれば，生命保険の
契約者数は，5333万人，保険金額は，23兆8102億元となっている．また，医療保険
の加入件数は，2 億3070万人となっている．保険料収入は，2020年 1 ～ 8 月までで，
2 兆3853億元であり，単純に年率換算すると 3 兆5734億元となり2018年を下回る．

　片山 [2020] によれば，2018年10月からアリババグループのネットサービスを利
用する会員向けに重大疾病保障―「相互保」 (後の「相互宝」) の加入受付をオンラ
インで開始し，加入者が急増しているとのことである．最大の特徴は，加入時に保
険料に相当する費用がかからず，給付時点で必要となる費用を会員で割り勘すると

表 5-11　最近の保険公司経営状況 (2020年1月〜
8月, 8月末現在)

	単位	金額	シェア
保険料収入	億元	23,853	100%
うち生命保険（人寿保険）	億元	18,391	77.1%
うち損害保険（意外保険）	億元	437	1.8%
うち医療保険	億元	5,025	21.1%
保険金額	億元	8,890,412	100%
うち生命保険	億元	238,102	2.7%
うち損害保険	億元	2,977,848	33.5%
うち医療保険	億元	5,674,462	63.8%
保険件数	万件	60,501	100%
うち生命保険	万件	5,333	8.8%
うち損害保険	万件	32,099	53.1%
うち医療保険	万件	23,070	38.1%
総資産額	億元	189,510	

（出所）中国銀行保険監督管理委員会ホームページ（https://
www. cbirc. gov. cn/ cn/ view/ pages/ ItemDetail.
html?docId =966743&itemId =954).

いう後払い方式の導入である. また, 加入に際してのリスク選択には, 健康状態に
加えて, アリババグループのエコシステム上における信用スコアも活用されるなど,
民間保障分野に新たな保障のあり方を提示した. P2P 互助は, 中国では保険商品
と分類されておらず, こうした新しいネット技術を使った保険商品が伸びているた
めに既存の商品が振るわないのかも知れない.

　販売チャネルについて, 片山 [2020] は, 2018年では, 個人代理人が58.8%, つ
いで銀行窓販が30.6%, インターネットなどの販売を含む直販は7.7%を占めたと
する.

　大手保険会社の概要は, 表 5-12のとおりである. 片山 [2020] によれば, シェ
アの高い上位3社は, 前述した中国人民保険集団 (生命保険部門は中国人寿), 平安保
険集団, 太平洋保険集団である. なお, 株主から推測すると中国人民保険は国有,
中国平安保険は民営, 中国太平洋保険は国有 (上海市), 新華人寿は国有と分類でき
ると思われる. 最近では各社とも, ① プラットフォーマーとの連携 (中国人寿),
② 総合フィンテック企業化 (平安保険), ③ デジタル化戦略 (太平洋保険) など IT
ネット社会に対応した戦略を採用している.

　片山 [2020] によれば, 中国における GDP に占める生命保険料収入の割合は
2.3%と世界平均の3.3%に達していないので, 引き続き今後の成長の余地は大きい
といえる. ただし, 社会が急速にデジタル化しており, プラットフォーマーが提供
する P2P 互助の仕組みが急速に普及した場合, それが保険市場にどのような影響
があるかを注視する必要があるとするがそのとおりであろう.

表 5-12　大手保険会社の概要

	中国人民保険（集団）	中国平安保険（集団）	新華人寿保険	中国太平洋保険（集団）
設立年月日	1949年	1988年	1996年	1991年
総資産	1,118,478	7,562,398	808,124	1,475,220
経常収入	502,976	780,374	150,997	352,825
経常利益	31,522	208,149	14,486	34,443
従業員数	198,457	375,900	36,815	107,741
主要株主	財政部 67.6% 全国社会保障基金理事会 9.8%	UBS Group 10.5%, ト蜂集団 10.1% JP Morgan Chase 6%	中国匯金投資有限責任公司 31.3% 中国宝武鋼鉄集団 12.1%	申能（集団）14.6% 華宝 14.2% 上海国有資産経営 5.6%
子会社	中国人民財産保険 69.0% 中国人民人寿保険 80% 中国人民健康保険 95.5%	中国平安人寿保険 99.5% 平安銀行 58.0% 平安健康医療科技 39.3%	新華資産管理 99.4% 新華養老保険 99.8% 新華家福国養老保険 100%	中国太平洋財産保険 98.5% 中国太平洋人寿保険 98.3% 太平洋資産管理 99.7%

（出所）『中国株二季報』2020年春号，DZH フィナンシャル・グループ刊に基づき筆者作成.

第 4 節　結　論

1. 中国の人口問題については，中華人民共和国成立以降の死亡率の急速な低下と建国当初のベビーブームなどにより人口が急速に増加し，食糧の不足の懸念などから1979年から「一人っ子政策」が取られてきた．その後も，死亡率は低下を続け，急速に高齢化が進行した．中国では農村部と都市部で戸籍を分け，農村戸籍からの転籍を原則禁止しているが，改革開放路線の結果，農村部から都市部へ戸籍を移動しないまま労働移動が行われた結果，都市住民としての便益を享受できないいわゆる農民工問題が発生し，大きな社会問題となっていた．こうした状況を受けて，都市戸籍（非農業戸籍）の拡大が実行されている．

2. 戦前，解放前の中国には，外国貿易にかかわる保険業を中心として，損害保険，生命保険などを取り扱う中国系，外国系の保険会社が存在した．戦後，解放後は，国有企業である中国人民保険公司が設立されたが，設立後まもなく外国貿易にかかわる保険を除いて，休眠状態に陥った．都市部では，所属事業所毎に，医療，労災，年金，出産育児などの社会保障を提供し，農村部では，互助制度である「農村五保制度」が施行された．

3. 改革開放路線の採択によって，社会保障は所属先の企業が行うのでなく，雇用者，被雇用者が掛け金を拠出し，政府が補助する「社会保障基金」が

行うこととなった．当初の対象は都市部の従業員であったが，農村部の従業員，更には，被雇用者でない住民にまで拡大された．社会保障基金は，基本老齢年金（基本養老保険），失業保険，健康保険（基本医療保険），労災保険（工傷保険），出産保険（生育保険）の5部門に分かれており，基本老齢年金は15歳以上人口の81.3%が加入している．また健康保険は，96.3%が加入しほぼ皆保険を達成している．最後のセーフティネットとしては，「最低生活保護制度」がある．発足当初は都市部のレイオフされた国有企業就業者を対象としていたが，その後農村部も対象となり，2014年からは生活保護ばかりでなく，医療，教育，住宅扶助，災害救済までをカバーする体系となっている．

4．改革開放の進展に伴い，社会保障政策も大きな変容をたどってきた．現在では，全国民を対象とした社会保障基金，雇用者毎に異なる任意の企業年金・保険，個人による商業保険の3本立てとなっている．当初は，国有企業の中国人民保険公司が商業ベースの保険を担当してきたが，その後外資系も含め参入が相次ぎ，生命保険・損害保険の2部門を傘下に持つ巨大保険公司も存在している．これまで順調に業務を拡大してきたが，競争が激化するとともに，アリババなどのインターネット企業がP2P互助という保険類似商品に参入する一方で，既存の各社もインターネットを利用した新しい保険業務の在り方を模索している．

5．社会保障システムの推移と現状を考察すると，中国経済が持つダイナミズムと現状改善への意欲を感じる．また，保険業の発展は，「関係」ではなく「契約」に基づく社会全体のシステムの進化の一例であると評価することもできよう．保険業界を巡っては，近年スキャンダルと共に，銀行業務と同様，インターネットを活用した相互扶助商品などの新しい動きもあり，今後の動向が注目される．

第6章　対外経済システム
──「一帯一路」への路──

　そいつらは高粱を名のってはいるが，高粱のすっくと伸びた高い茎をもっていなかった．そいつらは高粱を名のってはいるが，高粱の輝く色あいをもっていなかった．そいつらに本当に欠けているのは，高粱の魂と風格だった．

莫言『赤い高粱』（井口晃訳，岩波書店）

　改革開放路線という名前からも想像できるように，計画経済から市場経済への移行に伴い，対外経済システムにも大きな変化があった．ここでいう対外経済システムとは，貿易，投資，為替レートなどの対外経済にかかわる制度とそれを動かすルール，仕組みの総称である．第1節では，これらのシステムのうち，外国からの直接投資，貿易についてその歴史的経緯と現状を紹介する．第2節では，外貨と元，日本では通称人民元，との交換レートである為替レートの決定メカニズムの推移と現状，並びに人民元の国際化を論じる．第3節では，対外ポジションの変化と「走出去」とよばれる対外直接投資の現状を紹介する．第4節では，「一帯一路」構想の経緯と現状を紹介する．第5節では，「一帯一路」の資金的裏付けを期待されているアジアインフラ投資銀行の現状を紹介する．第6節は，結論である．

第1節　対内直接投資と貿易の歴史と概況

（1）対内直接投資
　計画経済の時代は，自給自足とも言える時代で，例えば，対外貿易も相手国との協定などに基づき，原則として輸出入が均衡するバーター貿易として行われるなど，対外経済関係は細々としか行われてこなかった．1972年2月のリチャード・ニクソン米国大統領訪中も，対外経済関係からの決断ではなく，対ソ連という国際政治・軍事上の事情を背景としていた．
　その後，文化大革命が終息に向かい，自国の近代化の必要から，1975年1月に開催された全国人民代表大会において，周恩来総理が「政府報告」を行い，「今世紀内に農業，工業，国防，科学技術の全面的な近代化を実現し，中国の国民経済を世界の前列に立たせる」と提唱した．「4つの近代化」路線である．これは，米国との国交回復によって軍事包囲網を解き，同時に技術移転の封鎖網も解くことで，外

国から導入する先進プラントを軸に工業部門の近代化を行おうとするものであった．1977年11月の新日本製鉄の稲山嘉寛会長訪中の際，李先念国家副主席の要請で始まった宝山製鉄所（上海宝山鋼鉄総廠）への技術協力もこうした背景のもとで行われた．

　1978年12月の中国共産党第11期中央委員会第3回全体会議で，改革開放路線が採択され，経済関係では，①世界各国との間で経済協力を進め，先進的な技術を導入すること，②地方と企業に対して経営自主権を与えること，が決定された．その後の中国の貿易や外資導入などの対外経済関係政策については，次のような特徴がある．

1. 外資導入を開放政策の基軸としたこと．改革開放路線の背景には，欧米に対して遅れていた技術の近代化があった．技術導入を効率的に行うには外国資本による直接投資が最も安価であり，効率的である．直接投資には，技術の他，オペレーション，経営などのノウハウも受け入れ国のリスクやコストも少なく習得可能となる．雇用や輸出促進などの効果も付随する．台湾，韓国，シンガポールといった近隣の NIES（Newly Industrialized Economies：新興工業経済地域）は，いずれも戦略的な外資導入政策をとっており，これら諸国の経験が，中国の経済建設での手本となったものと考えられる．

2. 中国資本との合弁を原則とし，合弁期間終了後は中国側への事業の移譲を原則としたこと．中国国内には，技術的には遅れていたものの同じ産業に属する企業が存在しているケースがほとんどであり，技術の移転という意味でも合弁形式による進出が奨励された．

3. 経済特区を設け，外資を誘致したこと．特区内の，電力，水道，道路などのインフラを整備し，その地域に限り国内法の適用除外や行政手続きの簡素化，免・減税を可能とし，外国資本の進出を容易にした．

4. 外資にとっても，安価で優秀な労働力を利用し，原材料を加工して再輸出するなど国際的サプライチェーンの重要な環として利用するメリットが大きかった．貿易額の内，外国資本の取り扱う割合は50％程で推移してきたが，2019年でも貨物輸出額の内38.6％が外国資本投資企業によっている（『中国統計年鑑』に基づき筆者計算）．

　直接投資の受入れは，通常，機械の輸入代金や工場などの建設資金に充てられるので，国民経済計算上は通常固定資本形成に計上されることになろう．そこで，直接投資の国民経済への影響の大きさを計測するために，直接投資と固定資本形成の比率を計算したのが表6-1である．直接投資が盛んに行われていた1995年の比率は15.7％，2000年では10.2％に達していた．2010年代に入ると，中国経済の発展により，その比率は大幅に低下しており，外資導入の国民経済への直接のインパクトは小さいものとなっている．

表 6-1　直接投資受入額と固定資産投資との比較（単位：億ドル，億元，%）

	1990年	1995年	2000年	2005年	2010年	2015年	2018年
直接投資（A）	34.87	375.21	407.15	603.25	1,057.35	1,262.67	1,381.35
固定資本形成（B）	4,517	20,019	32,918	73,852	251,684	562,000	645.675
（A）／（B）	3.7	15.7	10.2	6.7	2.8	1.4	1.4

（注1）直接投資の単位は億米ドル．元への換算は年平均レート．
（注2）固定資本形成は，「全社会投資」で単位は億元．
（注3）両者の比率は，単位：%．
（出所）『中国統計年鑑』に基づき筆者作成．

（2）貿易

　改革開放路線の下で，中国経済にとって貿易がいかに重要性を増したかを GDP
に対するウエイトの推移で測った結果は**表 6-2** のとおりである．輸出比率（輸出
/GDP）は，1980年では5.9%であったが，年々上昇し1994年には，21.4%になった．
1990年代末はアジア通貨危機の影響で若干減少したものの，2000年の WTO（世界
貿易機関）加盟を契機に再び上昇し，リーマンショック前の2006年には，34.9%に
達した．以降は徐々にその比率を下げ，2019年には17.4%となっている．

　輸出は，GDP の支出項目の一部であり，次の章でも述べるように，生産された
財の最終需要を構成する．貿易が順調に行われているかどうかが一国の経済成長に
も大きく影響する．その他にも獲得する外貨によって，外国からの財やサービスの
購入を可能とする．

　貿易相手国の内訳は，**表 6-3** のとおり米国が輸出の16.8%を占め最大の輸出先
となっている．輸入は，韓国からが最も多く，米国からの輸入は輸出の1／3と
なっている．米国との貿易摩擦が激しさを増しており，米中対決不可避論の1つの
背景となっているが，米国商務省側の統計によれば，対中輸出は1399億ドル，対中
輸入は5643億ドルと，中国発表の数字は，米国向け輸出は少なめに，米国からの輸
入は多めに計上されていることになる．この点について杜［2015］は，次のように

表 6-2　中国の貿易比率（輸出/GDP）

1980年	1981年	1982年	1983年	1984年	1985年	1986年	1987年	1988年	1989年
5.9%	7.6%	7.8%	7.2%	8.3%	8.7%	10.2%	11.9%	11.5%	11.4%

1990年	1991年	1992年	1993年	1994年	1995年	1996年	1997年	1998年	1999年
15.6%	17.3%	17.1%	14.7%	21.4%	20.2%	17.4%	18.9%	17.8%	17.8%

2000年	2001年	2002年	2003年	2004年	2005年	2006年	2007年	2008年	2009年
20.5%	19.8%	22.0%	26.2%	30.2%	33.0%	34.9%	34.2%	31.1%	23.5%

2010年	2011年	2012年	2013年	2014年	2015年	2016年	2017年	2018年	2019年
26.0%	25.2%	23.9%	22.9%	22.2%	20.3%	18.7%	18.8%	18.6%	17.4%

（注）米ドル表示の輸出額を年平均為替レートで元に換算．
（出所）「世界経済ネタ帳」ホームページ（https://ecodb.net/country/CN/tt_mei.html）に基づ
　　　き筆者作成．

表6-3　中国の貿易相手国 (2019年　単位：億ドル，%)

	輸出	輸出シェア	輸入	輸入シェア
米国	4,187	16.8	1,229	5.9
日本	1,432	5.7	1,718	8.3
韓国	1,110	4.4	1,736	8.4
香港	2,792	11.2	91	0.4
英国	624	2.5	239	1.1
フランス	330	1.3	326	1.6
ドイツ	798	3.2	1,051	5.1
オーストラリア	482	1.9	1,213	5.8
インド	748	3.0	180	0.9
その他とも計	24,995	100	20,784	100

(出所)『中国統計年鑑』に基づき筆者作成．

説明する．

① 輸入は（CIF: Cost, Insurance, Freight，運賃・保険料込み価格）で計上され，輸出は（FOB: Free on Board，本船渡し価格）で計上されるので，仕向け国では輸出が少なめに，輸入が多めに計上される．

② 香港が中継地として介在するケースが多く，1992年より原産地主義に変更したが，香港の再輸出先を正確に把握することは困難であるとしている．輸入については，関税の違いから中継貿易地域である香港を経由しても原産地国が厳格に特定されるのに対して，輸出の場合はしばしばそうなっていない．

中国としても，米国との摩擦回避の観点からも輸出先の多様化を進めており，「一帯一路」にはこうした目的もあると思われるが，巨大な単一市場である米国からのシフトはなかなか容易ではない．

輸出入品目については，輸出は，機械類及び輸送用機器類，軽工業生産品，化学工業生産品　などの工業製品が主であり，輸入は，機械類及び輸送用機器類，鉱物性燃料品・非食料原料・食料品などの一次産品と，再輸出するための原材料などである［外務省ホームページによる］．

第2節　為替レートと人民元の国際化

（1）為替レートとその決定メカニズム

中国の通貨である元の為替レートの推移は，表6-4のとおりであり，改革開放当初は，政府が為替レートを人為的に決定する方式をとっていた．1993年11月に発表された「中共中央の社会主義市場経済体制に関する若干の問題についての決定」は，その他の経済改革と共に，中国の為替制度について，公定市場と自由市場を統合し，市場に準拠して為替レートを決定するフロート制を採用することと定めた．

表6-4　為替レートの推移（単位：1米ドル当たり元）

	1980年	1985年	1990年	1995年	2000年
市場為替レート（A）	1.498	2.931	4.779	8.351	8.278
購買力平価（B）	1.5	1.404	1.712	2.739	2.726
両レートの乖離（A－B）	−0.002	1.527	3.067	5.612	5.552
中国 GDP デフレーター	17.11	20.66	29.42	53.13	57.44
米国 GDP デフレーター	42.27	64.57	63.67	71.87	78.08

	2005年	2010年	2015年	2020年	
市場為替レート（A）	8.193	6.77	6.225	6.994	
購買力平価（B）	2.868	3.325	3.871	4.242	
両レートの乖離（A－B）	5.325	3.445	2.354	2.752	
中国 GDP デフレーター	57.56	86.23	100	112.33	
米国 GDP デフレーター	87.42	96.11	104.62	113.65	

(注1) 市場為替レートは，年平均レート.
(注2) GDP デフレーターの基準年は中国2015年，米国2012年.
(出所) 市場為替レートと GDP デフレーターは「世界経済ネタ帳」ホームページ
　　　　(https: // ecodb. net/ exec/ trans_ exchange. php? type =
　　　　EXCHANGE&b = USD&c1 = CNY&ym = Y)，原データは IMF. 購買
　　　　力平価は，IMF Economic Outlook database 2020.

　この決定を受けて，1994年1月より，次のような措置がとられた．① これまで，
輸出企業等に認められていた獲得外貨の留保制度を廃止し，外資系企業を除き，外
貨を外国為替指定銀行へ集中する，② 経常取引にともなう外貨取得を自由化する，
③ これまでの調整センターに代わり外国為替指定銀行による全国統一の外国為替
市場を作る（1994年4月に発足），④ これまでの公定レートと調整センターでの自由
レートの二重相場制を廃止し，前述の市場でのレートを参考にして，中国人民銀行
が公定レートを決定する管理フロート制を採用し，銀行はこれを基準に一定の範囲
内で対顧客為替レートを決定する，こととなった［『中国金融年鑑』1995年版］.
　1994年1月には，それまでの公定レート1ドル＝5.80元が，調整センターでの自
由レート1ドル＝8.70元に切り下げられた．その直後は，むしろ元高となっており，
アジア危機が発生した1995年の第2四半期以降は，ほぼ1ドル8.3元に固定された
状態が続いていた．前述したように，公式には中国は管理フロート制を採用してい
ることになっているが，実質的にはドルへの固定相場制と言える．なお，1996年1
月には IMF 8条国に移行し，経常取引にともなう為替の需給を制限できなくなっ
た.
　固定相場制は，1971年のニクソンショックによって，ブレトンウッズ体制が崩壊
した後も，自国の通貨価値を，他国の通貨ないし複数国の通貨（通貨バスケット）に
固定する制度であり，条約のない通貨同盟と考えられる．通貨統合は，どのような
形であれ，為替リスクを減少させ，取引コストを抑えるので，貿易拡大という便益
をもたらす．さらに，Obstfeld and Rogoff［1995］は，財政赤字であれ，賃金の物
価スライド制であれ，インフレ圧力がある場合，低インフレ国の通貨とのペッグ
（連動）は，人々にインフレが沈静化するとの信念をもたらす．また，ペッグの採

用によって国際的に取引される財のインフレを表示するアンカー（錨，基準）の役割を果たすことができるとする．

　従って，固定相場制あるいは為替レート・ターゲティングは，通貨供給量のターゲティング，インフレ・ターゲティングなどと共に，金融政策のレジーム（制度）の一環であるといえる［Mishkin 1999］．なお，国際的に取引される財についてはそのインフレ率への収斂，アンカー国のインフレ率への収斂の期待の他に，金融政策の一貫性が行いやすいことによる政策の振れの防止などの効果があるとされる．

　中国が政府によって管理されたフロート制という固定相場制度を採用していたのは，第1に，最大の貿易国がアメリカであり，そのほかの国との取引にも米ドルが表示通貨として使われていること．第2に，石油，ガス，天然資源の輸出国が多く，これら国際商品は米ドル建てで取引されていること．第3に，経済開発の主力となってきた外国企業の誘致のためにも，通貨の安定が必要であることなど，対外関係からみて納得できる．また第4に，国内的にも，経済指標のアンカーとして為替レートを米ドルなどにペッグすることにより，インフレを低位に抑え込むうえでも，大きな役割を果たすことができたと評価できる．

　中国からの輸出攻勢にさらされた海外特に米国からの人民元安批判に対応して，中国は2005年7月21日に為替制度の改革を発表し，これまでの米ドルに対する管理フロート制（実質固定相場制）を廃止し，複数の主要通貨からなるバスケット（貨幣籠子）の指数の変化を参考にして為替レートの管理と調節を行っていくとし，直ちに対米ドル為替レートを8.11元に2％切り上げた．その後は，中国人民銀行（2006年1月からは人民銀行に授権された外貨取引センター）が毎朝発表する中心レートから0.3％以内での変動，すなわち制度上は1か月で最大9％程度の切り上げ（あるいは切り下げ）が可能となった［谷内・増井 2007］．

　通貨バスケット制度は，固定相場制度と変動相場制度の中間とも言え，購買力平価や実質実効為替レートに近い考え方も取り入れている．通貨バスケット制度は，貿易相手国のウエイトをベースに，通貨バスケットを作り，それに対して自国の為替レートを設定し，その為替レートを維持していこうとするものである．相手の自国との物価変動を考慮しながら調整していけば，実質実効為替レート制度といえるものにもなる．ただし購買力平価や実質実効為替レートと同様にいつの時点を基準にするかという問題が最初から出てくる．

　ちなみに，米国と中国のインフレ率から購買力平価を算出するとしよう．仮にインフレ率にGDPデフレーターを使うと，1980年で中国では17.11であった指数が，2020年では112.33と6.5651倍になっている．米国では，同じ期間に42.27から113.65へと2.6887倍になっている．その差の3.8764倍だけ中国の通貨は米ドルに対して減価しているはずであるから，1980年では1米ドル＝1.5元であった購買力平価は2020年には1米ドル＝5.8146元となっていることになる．IMFの発表している購買力平価は，2020年で，1米ドル＝4.242元となっているから，GDPデフレーターを使った場合に比べてより市場為替レートと購買力平価とのかい離が大きいと

の結果となっている.

　購買力平価については，経済の発展水準が低いほど名目為替レートで換算した国内の物価水準が低く，購買力平価と名目為替レートの乖離が大きい．このことは我々が発展途上国に行くと，物価が驚くほど安いと実感することでも裏付けられる．購買力平価と名目為替レートの乖離は，1人当たり国民総所得が低いほど大きくなることはバラッサ・サミュエルソンの関係とよばれる．中国も，所得の上昇に伴って，為替レートが実質的に切りあがっているとも言える．

　購買力平価についての意見として Rogoff[1996]は，為替レートが購買力平価に収斂するにしても，非常に長期間（平均約4.5年）かかるとする．また，Krugman and Obstfeld[1997]は，各国間における生産物に対する需要あるいは供給の相対的変化があれば，実質為替レートが変化してしまい，購買力平価は働かないとする．中国の為替レートと購買力平価のかい離は，世界的なサプライチェーンに組み込まれているなど貿易構造もその一因であるように思われる．

（2）人民元の国際化

　中国は自国通貨である元（日本では人民元と呼ばれる）の国際化を推進し，究極的には基軸通貨化を目指してきた．このことは経済大国として当然のことである．自国通貨が外国との取引で使えれば，国内の企業や家計にとって為替レートの変動によるリスクは減少し，外貨との交換に伴う費用はなくなる．後述するように，自国通貨が外国で使われれば，通貨発行益（シーニョリッジ）が享受できる．

　教科書が教えるように通貨には，価値の表示機能，媒介機能，価値の保存機能の3つの機能がある．従って，中国は人民元が国際的な取引における財やサービスの価値の表示（価格）として使われ，人民元が財やサービスの対価として交換され，更に人民元建ての債券などが貯蓄手段として使われることを望んできた．これは，かつての英ポンド，現在の米ドルが担っている機能であり，米ドルほどの重要性はないが現在のユーロや円が担っている機能である．

　第1の価値の表示機能であるが，中国は世界最大の貿易国となったが，そのことが取引される財やサービスの表示通貨として人民元が使われることを直ちには意味しない．まず最大の輸出相手国が米国である．また多くの輸出・輸入品が原材料を輸入し，それを加工して輸出する国際的なバリューチェーンに組み込まれているため，米ドルが取引通貨としては有利である．さらに輸入については，米ドル建てで国際相場が建てられている原油や穀物が多いことも非米ドル化が進まない理由となっている．

　第2の媒介機能であるが，人民元を財やサービスの対価として受け取る，あるいは支払うためには，人民元建ての金融市場が発達し，自由に調達，運用ができることが必要である．2009年から経常取引を皮切りに居住者や非居住者が自由に人民元を売買できるように為替自由化に着手したが，2016年の米国の引き締め政策による米ドル金利の上昇により，大量の資本の流出が起き，自由化政策は行き詰まりを見

せている.

第3の価値の保存機能であるが,非居住者による人民元での運用手段は限られおり,人民元の金融・資本市場が外国人とって魅力的なものとなるにはなお時間がかかるであろう.

しかしながら,中国が人民元の国際化を進めようという動機は,経済面での利益を追求するという側面ばかりではない.第1章で述べたように,中国は米国による海上封鎖などの軍事的制裁ばかりでなく,中国(国家,企業,国民)の対外資産の接収などの経済制裁の可能性も念頭に置いていると思われる.米ドル建てで取引している限り,ニューヨークにおいている中国の米ドル建て資産はいつ凍結や接収の対象になるとも限らない.人民元の国際化を進めて,元が決済通貨となって行けば,こうしたリスクを少なくできる.ユーロドルの誕生は,冷戦下の旧ソ連がドル預金を米国ではなく,接収の恐れのない第3国であるロンドンに置いたのが発端であるとされる.中国はさらに進んで,人民元の国際化によってそうしたリスクに対応しようとしているとも考えられる.

伊藤[2020]によれば,中国は2010年代から元の国際化を積極的に進め,米ドルやユーロに並ぶ国際通貨にすることを目指してきたが,望むような結果には至っておらず,例えば中央銀行の外貨準備における通貨シェアでみると,米ドルは約60%,ユーロは約20%,英ポンドと円が約5%であるのに比して,元は2%程度に過ぎないとする.また,中国政府は硬貨・紙幣をデジタル通貨にし,すべて電子決済とするシステムを構築しようとしており,デジタル人民元が登場すれば,米ドルに頼っていた決済のかなりの部分が人民元にとって代わる可能性があるとする.

しかし,第2章で見たように,現在中国で実験的に進められている人民元のデジタル化は,国際決済システムではなく,通貨に代わるトークン型CBDC(中央銀行デジタル通貨)である.人民元を受け取る中国以外の国の企業や国民にとって,Alipayや WeChatPay などの電子マネーと中国人民銀行のデジタル通貨の間に大きな違いがあるとは思えない.

通貨の国際化は,自国の企業の対外活動にとって様々なメリットがあるばかりでなく,家計にとっても海外で人民元が使われれば利便性が増す.政府(中央銀行)にとっては,人民元の国際化によってこれまで国内での取引のみ生まれてきた通貨発行益(シーニョリッジ)が非居住者からも生まれてくる.中国人民銀行は37兆元の資産を持つ.資金源としては債券発行もあるので,負債の一部は有利子であるが,利ざやを2%としても7400億元のシーニョリッジが現在でも生まれているが,人民元の国際化によって非居住者からもシーニョリッジが得られる.非居住者からのシーニョリッジの一例をあげると,米ドル紙幣の65%,5800億ドルが海外で流通し,それによるシーニョリッジは毎年300億ドルに達するとされる[Goldberg 2010].逆に言えば,人民元が流通する外国にとっては,その分のシーニョリッジが失われるので,抵抗も大きいと思われる.

第3節　対外ポジションの変化と対外直接投資（「走出去」）

　好調な輸出に支えられ，サービス収支や利子・配当の受払を合計した経常収支も**表6-5**のとおり大幅な黒字を計上してきた．リーマンショック前年の2007年には，経常収支の黒字がGDPの9.89％に達している．発展途上の段階にあった国としては極めて例外的な経緯をたどってきたと言える．

　経常収支の黒字は資本・金融収支の赤字，つまり資本輸出の増加を意味する．トレンドを見るために，5年ごとに小計した国際収支の主要項目の推移は**表6-6**のとおりである．

　この表から次のようなことが分かる．

①　経常収支黒字の縮小に伴い，資本・金融収支の赤字（流出増）も減少するはずであるが，直近の5年で見ると証券投資の流入により全体では流入超に

表6-5　経常収支の推移（対GDP比，単位：%）

1997年	1998年	1999年	2000年	2001年	2002年	2003年	2004年
3.86	3.07	1.94	1.68	1.3	2.4	2.58	3.51

2005年	2006年	2007年	2008年	2009年	2010年	2011年	2012年
5.73	8.36	9.89	9.13	4.75	3.92	1.81	2.51

2013年	2014年	2015年	2016年	2017年	2018年	2019年
1.54	2.24	2.71	1.8	1.62	0.37	1.05

（出所）IMF, *World Economic Outlook Database October 2020.*

表6-6　資本・金融収支の推移（単位：10億ドル）

	1990～1994年	1995～1999年	2000～2004年	2010～2014年	2005～2010年	2015～2019年
経常収支	27.4	98.4	185.3	1,381.2	973.5	868.3
資本・金融収支	10.3	−6.2	−197.6	−1,398.5	−690.0	163.9
うちネット直接投資	68.2	191.7	231.2	531.6	956.6	204.7
（対外直接投資）	−12.1	−11.1	−12.3	−155.4	−367.4	−769.8
（対内直接投資）	80.3	202.8	243.5	687.0	1,324.0	974.5
うちネット証券投資	6.5	−5.5	−2.6	5.3	226.8	75.6
（対外証券投資）	−2.0	−15.8	−34.5	−119.3	−24.0	−413.7
（対内証券投資）	8.5	10.3	32.0	124.5	250.7	489.3
外貨準備	−47.4	−104.8	−429.6	−1,876.0	−1,505.3	695.5
誤差脱漏	−37.7	−92.2	12.3	17.3	−283.6	−1,032.2

（注）マイナスは，流出増加．
（出所）中国国家外貨管理総局ホームページデータ（http://www.safe.gov.cn/safe/2015/0630/3269.html）を筆者加工．

表6-7　業種別対外直接投資 （単位：10億ドル）

	2015年	2016年	2017年	2018年	2019年	2019年末残高
鉱業	11.2	19.3	−3.7	4.6	5.1	175.4
製造業	19.9	29	29.5	19.1	20.2	200.1
卸小売業	19.2	20.8	26.3	12.2	19.4	295.5
情報サービス	6.8	18.6	4.4	5.6	5.5	202.2
金融業	24.2	14.9	18.7	21.7	19.9	254.5
リース業	36.2	65.7	54.2	50.7	41.9	734.1
その他とも計	145.6	196.1	158.2	143.0	136.9	2,198.9

（注）業種別対外直接純投資．マイナスは引き上げ超．
（出所）『中国統計年鑑』に基づき筆者作成．

表6-8　国・地域別対外直接投資 （単位：10億ドル）

	2015年	2016年	2017年	2018年	2019年	2019年末残高
アジア	108.3	130.2	110	105.5	110.8	1,460.2
うち香港	8.79	114.2	91.1	86.8	90.6	1,275.3
アフリカ	2.9	2.4	4.1	5.3	2.7	44.4
欧州	7.1	10.6	6.6	6.5	10.5	114.4
中南米	12.6	27.2	14.9	14.6	6.4	436.0
北米	10.7	20.3	6.4	8.7	4.4	100.2
その他とも計	145.6	196.1	158.2	143	136.9	2,198.9

（注）仕向け先国別投資
（出所）表6-7に同じ．

　なっている．
② 対外直接投資は，2000年以降大幅に伸びており，対内直接投資と同規模となっている．
③ 外貨準備は直近5年間の合計ではむしろ減少している．その結果，誤差脱漏が巨額に上ることになる．統計に載らない方法による中国国内からの資本流出によるものと推測される．

　豊富な外貨準備を背景に，1999年頃から対外直接投資が奨励されるようになり，「走出去」とよばれた．米国債で運用される外貨準備よりもより収益面でメリットがあり，国家戦略にも沿うと考えられたのであろう．中国企業による先進国企業の買収は，それまでは資源分野に集中していたが，2015年ごろから，先端技術やブランドをもつ企業にも投資先が広がってきた（表6-7）．
　直接投資奨励政策（走出去）は，高度成長が終焉し，成長率の低下が予想される中で，後述するアジアインフラ投資銀行，「一帯一路」などの諸政策と共に，世界制覇の意図は別としても，次のような背景から生まれたと考えられる．

① 国内の過剰設備能力の活用（鉄鋼，石炭，石油化学などの重厚長大産業関連）
② 国内の過剰労働力の活用（都市の出稼ぎ労働者，新卒者）
③ 豊富な外貨準備の活用

　これを投資先国・地域別にみると，表 6 - 8 のとおりであるが，ほとんどが取り
あえず香港向けとなっており，そこからさらに投資される場合の最終的投資先はこ
の統計からは不明である．

　こうして行われてきた投資先が順調に運営されているかについては，断片的な情
報であるが，「走出去」の失敗が経営破綻の一因となっているケースも出ている．
例えば，第 4 章で述べた民営企業の海外投資について，ディベロッパーである A 社
は，海外買収にも積極的であり，米国大手シネコンを買収，他に米国有名ホテル
チェーン，サッカーチーム，テーマパークなど買収してきたが，急激な海外投資が
たたり，2017 年 9 月に社債格付けがジャンク債となってしまった．また B 社は，4
大エアラインの 1 つであるが，米国コンテナリース会社や，ホテル，銀行などを買
収あるいは出資したが資金繰りが悪化していると伝えられている．また，共産党幹
部の姻戚が理事長を務める保険会社 C 社は，米国有名ホテルなど積極的な買収した
が経営が行き詰っていると伝えられている．

　直接投資が期待した収益を上げることができるかどうかは，今後のこれらの政策
にも影響を与えることであろう．

第 4 節　「一帯一路」構想

（1）「一帯一路」構想の経緯

　「一帯一路」（中国語でも同様，英語では The Belt and Road Initiative）とは，正式名称
は「シルクロード経済ベルトと21世紀海洋シルクロード」，中国語では，「丝绸之路
经济带和21世纪海上丝绸之路」であり，李克強首相は2015年 3 月の全国人民代表大
会において，「『一帯一路』の建設と地域の開発・開放を結合させ，新ユーラシアラ
ンドブリッジ，陸海通関拠点の建設を強化する必要がある」とその概要をまとめて
いる．「一帯」とは，中国とヨーロッパを結ぶ陸路の「シルクロード経済ベルト」
であり，「一路」とは，海路の「21世紀シルクロード」であるとされる．

　「一帯一路」構想は，ウィキペディア[2]の記述をまとめると，次のような特徴を持
つ．

> ① インフラストラクチャー整備，貿易促進，資金の往来を促進する．
> ② インフラ投資計画としては，史上最大で，建国100周年を迎える2049年まで
> 　の完成を目指している．
> ③ 資金面では，アジアインフラ投資銀行（AIIB）を設立する．
> ④ 沿線国に支持を呼びかけ，これまでに100を超える国と地域から支持あるい
> 　は協力協定を得ており，国連安全保障理事会，国連，ASEAN，EU，アフ
> 　リカ連合，アラブ連合，ユーラシア経済連合などの国際組織が支持を表明
> 　している．

　こうした特徴を持つ，「一帯一路」はどのような経緯で中国の対外政策として構

想されてきたのであろうか．その経緯をウィキペディアの記述などをもとにまとめると次のようになる．

① 2013年9月7日の習近平総書記のカザフスタンのナザルバエフ大学で「一帯」構想を演説．

② 2013年10月3日の習近平総書記のインドネシア国会での演説で「一路」構想およびアジアインフラ投資銀行（AIIB）を提唱．

③ 2014年11月10日に北京市で開催されたアジア太平洋経済協力首脳会議（APEC）において，習近平総書記が「一帯一路」構想として提唱．

④ 2015年3月英国，ついでフランス，ドイツ，イタリアがAIIB参加表明．

⑤ 2015年3月28日　国家発展改革委員会，外交部，商務部は，「シルクロード経済ベルトと21世紀海上シルクロードの共同建設推進のビジョンと行動[3]」を発表．「一帯一路」は，① 中国と沿線国との政策協調，② 施設の連結，コネクティビティを実現するインフラの構築，② 貿易円滑化，④ 資金融通，⑤ 相互理解を目的とするとした．

⑥ 2015年12月25日 AIIB発足．2016年1月16日開業式典．

⑦ 2017年5月14日～15日北京市で「一帯一路国際協力サミットフォーラム」を開催．70を超える国際機関代表団や世界130か国超の政府代表団が参加．ただし，G7首脳はイタリア首相のみ．

⑧ 2017年10月18日～24日に開催された中国共産党第十九回全国代表大会で，党規約（中国共産党章程）に「共商共建共享の原則に従い"一帯一路"建設を推進する」との規定が盛り込まれた．

⑨ 2019年3月23日イタリアは，中国と「一帯一路」構想に関する覚書を締結．イタリアはG7の中で同構想に係る覚書を交わした最初の国となった．イタリアは同構想に参画し，インフラ分野などでビジネス協力を展開するほか，中国からの投資増を促し，景気回復の一助とすることなどを狙っているとされる．［日本貿易振興機構・地域分析レポート『イタリアが「一帯一路」構想に関する覚書に署名[4]』］

⑩ 2019年4月25日，北京市で第2回「一帯一路」国際協力サミットフォーラム開催．国連事務総長らと37か国の首脳や日本など150か国を超える代表団が出席．前回参加した米国は出席見送り．

（2）「一帯一路」構想の背景

　以上のような経緯と構想の規模を考えると，「一帯一路」構想は，ブレトンウッズ協定によって誕生した第2次大戦後の米国中心の国際金融の秩序に対抗する「中国イニシアティブ」とでも呼ぶべきものであることが見えてくるが，その背景はどのようなものであろうか．

　第1は，中国の経済力の拡大である．このことについて異論はないであろうが，

それにもかかわらず中国の実力に見合った国際的な地位が与えられていないと考えていることも大きいであろう．中国は，徐々にその実力にふさわしい地位を与えられてきた．例えば，IMF や世界銀行での出資シェアの引き上げや SDR に占める人民元の構成シェアの引き上げなどは徐々に実施されてきたが，これらの機関が米国主導で運営されていることに変わりはなく，不満を募らせていたのかも知れない．

　第 2 は，あまりにも米国向けのシェアが大きすぎる輸出先の多様化の必要性であり，そのためには，欧州市場の拡大や新規輸出先の開拓の為の輸送網などのインフラ投資が必要であるという結論を得たのかも知れない．

　第 3 は，安全保障上の理由であり，シーレーンや石油・ガスの陸上輸送網の確保である．第 1 章で紹介したように，中国の安全保障上の大きな懸念が米国の海上封鎖であることから考えると，陸路，海路の安全保障を確保したいというニーズは大きい．

　第 4 は，地政学的に言えば，旧ソ連の崩壊と，その後継者であるロシアの経済力の衰退である．このために「一帯一路」を構成するユーラシア大陸の内部の旧ソ連を構成していた地域に力の空白が生まれていたと考えられる．ロシアも中国の経済力を利用した方が現実的であると考えたのであろう．ちなみち，上海協力機構（上海合作組織）の構成国は，中国の他，ロシア，カザフスタン，キルギス，タジキスタン，ウズベキスタン，インド，パキスタンの 8 か国である．

　第 5 に，国内の生産能力・余剰労働力の活用がある．2008年のリーマンショック以降も旺盛な設備投資を続けた結果，鉄鋼などの設備能力が過剰になり，また都市に流入していた農民工の再活用や新規卒業学生の就職難などが顕在化し，その対策として海外での新規工事の受注などの需要は，国内産業対策としても有効であると考えたのかも知れない．

　第 6 に，進藤 [2019] は，20世紀型グローバル・ガバナンス（共治）は，欠陥を内在しており，中国は，それを再構築しようとするものだとする．現在の米国主導の共治には，途上国の喫緊の開発需要に対して，財政赤字削減や緊縮財政を求める欠陥と，途上国を支援する条件として「民主化」を求める欠陥があるとし，「一帯一路」構想はこうした欧米主導のグローバルガバナンスに代替するものであるとする．

　第 7 に，関連新興国への経済援助を通じて，中国を中心とした経済圏の確立を挙げる意見もある [三井住友アセットマネジメント 2014]．もちろん経済交流が拡大し，中国からの貸出や投資などの資本輸出が大きくなれば，いずれ経済圏となり，人民元もいろいろな取引で使われるようになるかも知れない．安全保障上も緩衝地帯となって行けば，中国にとってもメリットは大きい．

　第 8 に，「中国製造2025」や「自由貿易実験区」などの他の国家計画との関連・連携を指摘する意見もある．朽木 [2019] は，「中国製造2025」はハイテク製造業を目指し，「自由貿易試験区」は，「現代サービス業」について直接投資を導入し，産業集積を目指すもので IoT を通じて「中国製造2025」とつながり，連結性を強

化することを目的とする「一帯一路」を通じて，参加国とのグローバル・バリュー・チェーンが形成されていくという構図を描く．

　第9に，外交政策から見ると，習近平政権は，胡錦濤政権の政策を継承しつつ，「新国際関係」という新たな枠組みを提起したと川島［2020a］は考える．「一帯一路」構想はこの新型国際関係の実験場だということになる．基本的には経済的利益の上でのウィンウィン関係を基礎とし，そこからパートナーシップ関係，あるいは朋友圏，最終的には人類運命共同体へと至るというものである．

　また，高原［2020］も，「新型大国関係」つまり「米国とは衝突しない，相互尊重，ウィンウィン」からの転換であるとする．中国の言う相互尊重の中には核心的利益が含まれており，南シナ海は尖閣諸島も核心的利益とされ，米国は警戒を強め，新型大国関係に言及しなくなった．その挫折を受けてほぼ同じ時期に「一帯一路」が登場する．アメリカ第1外交からユーラシア優先への重点の移動であると考える．また，国内政治面では，「一帯一路」は習氏のペットプロジェクト化していると指摘する．つまり改革開放と同様，「一帯一路」は曖昧な概念であるが，改革開放が鄧小平の権威と権力を樹立するのに重要な役割を果たしたように，「一帯一路」は習近平の権威と権力のシンボルとなっていると指摘する．

　「一帯一路」によって大々的に打ち上げられた中国式対外援助を推進・実行する国内体制の整備はどうなっているのであろうか．北野［2020］は，中国の援助関連の企画・推進について次のようにまとめている．

1．2011年4月に中国初の「中国の対外援助白書」を発表し，中国の援助は途上国同士の南南協力であり，① 自主発展能力の向上，② いかなる政治条件も付与しない，③ 平等互恵・共同発展，④ 力相応の援助，⑤ 改革・革新堅持をうたう．
2．2015年に「一帯一路建設工作推進指導小組」が発足．長は副総理，国家発展改革委員会の西部開発司が事務局．同委員会主任が事務局長．中国国内の開発と連動させながら推進．
3．第13次五カ年計画（2016から2020年）で明記．援助の増額，援助のやり方の改善，ソフト面への注力，緊急人道援助の取組強化などがうたわれた．
4．2018年に対外援助政策・事業統括を担う中国初の援助機関として国家国際発展協力署（China International Development Cooperation Agency）設立．

　それでは，どのくらいの規模のインフラ需要があるのであろうか．アジア地域に限定しての数字が2017年2月にアジア開発銀行によって推計されている［アジア開発銀行2017］．表6-9のとおり2015年現在アジア開発銀行のアジア地域の開発途上加盟国25か国のインフラ投資額は，年8810億ドルであるが，現在の経済成長を維持し，貧困を撲滅するとした場合の，年間資金需要は2016年から2020年までの間で，年間1.21兆ドル，更に気候変動へも対応しようとすれば，年間1.34兆ドルに達する．海面上昇や異常気象といった事象がインフラに損害を与えたり，寿命や性能に影響

表 6 - 9　アジア開発銀行加盟開発途上国のインフラ投資需要（2016年〜2020年，単位：10億ドル，%）

	現在の想定投資額 (2015年)	基本予測額			気候変動調整済み済み予測額		
		投資需要	不足額	不足額 (GDP比)	投資需要	不足額	不足額 (GDP比)
合計（25か国）	881	1,211	330	1.7	1,340	459	2.4
中国	686	753	68	0.5	837	151	1.2
インド	118	230	112	4.1	261	144	5.3
中国を除く合計 (24か国)	195	457	262	4.3	503	308	5
中国，インドを除く合計（23か国）	77	228	150		242	164	

（出所）アジア開発銀行［2017］に基づき作成．

表 6 -10　分野別インフラ投資需要（単位：10億ドル，%）

分野	基本予想額			気候変動調整済み予想額		
	投資需要	年間平均	合計比	投資需要	年間平均	合計比
電力	11,689	779	51.8	14,731	982	56.3
交通・運輸	7,796	520	34.6	8.353	557	31.9
通信	2,279	152	10.1	2.279	152	8.7
水・衛生	787	52	3.5	802	53	3.1
合計	22,531	1503	100	26.166	1.744	100

（出所）アジア開発銀行［2017］．

を与えたりするため，気候変動によってインフラの耐久性を高めることが求められるためであるとする．

　ただし，この数字は中国も含むため，中国を除くと5030億ドルに大幅に減少し，さらにインドを除くと2420億ドルとなる．それでもGDPに対する比率でみると5％に達する非常に大きな数値となる．従って，「一帯一路」構想を被支援国側からみると，AIIB構想と合わせて非常に便益の大きな構想ということになる．

　インフラ需要を分野別にみると，表 6 -10のとおり電力が過半を超え，交通・運輸が30％を超える．通信も10％を占め，第 3 章でみたように，いずれも中国では，国有の大企業が林立している分野である．

（3）「一帯一路」の実績と評価

　米国議会の資料 U.S.-China Economic AND Security Review Commission［2018］は，具体的なプロジェクトの例として，10の大型プロジェクトを紹介しているが，これによれば 8 つが鉄道，残りは港湾と道路であり，参加企業が決まった案件では，中国企業が建設主体となっている．また，同じ資料による資金供給機関としては，表 6 -11のとおり，中国の国有商業銀行 3 行が総額2250億ドル，中国国家開発銀行

表 6-11　一帯一路プロジェクト参加銀行（2016年末）

銀行名	金額(10億ドル)	シェア	備考
国有商業銀行	225	53	中国工商銀行，中国建設銀行，中国銀行の3行
国家開発銀行	110	26	1994年設立の政策性銀行．2015年に今後60か国の900以上のプロジェクトに8900億ドルを供与する予定と表明
中国輸出入銀行(中国進口銀行)	90	21	1994年設立の政策性銀行
シルクロード基金(Silk Road Fund)	4	1	2014年設立．外貨準備（65%），中国投資（15%），中国輸出入銀行（15%），国家開発銀行（5%）が出資．
アジアインフラ投資銀行（AIIB）	1.7	1	
新開発銀行(New Development Bank)	1.5	1	2014年 BRICS 各国が出資して設立．本店上海．
合計	432.2	100	

(出所) U.S.-China Economic AND Security Review Commission [2018]

が1100億ドル，中国輸出入銀行が900億ドルの貸出を行っており，その他シルクロード基金が40億ドル，アジアインフラ投資銀行が17億ドル，新開発銀行が，15億ドルの貸出を行うこととなっているとしている．

　河合 [2019] は「一帯一路」をアジア，中東，東欧諸国のインフラ整備と連結性強化を進め，貿易・投資の活性化を通じてユーラシア地域の経済一体化を進めていくものとして評価する半面，次のような課題が指摘されているとする．① 明らかに人権を抑圧するような権威主義的な政権に対してインフラ支援を行うことによる国際社会からの批判，② 中国が「一帯一路」を自国本位の地政学的・軍事的などの目的で用いていることへの批判，③ 中国企業が，環境面，安全面，税制面，雇用面などで沿線国の規制や法律を無視ないし軽視しているとの批判，④ 中国からの投融資の額が不透明で，借入国の債務返済能力を十分に考慮していないという批判，⑤ 国際的な総合調整機関が介在していないという問題，⑥ インフラプロジェクトの結果を評価する枠組みが存在していないという問題などである．

　また，榎本 [2017] は，中国の対外援助は，日本のそれが貿易・投資・援助の三位一体型であったのに対し，対外援助の伴う建設請負・労務提供・設計コンサルティング業務を合わせた「対外経済合作」が一緒になった四位一体型であり，中国の援助・融資とともに中国企業が現地進出するだけでなく，中国労働者が大挙して渡航して建設作業に従事するスタイルをとっているとする．このため，援助が被援助国の発展ではなく，中国企業の短期的利益に傾斜する傾向があるとする．

　また，別の米国議会資料，U.S.-China Economic AND Security Review Commission [2019] は，「一帯一路」のもとで，軍事協力と対象国への検閲や監視技術の輸出を進めているとする．同報告書によれば，**表6-12**の最貧国などに対しては世銀

表 6-12　要債務軽減国むけ中国の投融資（単位：100万ドル）

	世銀，IMF のリスク評価	中国の直接投資 2013〜2018年	中国の融資 2013〜2017年
カメルーン	High Risk	n.a.	3,110
コンゴ共和国	In Debt Distress	7,300	3,350
コートジボワール	Moderate Risk	n.a.	2,370
エチオピア	High Risk	13,910	9,587
ガーナ	High Risk	6,500	1,447
セネガル	Low Risk	4,080	1,343
モザンビーク	In Debt Distress	7,680	848
ウガンダ	Low Risk	7,280	2,213
ザンビア	High Risk	12,240	4,191

（出所）U.S.-China Economic AND Security Review Commission [2019].

や IMF からの貸出については債務軽減措置がとられているが，中国からの融資に対ししてはこうした軽減措置が取られておらず，中国はただ乗り（free rider）していると批判する．こうした批判に対して，2020年11月20日のロイター電が伝えるところでは，中国財政部の劉昆財政相は，G20の枠組みで総額21億ドルの債務軽減案を実施しており，国家国際発展協力署と中国輸出入銀行は23か国向け総額13億5300万ドルの債務返済を停止し，国家開発銀行も9月末までに7億4800万ドル相当について途上国と合意書を交わしたとする．

　コロナ禍は，「一帯一路」にも深刻な影響を与えているようである．酒向［2020］によれば，① コロナの結果，中国からの技術者，労働者の派遣が受け入れ国側の移動制限で難しくなり，伝統型インフラの多くが中断を余儀なくされている，② 受け入れ国もコロナ禍によって財政支出の拡大を余儀なくされ，プロジェクトが滞る要因となっている，③ 伝統型インフラは，「面」よりも「点」，すなわち「海外経済貿易合作区」を中心にせざるを得ない，これは中国が受け入れ国と共同で運営している工業団地であり，現在 ASEAN 5か国，パキスタン，キルギス，ウズベキスタン，ロシア，ハンガリー，アフリカ2か国など20か所に設置されている，④ 伝統型インフラに替えて，新型インフラ，すなわち5G, AI, IoT などのデジタルインフラを中心として行くのではないか，沿線国特に ASEAN のデジタル化政策との親和性が高く関係深化が進む公算が大きいとする．

　華々しい展開を見せてきた「一帯一路」であるが，当初歓迎していた欧州諸国も，新疆ウイグル自治区や香港での中国政府の動向などによって，自己の勢力拡大志向が「一帯一路」の背景にあるのではないかという疑心が生まれてきているように思われる．Wong［2021］は，コロナ危機の中で中国がますます存在感を増しており，中国は経済力を政治的に活用する手腕をマスターしたのではないかとの評価について，相手国の支配階層に賄賂などを使って食い込むやり方ばかりでなく，貿易や投資を通じて親中派勢力を増やす方がより強力で長続きしそうであるが，フィリピン，マレーシア，オーストラリア，台湾などの成功したかに見えても反中国に転じた例

を挙げ，こうしたやり方は，①時間がかかり，中国の指導者の忍耐を要すること，②中国企業が相手国の競争相手となってきており，友好勢力を探すのが難しくなっていると指摘する．結局，中国は，増大する経済的影響力を地政学的現実へと自動的には転換できていないとする．

　また，「一帯一路」や「走出去」によって展開してきた海外戦略は，これらの中央アジア，南アジア，アフリカ，中南米など対象国の多くが世界経済の最も弱い環であり，これら相手国の経済危機・国際収支危機によってプロジェクトや事業が中断・中止に追い込まれ，さらには貸付債権や代金の債務不履行などに直面する可能性も大きい．「一帯一路」も転換期を迎えているように思われる．

第 5 節　アジアインフラ投資銀行の設立経緯と現状

　アジアインフラ投資銀行（Asia Infrastructure Investment Bank: AIIB，中国語では，亜州基礎設施投資銀行）は，前述したように「一路」構想と共に，2013年10月3日の習近平総書記のインドネシア国会における演説で提唱された国際金融機関である．AIIB の設立根拠は，世界銀行やアジア開発銀行などの国際機関と同様，AIIB 協定書（The Articles of Agreement of the Asian Infrastructure Investment Bank）によっている．この協定は，当初参加国により2015年6月29日に署名・調印された．AIIB 協定によってその概要を紹介すると次のようになろう．

　　①目的は次の二つである．①アジアにおいて，インフラストラクチャーやその他の生産に関する部門において，持続可能な経済発展を促進し，富を創造し，インフラストラクチャーの接続可能性を促進すること，②他の多国籍及び二国間の開発機関と協力することによって，開発のチャレンジに立ち向かい，地域の協力とパートナーシップを推進すること．

　　②「アジア」「地域」とは，理事会が他に決定しなければ，国際連合の定義するアジア及びオセアニアをいう．国連のアジアには，中央アジア，西アジアも含み，ユーラシア大陸のうちヨーロッパ以外の地域がすべて含まれている．

　　③理事会（the Board of Governors）は，加盟国すべてが参加する最高意思決定機関とさるが，実際の運営は取締役会（the Board of Directors: 中国語では董事会）に権限移譲されている．

　　④取締役は，ブロックごとに現在12名が選任されており，取締役会が実務上の意思決定にあたっている．

　　⑤行長（President）は域内メンバー国から選出すると規定され，任期は5年で連続10年まで可能である．なお，初代行長には，中国財政部出身の金立群氏が就任した．

　AIIB の設立の経緯は，胡錦濤政権までの韜光養晦路線から，「中国の夢」路線あ

表 6 -13　アジアインフラ投資銀行（AIIB）概要（単位：100万ドル）

本店所在地	中国北京市			
設立年月日	2015年 6 月29日　協定調印．2016年 1 月16日営業開始．			
準拠法	The Articles of Agreement of the Asian Infrastructure Investment Bank			
	2016年12月期	2017年12月期	2018年12月期	2019年12月期
参加国数（うち域内）	57 (37)	84 (48)	93 (50)	102 (50)
授権資本金	90,437	95,001	96,340	96,718
払込み済み資本金	18,065	19,000	19,268	19,344
総資産	17,795	18,972	19,562	22,632
純利益	167	252	300	401
承認プロジェクト数	8	23	35	63
承認金額（10億ドル）	1.69	4.19	7.5	12.04
専門スタッフ数	79	131	186	279

（出所）AIIB Annual Report に基づき筆者作成．

るいは習近平イニシアティブともいうべき，米国との対決も辞さない独自路線への
転換期と一致している．中国が AIIB に期待した役割は次のようなものであろう．

① 米国主導の世界秩序，とりわけブレトンウッズ体制とよばれる IMF-世界銀
　行などの国際金融体制への挑戦．ただし，いきなりという訳にはいかない
　ので，とりあえず②に挑戦．
② アジアでは，米国・日本の影響力の強いアジア開発銀行体制への挑戦．
③ 豊富な外貨準備の活用．米国債一辺倒の運用からの転換．
④ 米国のウエイトが大きい貿易体制の転換．
⑤「一帯一路」と一体化したシーレーン，安全保障の確保．
⑥ 友好国の確保と増加．

AIIB は，以上のような多様な背景・目的を持ってはいるが，一言で言えば，北京
を本店とする国際機関を持つというステータスシンボルのようなものである．設立
から 4 期が経過したが，その実績の概要は，**表 6 -13**のとおりである．参加国は，
表のとおり設立時には，57か国であったが，順調に増加し，2019年末で102か国と
なり，うちアジア及び大洋州に所在する域内国は50か国である．

　業績はどうであろうか．承認したプロジェクトは，2016年の 8 件から，年々増加
し，2019年には63件となっている．金額で見ると，認ベースで2016年の16.9億ドル
から2019年には120億ドルに増加している．

　これを具体的なプロジェクトで見ると，**表 6 -14**のとおりである．これまで146の
プロジェクト（プロジェクトが重複している分を含む）が承認されたが，エネルギーが
最も多く，次いでファイナンスがつぎ，交通プロジェクトを入れると80％に達して
いる．

　プロジェクトが AIIB 単独で行われたかどうかについては，**表 6 -15**のとおりで
ある．単独で実行する分と，多国籍あるいは 2 国間機関と協調融資かどうかを見る

表6-14　プロジェクト別一覧（単位：件数）

	合計	エネルギー	金融業	交通	水道	都市開発	ICT	その他
2019年	63	19	15	13	8	4	2	2
2018年	35	12	12	9	5	2	1	0
2017年	23	10	10	6	2	1	1	0
2016年	8	4	4	3	0	1	0	0
合計	129	45	41	31	15	8	4	2

（注）重複分があるため合計は不一致.
（出所）AIIB Annual Report に基づき筆者作成.

表6-15　単独・協調融資別，借り手別（単位：件数）

	合計	うち単独	うち協調融資	ソブリン（国向け）	ソブリン以外
2019年	63	33	30	40	23
2018年	35	14	21	25	10
2017年	23	7	16	17	6
2016年	8	2	6	7	1
合計	129	56	73	89	40

（出所）AIIB Annual Report に基づき筆者作成.

と，累計で73件，56％が協調融資となっている．また借り手の特性では，ソブリン（国，ないし国の機関）が借入先となっているケースが累計で89件，68％と3分の2を占めていることが分かる．

第4節　結　論

1．中国の改革開放路線（新経済建設政策）の特徴の1つは，当初経済特区などの特定の地域に限定した外資導入推進政策である．これによって，外貨がなくとも外国技術の導入，経営ノウハウの取得，雇用・輸出先の確保が可能となり，中国側のペースで段階的に外資導入が可能となった．各省を競争させ，経済建設のスピードを上げる効果もあった．国民経済上は投資の促進となり，経済成長にも直接寄与した．

2．外国資本もインフラの整備された経済特区に進出することによって，進出リスクを軽減し，中国の安価で優秀な労働力を利用することができた．
こうした外資の働きもあり，輸出も好調に推移し，経常収支は黒字で，直接投資の受け入れも併せて，外貨準備が大幅に増加した．

3．為替レートについては，実質米ドルへの固定相場制である管理フロート制をとっていたが，2005年7月から通貨バスケット制に移行した．以降元高から現在では若干の元安となっている．米国とのインフレ格差からすれば，より元安になってしかるべき水準である．

4．一方，米国との貿易摩擦が激化し，輸出先の多様化を進める目的もあり，

「一帯一路」などの新たな市場獲得政策も打ち出された．また，1999年頃から「走出去」とよばれる対外直接投資が奨励されるようになった．米国債で運用される外貨準備よりもより収益面でメリットがあり，国家戦略にも沿うと考えられたのであろう．中国企業による先進国企業の買収は，それまでは資源分野に集中していたが，2015年ごろから，先端技術やブランドをもつ企業に広がってきた．最近のニュースによると，成功とは思えないケースも出ているようである．

5. 「一帯一路」構想については，中国の技術，資金を活用してユーラシア地域などの沿線国のインフラ整備と同地域との一体化を進めようとするものであり，参加国にとっての意義は大きい．中国にとっても，資材・サービスの輸出に繋がり，国内労働力の活用も期待できる．一方受け入れ国にとっては，過大な債務を負うケースも見られ，また軍事面での協力とセットになっているプロジェクトもあり，欧米では警戒感が強まっている．

6. アジアインフラ投資銀行（AIIB）は，「一帯一路」構想の資金面を支える役割を担って誕生したが，設立後間がないこともあり「一帯一路」を支える金融面でのウェイトはまだ大きくない．

7. 新型コロナウイルスによる経済危機によって，「一帯一路」対象地域を始め，中国が投融資してきた国・地域も国際債務問題が浮上してきている．「一帯一路」や「走出去」戦略も大幅な修正を迫られる可能性がある．

注

1 ）https://www.mofa.go.jp/mofaj/area/china/data.html#04，2021年 6 月29日最終閲覧．
2 ）https://ja.wikipedia.org/wiki/ 一帯一路，2021年 6 月29日最終閲覧．
3 ）http://www.china-embassy.or.jp/jpn/zgyw/t1250235.html，2021年 6 月29日最終閲覧．
4 ）https://www.jetro.go.jp/biz/areareports/2019/757e34ee4a290d0c.html，2021年 6 月29日最終閲覧．

第7章 教育システム
──科挙から科学技術立国へ──

 われわれの考えるローマは帝政であり，専制であり，圧政だ．……彼らの文明とはなんであったか？　たしかに広いよ，しかし卑しい，排水溝だ，下水だ．ローマ人は，彼に倣うイギリス人もそうだが，自分が足をしるす新しい岸の一つ一つに，ただ下水溝造りの妄執を持ちこんだにすぎない．

ジェームス・ジョイス『ユリシーズ』（丸谷才一他訳，集英社）

 中国の教育という言葉から我々が思い浮かべるのは，孔子の学校であり，科挙であろう．孔子には3000人の弟子がいたという．科挙は，20世紀の初めまで1300年間にわたり官僚登用試験として機能してきた．この章では，中国の教育システムを考察する．中国の改革開放路線は，教育システムにも大きな変化をもたらした．工業化は，大量の質の高い労働力を必要とする．その高度化は，高等教育を受けたエンジニアや経営者を必要とする．かくして改革開放路線のもとで，初等中等教育，高等教育ともに大きな変化を迫られ，逆に教育システムの改革・発展によって改革開放路線の維持が可能であった．第1節では，中国の教育システムの変遷と概要を概観する．第2節では，教育システムの特徴と課題として，教育伝統の弊害，重点学校制度，教育の市場化などの問題を紹介し，科学技術立国評価の一例を紹介する．第3節は，結論である．

第1節　教育システムの変遷と概要

（1）教育と経済

 教育は，経済学から見ると面白いテーマである．教育は，サービス財の1つとして消費されるのか，それとも教育投資として投資にカウントされるべきであろうか．供給側から見れば，知識の切り売りに過ぎないが，需要側からすると直ちに消費され消え去るわけではなく，むしろ数年あるいはそれ以上の期間をかけて徐々に使われていく．最近の経済成長モデルでは，教育は人的資本として，物的資本と並んで資本とされるように，生産要素の1つと考えられているようだ．南・牧野・羅[2008] は，中国のサンプル調査の結果，教育年数が所得に対して有意に正の関係にあるとする．胡他 [2020] も『中国人力資本報告2019』の調査として，労働人口の平均教育年限が2000年の9.6年から2018年には13.9年に伸びたことを挙げ，世界

平均の12.7年を超えたとしている.

　また, 教育はその効果が教育を受けるものに限らず, 社会全体に及ぶ公共財でもある. 読み書き算盤が出来る店員や労働者は, 本人のみならず周りの人々の生産性を高め, 正の外部効果を持つ公共財である. 公共財の供給は, 政府の役割であり, 義務教育の費用を政府が負担するのもこの論理からである. 経済発展と教育の関係について, 例えば, 南・牧野・羅 [2008] は, 初等教育純就学率, 中等教育純就学率, 成人識字率, 予想教育年数と世界各国の1人当たりGNPとは有意に正の関係にあるとする. また, 2003年では, 中国は全てにおいて回帰線の上方に位置する, つまり中国の1人当たりGNPは当時1100ドルであったが, 回帰線上の上方に位置し, この教育水準であれば, より高い所得が可能であるとする.

　教育は更に, 知を生産するものとして単なる財の範囲を超え, 文化や文明と, また, 教育内容についての国家の関与によって, 政治と深く結び付く.

(2) 教育システムの歴史

　科挙は, 隋代から清末にかけて1300年にわたり官僚登用を統一試験で行う制度として機能してきたが, 次のような特徴を持ち現在の教育システムにも影響を与えている.

　　① 全国一律の統一試験で, 官僚を登用.
　　② 明代以降では, 受験資格を国立学校の学生 (童試) に限定.
　　③ 合格して官僚になるとことで地位・名声・権力を獲得.
　　④ 科挙の受験資格には制限がないが, 幼いころから労働に従事せず学業に専念でき, 書物の購入や講師への謝礼などの費用が支払える官僚あるいは富裕階級の子息に実質的に限定.

　①の全国一律の共通試験は, 大学入試に今でも生きており, 毎年6月に「普通高等学校招生入学考試」(略称は高考) と呼ばれる全国一斉の試験によって学生のレベル分けが行われている. その結果, 一流の大学に入学・卒業すれば, ③の公官庁などへの就職が約束されている. ①の試験でよい大学に合格するためには, 「重点学校」と呼ばれる高等学校 (高中) や中学校 (初中) に入学した方が有利となる. こうした重点学校に入学するためには, その近辺に居住し, 幼いころから習い事などをして受験に備えねばならない. 重点学校については後述する.

　しかしながら, 以上のような現在マスコミなどで報道されている中国の教育事情に至るまでには, 紆余曲折があった. 南・牧野・羅 [2008] が指摘するように, 中国の近代教育は日本に比べて大きく後れを取っていた. 解放直後の教育体制の整備 (1952年) と日本の学制発布 (1862年) とでは, 70年, 義務教育の開始は, 1986年と1886年で100年の差がある. 楠山 [2010] によれば, 清朝末期に中国独自の学校制度を模索するにあたり, 手本としたのが日本であった. この取り組み自体は成功しなかったが, 段階的な学校系統, 教科を分けたカリキュラム体系, 公立と私立が併

存する学校体系，それぞれのレベルの政府が役割を分担する学校管理体制など現在の中国の教育に見られる特徴はこの時期すでに盛り込まれていた．中華民国では当初は清朝の制度を援用していたが，その後米国から帰国した留学帰国者が要職に就くようになって米国の教育を参考にするようになり，6-3-3-4制もこの頃中国に導入された．中華人民共和国成立時の小学校学齢児童就学率は20%程度であり，全人口の80%が非識字者であったとされる．中華人民共和国成立後，教育は一貫して重視されていたが，それゆえに政治的混乱にも大きく左右されてきたとする．

ただし南・牧野・羅[2008]は，文革を含む計画経済期でも，小学校純就学率の急速な上昇，非識字率の急速な低下，平均教育年数の上昇がみられた．毛沢東は，高等教育には理解がないばかりか文化大革命ではそれを破壊したが，初等教育の普及には好意的であったとする．例えば，前述した高考は1952年に初めて実施されたが，文化大革命によって1966年から1976年まで中止されていたが，1977年に再開されているとする．

改革開放以降の教育政策について，願[2009]によれば，1980年代では，世界各国における第2次大戦後の教育思想や教育改革の経験を学び，1990年代に入って計画経済から市場経済への移行，「社会主義市場経済」に適応した新たな現代教育体制及び理論体系の確立を模索してきた．楠山[2010]は，文化大革命終結後，当初は社会をリードする少数のエリートを養成することに力が入れられたが，大学入試の復活と高等教育の回復，そこに至る進学教育と選抜を行う重点学校の整備がいち早く進められた．その後国民全体の底上げも重要な課題と認識されたとする．また，義務教育については，1985年に「教育体制改革に関する決定」が，また1986年に「義務教育法」が制定され，初等学校と前期中等学校の9年間を義務教育として普及させることとなったとする．

1995年3月には，「教育法」が公布され，第1条で「教育事業を発展させ，全民族の素質を高め，社会主義の物質文明と精神文明の建設を促進する．」ことがうたわれ，第3条で「マルクス・レーニン主義，毛沢東思想を堅持し，……社会主義の教育事業を発展させる．」とした．教育法は，1993年憲法で自国を「社会主義市場経済」とした規定を受けてのことであろう．

（3）教育システムの現状

前述したように中国は，米国の影響を受け我が国と同様の6-3-3-4制をとっている．ただし呼称は，中等教育が初中，高中に分かれ，高等教育は大学本科（4～5年），専科（2～3年）に分かれている．その他専門職業学校などがある．中国の教育が置かれている状況と課題について，初等中等教育についてであるが，中国総合研究交流センター[2013]は次のように述べている．

　①学齢人口規模の膨大さ．初等中等教育を受けている児童・生徒数は2億人に達している．

表7-1　進学率の推移（単位：%，万人）

	小学校学齢純就学率	中学進学率	高校進学率	大学入学者数	大学在籍者数
1990年	97.8	74.6	40.6	60.9	206.3
1995年	98.5	90.8	50.3	92.6	290.6
2000年	99.1	94.9	51.2	220.6	556.1
2005年	99.2	98.4	69.7	504.5	1561.8
2010年	99.7	98.7	82.4	661.8	2231.8
2015年	99.9	98.2	94.3	737.8	2625.3
2019年	99.9	99.5	94.5	914.9	3031.5

（出所）『中国統計年鑑』.

②　地域間，都市・農村間に存在する大きな経済格差．初等中等教育における地域間格差．学校の運営水準・教育の質の差．差をもたらす要因として，教育投資，教員レベル，学校設置基準，器材・設備の調達がある．

　こうした環境の中で，教育の公平性と質の向上を図ってきたとするが，地域間の教育格差の解消は容易ではなかったであろうが，政治・経済が長期に安定するにつれて，教育レベルも急速な改善を見せている．

　これを例えば，進学率について見ると，**表7-1**のとおりである．小学校の就学率は，1990年でもほぼ100%であったが，中学校進学率はまだ74.6%であったが，義務教育化に伴いほぼ100%となった．高中（高校）進学率は40.8%にすぎなかったが，2000年代に入り急速に高校進学率が高まり，また大学進学者数も大幅に増加し始める．

　大学進学率は，『中国統計年鑑』には記載がないが，本科生，専科生がほぼ半々であり，平均在学年限を3.5年とすると，20～24歳人口が5526万人であるので，約55%となる．また胡他［2020］では，2019年の高等教育就学率を51.6%としており，適齢人口の約半数が大学に進学する計算になり，日本と同程度の進学率であると言える．

（4）教育システムの計画と管理

　教育システムの計画には，他の経済計画と同様五カ年計画，それを抱合した長期計画があり，中国総合研究交流センター［2013］によれば，長期計画としての「国家中長期教育改革・発展計画綱要（2010～2020年）」と「国家中長期計画綱要（2010～2020年）」のもとで，「国家教育事業発展第12次5カ年計画」（当時）が実施されている．

　教育システムの監督・管理は，他のシステムと同様中央と地方（省レベル，市レベル，県レベル）の二重管理体制となっている．中国総合研究交流センター［2013］によれば，1977年に視学制度が復活し，督政（政府の教育業務を監督）と督学（学校の教育業務を監督）が結合した視学体系が初歩的に確立されたとする．中央，省，市，県という4レベルで視学ネットワークが形成され，督政，督学，モニタリングの3

大体系を形成. 中央は, 教育部が国立大学とその付属校, 省は, 教育庁が地方大学とその付属校, 地区・市・県レベルが小中学校, 職業中学, 幼稚園を管轄するとされた. 王 [2004] によれば, 地方の行政教育機関は, 業務上は上級の教育行政組織からの指示を受けると共に, 行政上は当該地の行政組織の管轄を受け, いわゆる二重の従属, 二重の責任制であるとされる.

（5）教員の資格と待遇

初等中等教育の教員は, 「教育法」によって, 必要とされる学歴が定められている. 中国総合研究交流センター [2013] によれば, 求められる学歴より実際の学歴が高い割合は農村より都市の方が高い. 教員職務（職階）が, 初級職務, 中級職務, 高級職務と3段階に定められており, 職階は教員水準と実績を反映し, 給与, 福利, 昇進, 養成・訓練への参加などと結び付けられている. なお, 給与水準は, 2010年で, 初等教育教員は全職業平均より3％低く, 中等教育教員は平均より5％高い. なお, 高等教育（大学）教員は45％高い.

なお, 南・牧野・羅 [2008] のデータによれば, 専任教員の学歴は, 1953年では, 小学校教員の86.5％が後期中等教育未満であったのが, 2005年には1.4％に激減し, 代わって短大・大学卒業者が56.3％を占め, 中学校では, 1953年では, 教員の46.5％が中学卒業であったが, 2005年では中学卒業者は4.8％に過ぎない. また高校教員は1953年では大学卒が68.5％であったが, 2005年では83.5％に増加している.

第2節　教育システムの特徴と課題

（1）教育伝統の束縛

中国の歴史・伝統は, 教育の中でどのように生きているのであろうか. 願 [2009] は, 中国の教育伝統の特徴として,

① 政教合一. 教育と人材選抜との結合. 科挙.
② 倫理道徳の重視. 人を作る. 政治思想教育を学校教育の第一に置く.
③ 経典を重視し, 技術を軽視.
④ 基本的知識の重視. 創造精神と実践能力の育成を軽視

を挙げている. これらの点は, 中国が現在目指している「農業, 工業, 国防, 科学技術の4つの近代化」や科学技術の振興を前提とした「中国製造2025」の路線とかなり異なる.

また, 願 [2009] は, 科挙制度の影響として, 学歴主義的価値観を挙げる. こうした学歴重視, 知識偏重の教育伝統は, 試験のために勉強をする「応試教育」として, 批判を受けるようになり, 1993年に「中国教育改革・発展要綱」が公布され, 小中学校では, 生徒・児童の道徳思想, 文化科学, 労働技能, 身体, 心理的素質を

高め，幅広い人格の形成を目指す「素質教育」が行われるようになった.

　中国総合研究交流センター［2013］によれば，初等中等教育におけるいくつかの重要な取組として次の例を挙げているが，逆に言えば理科軽視，訓詁重視の中国の教育伝統の弱点を補強する試みであると言える.

① 理科教育の強化
② イノベーション人材の育成
③ 農村から都市への人口移動，流動することによる流動人口の子女の教育問題
④ 校外補習授業　児童・生徒が放課後または休日に受けるインフォーマルな教育

　また，後述する「双一流」などによる予算の重点配分を行うシステムも，理系，イノベーション人材の育成を図り，知識偏重の伝統の影響を少なくしようとするものであろう.

（2）重点学校制度

　前述したように，文化大革命終了直後から重点学校制度がスタートしたが，その目的はエリート養成の他に，限られた予算や人員（教員）の優先的配分にあった. 中国総合研究交流センター［2013］によれば，1978年に教育部が「重点小・中・高校の運営に関する試行方案」を発表し，経費投入，教育勧業，教員を特定の中学・高校に重点投入することとした. 大学進学率で見ると，1998年以前では非重点高校の大学進学率は1けた台にとどまっており，有名大学への進学率はやはり低いままだった. このため大学進学から有名大学進学へと重点を移した受験競争は，重点高校へ，更に重点中学への入学競争へと拡大していったとする.

　楠山［2010］によれば，重点校の歴史はもっとさかのぼる. 第1次五カ年計画（1953～1957年）時にはソ連に学ぶ時期もあったが，ソ連との関係が悪化し，独自の社会主義路線を目指し，大躍進運動が始まると教育分野でも学校と工場・農場が併設され，学校が無理に増設されるようになった. 大躍進運動が失敗し，調整期に入ると，教育も量より質重視として，学校数や在学生が軒並み減少した. ちなみに1957年の小学校の就学率は61.7％であったが，1958年には80.3％となった. 1961年から調整策をとると就学率は大きく下降し，更に1962年から教育部が「重点校」を指定し，そこに教師，設備，後者などの資源を重点的に投入することとなったとする.

　高等教育機関（大学）については，1954年から重点大学指定が行われてきたが，現在では「双一流」大学に予算の重点配分を行っている. ウィキペディア「双一流[2)]」によれば，世界一流大学・一流学科の略称で，21世紀中葉に高等教育強国を築き上げることを目標とする教育政策であり，2017年9月に42校が一流大学に，140大学から465学科が一流学科に選ばれた. なお「双一流」は5年に1度見直しが行

われることになっており，これにより大学間競争を促進し，各大学の研究レベルの向上を図っているとする．これまでの「211工程」「985工程」などの重点校政策は，「双一流」に統合されていると教育部から説明がされたとのことである．

　高等教育の重点校政策拡大の背景について，劉［2007］は1990年代末から飛躍的展開を遂げた高等教育拡大の重要な担い手は，地方政府所管の専科課程と本科課程であったが，専科課程は職業教育への特化が行われ，本科課程は一層峻別されることとなった．少数の重点大学への研究水準を素早く向上させるために，中央政府所管大学を中心とする重点大学を研究型大学に，地方政府所管大学からなる一般大学を教育型大学へと本科大学の機能分化が行われたとする．

（3）教育の市場化

　これまでの章でも，中国は1993年改定憲法において自国を「社会主義市場経済」であると規定していると述べてきたが，教育の市場化とは何であろうか．篠原［2009］は，教育の市場化とは「公費教育を縮小し，私学化を進める」ことであり，国家による公教育制度（教育行政，学校管理）の運営を改革するという側面を持つ．市場化によって，市民社会と市民精神の形成を促進するという期待もあるが，否定的な意見もある．市場が基礎的な役割を果たすといっても所詮社会主義公有制という枠の中での限定された役割であることが大きな理由であるとする．

　篠原［2009］によれば，1982年憲法では，国家以外の集団経済組織，国家企業組織その他の社会組織（社会力量）が学校設置主体として承認されている．しかし1982年当時でも北京市や上海市などの沿海部を中心として個人による学校設置が進行していた．1987年には，社会力量の範囲として，様々な組織に加え，国家の批准を経た個人も設置主体として認めた．1992年には，教育は国家事業であると共に「第3次産業」であるとし，1994年には民営学校が社会主義教育体系の構成部分であることを前提に多様な方法と形式で学校設置・運営を行うことを奨励した．1995年施行の「教育法」で，企業や個人が学校設置主体となることが確定された．

　中国の民営学校（私立学校，中国語では民办学校）には次のような特色がある．

　　① 学校株式会社の株式は貨幣でも土地の使用権や知的所有権でも金銭に換算して払い込み可能である．
　　② 公立学校による私立学校の設置．「公立重点校」と呼ばれる中高一貫校から中等部を切り離して民営学校とし，経営者や教員は母体校の兼務．ただし授業料収入を学校歳入費に充当．地方政府の歳入問題を解決．
　　③ 公立学校の民間委託．「転制学校」と呼ばれ，国家（地方政府を含む）が校舎，教師編成と学校運営を提供，保護者より学費が徴収され，校長と理事会に運営が委託．

　こうして1990年代初めから設立が本格化した民営学校の現状はどうなっているであろうか．表7-2のとおり，教育部の資料によれば，幼稚園から大学まで合計で

表 7 - 2　　民営学校（民办学校）の現状 (2019年)

	単位	幼稚園	小学校	中学校	高校	職業中学	大学
校数	個数	173,000	6,228	5,793	3,427	1,985	757
在学生数	万人	2,649.4	944.9	687.4	359.7	224.4	708.8
対全学生比率	%	19.9	9.0	14.2	14.9	14.2	23.4

(注1) 職業中学は，中国では中職学校とよばれ，義務教育終了後の職業学校．
(注2) 大学は本科・専科合計．
(出所) 教育部ホームページ (http://www.moe.gov.cn/jyb_sjzl/s5990/202008/
　　　 t20200831_483697.html).

表 7 - 3　　教育関連経費推移 (単位：10億元)

	政府歳出	民営学校スポンサー収入	寄付金	事業収入	うち授業料	合計（その他収入を含む）	対 GDP 比 (%)
1992年	72	2	6		4	86	3.16
1995年	141	8	16		20	187	3.05
2000年	256	12	11	93	59	384	3.83
2005年	515	45	9	233	155	841	4.49
2010年	1,467	10	10	410	301	1,956	4.75
2015年	2,922	18	8	580	431	3,612	5.24
2018年	3,699	24	9	773	589	4,614	5.02

(出所)『中国統計年鑑』に基づき筆者作成．

全国に19万2000の民営学校があり，在校生は5616万人に上る．幼稚園から大学までの内訳は**表 7 - 2**のとおりである．全在校生に対する比率は，義務教育である小学校が最も低く，9.0%となっている．同じく義務教育である中学校では14.2%と高くなるのは，受験戦争に備えてのことであろうか．大学では全大学生の23.4%が民営学校の在校生である．

（4）教育経費の財源

　表 7 - 3 は，教育経費の財源の内訳である．2018年で，政府歳出，民営学校のスポンサーからの収入，寄付金，授業料などの事業収入が主たる財源である．2018年で，4 兆6140億元の内，公的負担が80.1%の 3 兆6990億元を占める．授業料収入は5890億元で，12.8%である．
　教育支出の公的負担と授業料などの私的負担の合計額の対 GDP 比率は，1995年の3.05%から年々上昇し，2018年では5.02%となっている．教育支出の公的及び私的負担の合計は，2009年において OECD 諸国平均で5.7%，日本は5.0%であった[3]ので，中国における教育支出のレベルは，2018年には先進国並みに到達していると言える．

（5）科学技術立国への道

　義務化による教育の普及と高等教育の発展をベースに，4 つの近代化の 1 つである科学技術の近代化を目指してきた中国であるが，現状での成果はいかがであろう

表 7 - 4　科学技術論文数ランキング

	2004～2006年			2014～2016年		
	論文数	シェア	順位	論文数	シェア	順位
米国	228,849	25.7	1	273,858	19.3	1
日本	67,696	7.6	2	63,330	4.5	4
中国	63,296	7.1	3	246,099	17.4	2
ドイツ	59,646	6.0	4	65,115	4.6	3
英国	51,976	5.8	5	59,688	4.2	5
フランス	36,337	4.3	6	45,337	3.2	8

(出所) 文部科学省 [2019].

表 7 - 5　重要論文数ランキング

	2004～2006年			2014～2016年		
	論文数	シェア	順位	論文数	シェア	順位
米国	34,127	38.4	1	38,736	27.4	1
英国	6,503	7.3	2	8,613	6.1	3
ドイツ	5,642	6.4	3	7,755	5.5	4
日本	4,559	5.1	4	4,081	2.9	9
中国	4,453	5.0	5	24,136	17.0	2
フランス	3,833	4.3	6	4,862	3.4	6

(出所) 表 7 - 4 に同じ.

か. 高等教育については, 近年大学の世界ランキング[4]などがわが国でも注目を集め, 清華大学や北京大学がランキングの上位に入るようになり, 研究水準はわが国の大学よりも上位にあると評価されているようである.

研究水準については, 文部科学省 [2019] が科学分野の論文数と, 他の論文に引用される重要論文数 (被引用数 Top10%補正論文数) の国・地域別ランキングを調べており, その結果は**表 7 - 4**, **表 7 - 5**のとおりである. それによれば, 中国の論文発表件数は2004～2006年では, シェア7.1%で世界 3 位であったが, 2014～2016年では米国と肩を並べる地位にまで上昇している. また重要論文数では, 2004～2006年では世界 5 位であったものが, 2014～2016年では, 米国に次いで17%のシェアを持つ地位にまで上昇し, 欧州や日本を圧倒している.

第 3 節　結　論

1. 中国では, 科挙による官僚登用制度とそのためのエリート育成教育という伝統があるが, 清代末期から近代化の一般大衆への教育の必要性も叫ばれてきた. 中華人民共和国成立後は, 政治的混乱はあったものの初等中等教育が普及し, 改革開放路線採択後は, 高等教育にも力を入れてきた.

2. 就学率, 進学率で見ると, 義務教育はほぼ100%達成され, 高校進学率, 大学進学率も先進国並みの水準となっている. また, 教育費は公的負担,

私的負担合計して GDP の 5 ％を超え，これも先進国並みとなっている．

3．他のシステムと同様に，教育システムも中央政府と地方政府の両方が担当を分担しながら監督・管理している．計画についても10カ年の長期計画と五カ年計画に合わせた教育部門の計画が行われている．

4．教育伝統として技術や創造性，実践能力の軽視が懸念されるが，初等中等教育では理科教育やイノベーション人材の育成を重視ている．また，重点大学を指定し，予算を優先的に配分する方法をとっているのも国家戦略に沿った人材育成を行うためであろうと推測される．

5．1990年代初めから，教育の民営化が進められてきた．現在では在校生で見て，幼稚園では20％，大学などの高等教育では24％など，各レベルの学校で民営化が進んでいる．民営化の進展は，教育予算の制約を緩和するばかりでなく，既存の公有，国有の学校にとっても刺激となっていると思われる．

6．科学技術関連の論文数のランキングを見ると，ここ数年で米国とほぼ肩を並べるレベルにまで到達しており，教育の普及と高度化が成功した 1 つの証左であると評価できる．

注

1 ）ウィキペディア「科挙」による．https://ja.wikipedia.org/wiki/%E7%A7%91%E6% 8C%99, 2021年 6 月29日最終閲覧．

2 ）https://ja.wikipedia.org/wiki 双一流 /, 2021年 6 月29日最終閲覧．

3 ）文部科学省ホームページ資料．https://www.mext.go.jp/b_menu/hakusho/html/ hpab200901/1295628_005.pdf, 2021年 6 月29日最終閲覧．

4 ）例えば，Times World University Rankings の2021年版では清華大学が20位，北京大学が23位にランキングされている．https://www.timeshighereducation.com/world-university-rankings, 2021年 6 月29日最終閲覧．

第8章　中国の経済システム
──中国経済は「地域分散型複合経済」である──

> 私はね，いつかも覚書に書いたとおり，現代におけるそのように巨額な報酬こそは，わが国のあやまれる経済政策を示すひとつの兆候だと思うがね．
> レフ・トルストイ『アンナ・カレーニナ』（木村浩訳，新潮文庫）

　この章では，質的側面を中心として，中国経済はどのようなシステムかを考察する．第1節では，これまでの各章の議論の前提としてきた中国経済の特徴を考察する．第2節では，中国経済に関わるいくつかの論点について整理し，現状を分析する．第3節では，中国と欧米先進国との経済運営における最大の違いであると思われる「五カ年計画」について概要を紹介し，その特徴について考察する．第4節では，米国と対比するという意味で，「ワシントンコンセンサス」と「北京コンセンサス」を考察する．第5節では，「中国型資本主義」についての議論を進め，「地域分散型複合的資本主義」と特徴づけられることを論じる．第6節は，結論である．

第1節　中国経済の概観

　中国経済は，次のような特徴をもつ．

　①広大な国土を有すること．
　②大人口国であること．

　これらの諸点については，言うまでもないことであるが，念のために確認しておこう．国土面積は，**表8-1**のとおり，世界でロシア，カナダ，アメリカに次いで第4位であり，全世界の地上面積の7.1%を占める．

　人口は，**表8-2**のとおりであり，全世界人口の18.6%を占め，第1位である．長い間断然トップであったが，近い将来インドに抜かれると予想されている．にちなみ日本は，2018年まで第10位であったが，メキシコに抜かれ第11位となっている．

　一方，経済活動の片方の面である生産は，労働，資本，土地，および天然資源などの生産要素を用いて行われるので，資本投入が効率よく行われれば，人口，土地，天然資源が豊富であるという意味で中国は経済大国になる資格を十分に持っていると言える．

表8-1　国土面積

	名称	単位：km2
―	合計	133,749,013.24
1位	ロシア	17,098,242.00
2位	カナダ	9,984,670.00
3位	アメリカ	9,833,517.00
4位	中国	9,596,960.00
5位	ブラジル	8,515,770.00
6位	オーストラリア	7,741,220.00
7位	インド	3,287,263.00
8位	アルゼンチン	2,780,400.00
9位	カザフスタン	2,724,900.00
10位	アルジェリア	2,381,741.00

（出所）世界経済のネタ帳　ホームページ（https://ecodb.net/ranking/area.html）.

表8-2　世界の大人口国（2019年）

順位	国名	単位：100万人
―	合計	7,713.47
1位	中国	1,433.78
2位	インド	1,366.42
3位	アメリカ	329.07
4位	インドネシア	270.63
5位	パキスタン	216.57
6位	ブラジル	211.05
7位	ナイジェリア	200.96
8位	バングラデシュ	163.05
9位	ロシア	145.87
10位	メキシコ	127.58

（出所）United Nations, *World Population Prospects, 2019 Revision.* (https://population.un.org/wpp/Download/Standard/Population/)

　事実，1979年末の改革開放路線採択以降の高成長によって，**表8-3**のとおり購買力平価では，世界第1位の経済規模となり，市場為替レートで換算すると米国に次いで世界第2位の経済規模を誇るようになった．なお，市場為替レートで換算した世界のGDPに対する比率は15.7%である．人口の比率に比べると若干低いシェアとなっていることは，世界平均に比べて1人当たりGDPがまだ若干少ないことを物語っている．

　③地域的な多様性を持つこと．

　また，①，②の特徴から，地域的な多様性がみられると共に，31の省・自治区，直轄市が横並びの競争を繰り広げることによって，均質性，均一性も観察される．ここでいう多様性とは，市場が同一であれば，同じように変動するはずのインフレ率，経済成長率が，大きなタイムラグを伴い，時には逆方向に変動することである．例えば，古島［2002，第4章；2012，第1章］は，各省・特別市間のインフレ率，経済成長率に相関が小さいあるいは逆相関であることから各地域の多様性を示す証左の1つであると主張している．一方で，高速道路網などのインフラ整備の進展や，全国規模での配送サービスの拡充，さらには労働力移動の自由化・弾力化，などによって，多様性が薄らいでおり，各地域の経済活動が同時性を強めているものと想像される．

　④低開発国・発展途上国から中進国，更には先進国へ移行している過程にあること．
　⑤計画経済から市場経済に移行している過程にあること．

　1978年末に改革開放路線が採択されるまでの中国経済は，計画経済のもとで非効率な資本投入が行われ，労働者1人当たりの資本ストックが小さく，従って生産性

表 8 - 3　GDP 比較　(2019年)　単位：10億米ドル

名目為替レートで換算			購買力平価で換算		
順位	国名	10億 US ドル	順位	国名	10億 US ドル
－	合計	87,552		合計	134,557
1位	アメリカ	21,433	1位	中国	23,393
2位	中国	14,402	2位	アメリカ	21,433
3位	日本	5,080	3位	インド	9,542
4位	ドイツ	4,862	4位	日本	5,450
5位	イギリス	2,831	5位	ドイツ	4,672
6位	インド	2,819	6位	ロシア	4,136
7位	フランス	2,716	7位	インドネシア	3,332
8位	イタリア	2,041	8位	ブラジル	3,223
9位	ブラジル	1,839	9位	イギリス	3,254
10位	韓国	1,647	10位	フランス	3,228

(出所) International Monetary Fund (IMF), *World Economic Outlook Database, October 2020.*

の低い，低開発国のような状態にとどまっていた．1978年末から市場経済，すなわち価格メカニズムを通じて需要と供給が調整されるメカニズムを段階的に導入した．この結果，第１章で見た通り，１人当たり GDP は，1980年の307ドルから2019年には１万286ドルへと33.5倍と大幅に上昇した．購買力平価で換算すると，同期間に54.4倍と驚異的な上昇を示した．

　なお，加藤・梶谷［2018］は，中国はいかにユニークかについて，広大かつ多様な国土，二重の移行過程のほか，「中華思想」という１つの統合原理を持つことをあげる．この原理は，多民族，超民族的な地域・集団をまとめる統合原理であるとともに，中国ナショナリズムとしての中華思想，中華民族を創出する過程でもあると考える．中華思想については，第１章でも取り上げたところである．

第 2 節　中国経済の論点

　中国経済の表面的な特徴は以上の見てきたとおりであるが，いくつかの点について，これまで議論が重ねられてきた．これらの諸点について，現状はどうか簡単な分析を試みたい．

（1）中進国の壁

　丸川・梶谷［2015］は，2007年の世界銀行レポートが中国の経済学者の間で大きな反響を呼んでいることを紹介している．その内容は「中所得国の罠 middle income trap」であり，1960年に中所得国だった101か国・地域のうちで2008年の時点で高所得国になったのは13か国に過ぎず，残る88か国は中所得国のままであったとし，中国にもその可能性があるというものであった．なお，別の報告［World Bank and Development Research Center of the State Council, the PRC 2012］では，中国は，この

表8-4　所得による国の分類

カテゴリー	所得額	国・地域数
低所得国	〜＄1,035	35
下位中所得国	＄1,036〜＄4045	54
上位中所得国	＄4,046〜＄12,535	55
高所得国	＄12,536〜	76

（出所）世界銀行ホームページ（https://datahelp
desk.worldbank.org/knowledgebase/arti
cles/906519-world-bank-country-and-len
ding-groups）.

壁を乗り越えることができるが，同時に高齢化問題，所得格差，環境問題，貿易不均衡問題などへの適切な対処が必要であるとしている.

　2008年当時の1人当たり所得（GDP）は，3500ドル程度であったので，こうした懸念は十分に理解できるものであった．その後も中国は高成長を続け，2019年の1人当たり所得は1万ドルを超え，**表8-4**の世界銀行の定義する高所得国へは今一歩のところまで到達している.

（2）所得の格差

　中国の所得格差問題は，前述した中国経済の特徴である，① 低所得国・発展途上国から高所得国・先進国への移行の途中にあること，② 計画経済から市場経済への移行の途中にあること，に加えて，③ 農村部と都市部を分けてきた戸籍制度による労働力の移動の制限，さらに最近では，④ 高齢化の進行，⑤ 資産所得の動向といった5つの側面からの検討が必要である.

（ア）低所得国からの経済発展

　経済発展に伴って1人当たり所得で見た所得格差がどのようになるかについては，Kuznets［1955］が主唱した「クズネッツの逆U字仮説」が有名である.

　経済発展に伴い社会の不平等は拡大するが，その差はやがて自然に縮小され不平等が是正されるとするものである．横軸に例えば1人当たり所得などの経済発展指標，縦軸にジニ係数などの社会の不平等をとると，中心が高くもりあがった逆U字型の曲線となる．Williamson［1991］も英国，米国の長期データから同様の観測を行っているが，その理由としては，経済発展の当初は，工業部門が発達し，生産性の格差から工業部門の労働者などの所得が他部門に比して増加し，格差が拡大するが，やがて他部門の労働者も不足してくるので，他部門の賃金が上昇し，格差が解消に向かうとしている.

（イ）計画経済から市場経済への移行に伴う格差の拡大

　計画経済から市場経済の移行にあたって，所得の格差が拡大する要因は次のようなものであった．統制された価格が次第に自由化される過程で，市場価格が上昇するような財を生産する部門の賃金が上昇し，そうでない部門との賃金格差が拡大する．企業の業績を反映して，賃金や経営報酬が決定されることから，好調な部門や

企業の経営者・従業員の報酬・賃金が増加する．さらに外資導入が盛んに行われるようになったことから，外資系企業の経営者・従業員の報酬・賃金が増加する．外資系企業が認可された地域は当初沿海部に限られていたから，沿海部と内陸部の賃金格差が拡大するという地域間の所得格差の要因でもある．

（ウ）農村部と都市部の格差拡大

中国の戸籍制度は，農村戸籍（農業戸口）と都市戸籍（非農業戸口）に分かれ，国民，労働力を農村部と都市部とに分かつ二元的な管理制度がとられている．1978年末からの改革開放路線の採択によって一挙に価格自由化や経営の自主権が認められたわけではなく，段階的に進められてきたが，農村部と都市部を言う区分けで見ると，農村部の農業，工業の自由化がまず進められた．人民公社の社隊企業などの軽工業を中心とした農村部の工業部門は，輸出向けなどの消費財生産工業を主とする企業へと再編された．これらの農村の企業部門は郷鎮企業とよばれ，改革開放路線当初の工業躍進の担い手としての役割を果たした．

こうした経緯を踏まえると，格差は工業部門を抱える都市部の所得がまず増大し，農村部との格差が拡大するが，農村部でも郷鎮企業などの工業部門の大きな地域と伝統的農業部門の比重の大きな部門との所得格差が拡大してきたと考えられる．また，農村部から都市部への戸籍の異動が原則禁止されるなか，出稼ぎ労働者（農民工）という形での労働の実質的な移動が可能である地域とそうでない地域の所得（農村部から見れば出稼ぎ労働者からの移転所得の有無）が格差拡大の原因となってきたと思われる．

まず都市部の可処分所得を31省・自治区・直轄市についてみると，表8-5のとおりであり，これまで2倍強であった最高所得と最低所得の地域格差が，2018年でも続いている．

一方，農村部については，表8-6のとおりであり，軽工業や商品作物の比重が多いであろう高所得地域とそれ以外の地域に大きな差があったが，次第に差が縮小している．都市部と農村部を合わせてみると，2007年では，10倍以上であった地域差が縮小に向かっているが，これは農村部での格差縮小を受けての結果である．

（エ）高齢化の進行

中国では，最近になり緩和されたものの，1組の夫婦につき子供は1人までとする計画生育政策（一人っ子政策）が採られてきた．全国一律かつ厳格に適用された

表8-5　都市部の所得格差　（単位：元）

	1995年	2000年	2005年	2007年	2013年	2016年	2018年
最高所得	7,438	11,718	18,645	23,622	44,878	57,692	68,034
最低所得	2,863	4,766	7,990	10,012	19,873	25,694	29,957
最高/最低	2.6	2.5	2.3	2.4	2.3	2.2	2.2
最高省・市	広東	上海	上海	上海	上海	上海	上海
最低省・市	内蒙古	河南	新疆	甘粛	甘粛	甘粛	甘粛

（注）各省・自治区・直轄市の平均可処分所得．
（出所）『中国統計年鑑』に基づき筆者作成．

表 8 - 6　農村部の所得格差（単位：元）

	1995年	2000年	2005年	2007年	2013年	2016年	2018年
最高所得	4,245	5,596	8,247	10,144	19,208	25,520	30,374
最低所得	880	1,228	1,876	2,328	5,589	7,457	8,804
最高/最低	4.8	4.6	4.4	4.4	3.4	3.4	3.5
最高省・市	上海	上海	上海	上海	上海	上海	上海
最低省・市	甘粛	甘粛	貴州	甘粛	甘粛	甘粛	甘粛
最高/最低	8.5	9.5	9.9	10.1	8	7.7	7.7

（注1）各省・自治区・直轄市の平均純収入.
（注2）最後の列の最高/最低は都市部最高と農村部最低の倍率.
（出所）『中国統計年鑑』に基づき筆者作成.

訳ではないようであるが，人口増加を抑制する効果はあったと思われる．経済成長に伴い少子化の傾向がみられることは，先進各国でも観察されているが，中国も例外ではなく，2002年には65歳以上の高齢者が人口の7％を超え，高齢化社会に突入している．2025年にはこの比率が14％を超え，高齢社会となり，2035年には21％を超えると，国際連合では予想している［柴田 2019］．現役として就労している比率が減少するので，移転所得を考慮に入れても，所得格差は拡大に向かうであろう．

（オ）資産所得

　トーマス・ピケティは，クズネッツの逆U字仮説を否定し，米国などの先進諸国での貧富の格差は拡大していると指摘している．その理由としては，資本収益率が経済成長率よりも高いため，金持ちがますます金持ちになるメカニズムが働くためと考える［Piketty 2014］．中国でも所得格差以上に資産格差が拡大しているとみられ，資産から生まれる所得の格差は拡大していると思われる．『中国統計年鑑』には，各省の平均所得の内訳に資産からの所得があるが，少なく申告されている可能性もある．

　これらの要因全てを統合した所得の格差を，指標の1つであるジニ係数を使って表すとその推移は**表8-7**のとおりであり，同指標の公表されている2007年では，0.484であったものが，2016年には0.465と若干の低下を見せているものの，高止まりという状況が続いている．なお，OECD［2019］は，2019年のジニ係数を0.470としている．ちなみに，主要国のジニ係数は**表8-8**のとおりであり，所得格差の激しいとされる米国でも0.4を切っており，OECDの公表している諸国のうちで，0.4を超えているのは，サウジアラビア，コスタリカ，トルコ，チリ，メキシコに

表 8 - 7　ジニ係数推移

	2007年	2008年	2009年	2010年	2011年
ジニ係数	0.484	0.491	0.49	0.481	0.477
	2012年	2013年	2014年	2015年	2016年
ジニ係数	0.474	0.474	0.469	0.462	0.465

（出所）康［2019］．元の係数は国家統計局発表.

表8-8　ジニ係数の国際比較

中国	米国	英国	韓国	日本	イタリア	フランス	ドイツ
0.465	0.39	0.366	0.355	0.339	0.324	0.292	0.289

（出所）中国は康［2019］．その他は OECD（経済協力開発機構）ホームページ．

表8-9　家計収入と資産の関係

家計収入（単位：元）

	全国	都市部	農村部
平均値	134,970	159,633	101,605
中位値	95,720	117,000	73,475

家計資産（単位：元）

	全国	都市部	農村部
平均値	1,272,109	1,671,927	731,846
中位値	704,000	1,018,000	405,000

家計資産の収入に対する倍率

	全国	都市部	農村部
平均値	9.4	10.5	7.2
中位値	7.4	8.7	5.5

（出所）中南財経政法大学収入分配与現代財政研究院［2020］．

表8-10　家計資産の内訳（単位：元）

資産種類	全国	都市部	農村部
非金融資産	1,097,052	1,445,098	625,938
うち住宅	911,902	1,224,978	488,852
金融資産	197,381	252,288	123,186
住宅以外の負債	−22,325	−26,059	−17,278
総資産	1,272,109	1,671,927	731,846

（出所）表8-9に同じ．

過ぎず，中国のジニ係数がいかに高いかが分かる．

（3）資産の格差

　所得の格差は家計資産の格差につながる．特に中国の場合は，貯蓄率が高く資産の格差が急拡大していると推測される．しかし資産格差についての統計はほとんどない．数少ない資料である『中国居民収入与財富調査報告（2019年）』の内容を簡単に報告したい．サンプル数は9948で，全国に分布している．

　表8-9は，収入と資産の関係である．予想されるとおり，収入の大きい都市部の方が資産も多く，また収入に対する倍率も高い．資産の平均倍率は，都市部では，平均値で収入の10.5倍，中位値でも8.7倍と極めて高い．

　資産の内容を見ると，**表8-10**のとおりで，住宅（ローン控除後の純資産価値）が圧倒的に大きなウェイトを占め，都市部では73.3％，農村部でも66.8％を占める．住宅，特に都市部の住宅は，改革開放政策の進展にともない，所属先の単位などによって従業員を優先先として割り当てられてきた．その後，一般販売もされてきたが，頭金の調達や住宅ローンの借入が可能な富裕層が資産として保有するケースも増えたと伝えられているが，この表からも格差の主原因であることが分かる．

　当然のことながら，資産格差は所得格差よりも大きくなる．**表8-11**は，家計資産の保有状況を，所有者別に少ない順から20％ずつ5段階に分け，各層が全体のどの程度割合の資産を保有しているかを表したものである．これによれば，最も資産

表8-11　階層別資産の保有状況（単位：元，%）

	Ⅰ	Ⅱ	Ⅲ	Ⅳ	Ⅴ
資産平均	100,698	376,985	709,306	1,255,850	3,919,933
占有率	1.6	5.9	11.2	19.7	61.6

（注）家計を資産の少ない順にⅠ～Ⅴまで20%ずつ分類し，各層が全体の
　　何%を保有しているかを表示したもの.
（出所）表8-9に同じ.

を保有していない世帯では，平均して10万元，合計して全体の1.6%の資産しか保
有していない．一方，最も資産を保有している層は平均して392万元，全体の
61.6%の資産を保有している．家計資産で見ても，中国は格差社会となっていると
言える．家計資産のほとんどが住宅であることは，個人は土地の所有権を持ってお
らず，また所有者の確認が難しくないので，当局による資産税や相続税などでの徴
税は難しくないことになる.

（4）技術開発力

　中国は世界最大の輸出国となったが，その半分は進出した外資系企業によるもの
であり，その他も模倣によるものや，知的所有権を詐取したものであるという批判
すら浴びている．中国政府も独自技術の開発を最優先課題に挙げており，2015年5
月に「中国製造2025」を発表した．これは，次世代情報通信規格（5G）や新エネ
ルギー自動車など10の重点分野と23の品目を設定し，製造業の高度化を目指し，建
国100年を迎える1949年に「世界の製造強国の先頭グループ」入りを目指そうとす
るものである.

　金［2017］によれば，「中国製造2025」の背景には，①量的拡大モデルからイノ
ベーションや生産性向上を伴う質的モデルへの転換，②品質，ブランド及び生産
性の向上，自主技術開発，エコ化の推進，クラウド・ビックデータなどのIoT技
術の活用による産業変革を含む産業政策の立案などがあるとする．これに対して，
欧米諸国は，補助金や許認可などの政府の介入を強め，市場化に向けた改革に逆行
し，WTOの自由貿易原則に違反していると批判的であるとする．特に米国の反発
は強く，5Gを巡る華為技術の排除など米中摩擦の大きな焦点となっている.

　金［2017］は，「中国製造2025」に対する中国国内のエコノミストの考え方を紹
介しているが，必ずしも賛成一色ではなく，産業政策は形を変えた計画経済であり，
一定の産業に対する差別優遇は，レントシーキングや汚職をもたらすとして慎重論
もあるとしている.

　米国は中国が財・サービスの生産額や貿易額ばかりでなく，科学技術の面でも米
国のライバルとなることを強く警戒している．例えば，議会向けの調査サービスで
は，「中国製造2025」について，中国は産業政策によって世界の最新・最先端の民
用・軍事技術でのリーダーシップを確立しようとし，政府が中国企業に指示・資金
を与え米国が優位を持つ宇宙，半導体，ミクロ電子，医療などの分野でのノウハ

表8-12　GAFA に対する中国のライバル企業一覧

中国名	百度	阿里巴巴集団 （アリババ）	騰迅控股 （テンセント）	華為技術
英語名	Baidu, Inc.	Alibaba Group Holding Ltd.	Tencent Holdings	Huawei Technologies Co., Ltd.
創業者 設立年月日	李　彦宏 2000年11月	馬　雲 1999年3月	馬　化騰 1998年11月	仁　正非 1987年
主要業務	ネット検索サービス	ネット通販（淘宝網，天猫）	対話アプリ（微信）	通信機器，通信基地局設備，中継局供給，ネットワーク構築
資本勘定（100万元）	162,897	492,257	386,456	n.a.
総資産（100万元）	297,566	965,076	816,864	n.a.
売上高（100万元）	106,583	375,844	380,958	240,000（2013年）
主要株主	Lobin Yanghong Li 16.1%, Baillie Gifford & Co. 6.2%	Softbank Group Corp. 25.9%, Alibaba Inc, 9.4%, Jack Yun Ma 6.2%	Napers 31.3%, Advance Data Services（馬化騰）8.6%	仁　正非他従業員
従業員数	42,267	101,958	56,310	180,000
時価総額（10億ドル）		566	501	
競合他社の時価総額（10億ドル）	Google は977	Amazon は1,379	Facebook は641	Apple は1,378

（出所）『中国株二季報』DZH フィナンシャルリサーチ社に基づき筆者作成．時価総額は，「Think 180 around」ホームページ（https://www.180.co.jp/world_etf_adr/adr/ranking.htm）より．

ウ・知的所有権を獲得しようとしているとする［Congressional Research Services 2020］．

　また，貿易摩擦以前の問題として，米国が圧倒的な優位を持つ GAFA とよばれる情報・ネット関連企業が中国市場には全く食い込めないことへの不満があるのではないかと思われる．GAFA とは，ネット検索の Google，ネット通販の Amazon，ネット通信の Facebook，携帯電話の Apple をさすが，Apple を除いて全く中国市場に食い込めていない．その Apple も最近では，華為技術や小米に差をつけられてきている．中国側のライバル企業は表8-12のとおりである．

　近藤［2018］によれば，習近平政権は，グーグル，フェイスブック，ツイッター，ヤフー，LINE など海外のサーバーを持つ SNS を中国から追放したとするが，必ずしも政策の結果締め出されたということだけではなく，梶谷・高口［2019］によれば，アリババがアマゾンに勝利した理由は，アマゾンがモノ機軸の EC（Electric Commerce: 電子商取引）から抜け出せなかったのに対して，アリババは対ヒト機軸の EC を打ち出し，だれがモノを売っているのか（売っている人は信用できるのか），だれがモノを買っているのか（代金は回収できるのか）と中国での EC の問題点を克服したことが大きいと指摘する．

　技術開発力問題は今後の中国経済をどのように影響を与えるであろうか．第1に，

これまでの改革開放路線の下で，中国が高成長を遂げたのは，高い投資率と輸出比率であるが，それは技術開発力に支えられたものであり，外国からの直接投資に伴う技術導入などが活発に行われてきた結果でもある．中国が急速に技術面でも先進国にキャッチアップしてきた結果，中国企業が最大のライバルであるか，今後最大のライバルになる可能性がある．こうした中で，米中貿易戦争とそれに伴う最先端技術への供与制限が現実のものとなってきた．こうした動きは，中国の経済にマイナスの影響を与えざるを得ないであろう．

第2には，中国が急速に技術先進国化してきたとはいえ，応用技術に限定した優位性であり，基礎技術ではいまだに先進国との差があるのではないかという点である．梶谷・高口 [2019] によれば，中国は　高速鉄道，EC，モバイル決済，シェアサイクルを新四大発明と呼んでいるとのことであるが，中国で独自に開発された技術はなくいずれも外国からの転用ないし応用である．また，中国は SNS 関連（インターネットショッピング，スマホ決済システム），新幹線，フィンテック，太陽光発電，ドローン等に優位性があるように思える．しかしながら，例えば，同じ SNS 関連であっても量子力学と量子コンピュータなどの分野や，バイオ分野も技術はともかく，基礎医学ではどうかなど，基礎科学分野では見劣りがする．

（5）資本の効率性

経済成長理論の1つであるハロッド＝ドーマーモデルは，ケインズ経済学モデルであり，高貯蓄，高投資を続けることによって高成長を達成することができるとする．このモデルでは，投資による需要拡大効果と供給拡大効果が一致する成長率を保証成長率とよぶ．この時，保証成長率は，以下述べるように，限界貯蓄性向を資本係数（$v = K/Y$）で割ったものに等しくなる．この資本係数は，資本 K が生産量 Y に対してどの程度貢献しているかを示し，一定であると仮定されているので $\Delta K = vx\Delta Y$ と表せる．$\Delta K = I$ であるから，$v = I/\Delta Y$ であるので，保証成長率は $\Delta Y/Y = s/v$，つまり成長率は限界貯蓄率を資本係数で除した数値となり，投資すればするほど経済成長は高くなる．

牧野 [2016] は，30年間にわたり高成長を続けてきた中国経済も，近年はその成長力に陰りが見え始め，2013年11月に誕生した習近平指導部はこの事態を「新常態」と名付け，構造調整を進め，経済成長の質と効率を重視する政策への転換を図りつつある．資本係数は，2007年ころから上昇し始め，特に2010年ころから上昇テンポは急になった．資本係数のトレンドをベースにそれとのかい離を資本設備の過剰率として計算すると2011年と2012年の過剰率は最も高くなっている．この原因は供給サイド改革の重点分野の停滞という体制移行の罠と中所得国の罠の二重の罠によるものであるとする．

関 [2016] は，成長率は，投資率と投資効率（限界産出・資本比率）の積で表せ，投資効率が変わらなければ成長率は投資率と正の関係にあり，中国は2010年から2013年の世界200か国の中でも中国は強貯蓄による工業化の突出ぶりが目立つと

表 8 -13　資本係数の推移（単位：%，倍）

	2001年	2002年	2003年	2004年	2005年	2006年
実質成長率	8.3	8.1	10.0	10.1	11.4	12.7
投資率	36.5	37.8	41.0	43	41.5	41.7
資本係数	4.40	4.67	4.1	4.26	3.64	3.28
	2007年	2008年	2009年	2010年	2011年	2012年
実質成長率	14.2	9.7	9.4	10.6	9.5	7.9
投資率	41.6	43.8	47.2	48.1	48.3	47.8
資本係数	2.93	4.52	5.02	4.54	5.08	6.05
	2013年	2014年	2015年	2016年	2017年	2018年
実質成長率	7.8	7.3	6.9	6.7	6.9	6.6
投資率	47.3	46.8	44.7	44.2	44.4	44.8
資本係数	6.06	6.41	6.48	6.6	6.43	6.79

（出所）『中国統計年鑑』に基づき筆者作成.

する.

　ハロッド＝ドーマーモデルでは，資本係数は一定と前提されているが，経済成長率と投資率（貯蓄率）から資本係数を逆算してみたい．経済成長率は，$\Delta Y/Y = \Delta K/Y \times \Delta Y/\Delta K$ であり，$\Delta K/Y$ は，投資率である．また，$\Delta Y/\Delta K$ は，追加的な資本量がどれだけ生産を増加するかを表し，資本係数の逆数である．この関係を利用して資本係数を隔年ごとに計測すると，表 8 -13のとおりである．資本係数が小さければ小さいほど，投資の効率が高くなり，少額の資本追加（投資）でより高い成長が可能になる．

　表 8 -13のとおり，資本係数は，2007年の2.93を底にして，上昇しており，2018年では6.79となっており，急激に資本効率が悪化している．資本係数が上昇しているということは，中国の高成長を支えてきた高貯蓄率＝高投資率が以前ほどには，高成長に貢献しなくなっていることを意味する．なお，限界資本係数が上昇していることは，経済成長理論の言う収穫逓減が働いているためであるという側面も意味する.

（6）成長けん引力としての輸出

　ハロッド＝ドーマーモデルは，前述した財市場の均衡をもたらす保証成長率と労働力の伸び率と技術進歩の伸び率からなる自然成長率の一致を均衡条件とする．しかしながら，現実の経済では，財市場の均衡だけでも達成するは大変である．投資によって拡大した生産能力をとりあえず輸出に振り向けることが出来れば，さらに高投資，高成長を続けることができる．第 2 章でみたように，21世紀に入ってから加速した中国の高成長は，2000年に加入したWTO（世界貿易機関）によって弾みがついた輸出の伸びによるところが大きい．しかしながらこうした中国式高成長の図式は，最終需要に占める輸出の伸びが限界を迎えたことで，頭打ちとなっていた.

　純輸出のGDPに占める比率は2007年の8.7％をピークに減少に転じており，

表 8-14　支出国内総生産（単位：%）

	1995年	2000年	2005年	2010年	2015年	2019年
最終消費	59.3	63.9	54.3	49.3	53.7	55.4
資本形成	39.0	33.7	40.3	47.0	43.0	43.1
純輸出	1.7	2.4	5.4	3.7	3.3	1.5
支出国内総生産	100	100	100	100	100	100

（出所）『中国統計年鑑』.

2018年では0.8%と大幅に低下した．2019年では1.5%にまで回復したが，かつてのような輸出依存の経済成長を続けることは難しい（表 8-14）.

　理由の第1は，最大の輸入国である米国による貿易摩擦を理由とした経済制裁であり，早期の解決は難しいと思われる．第2は，米国以外の欧州はじめ各国にしても，中国からの輸入は相当のウェイトに達しており，仮にその国にとって大幅な伸びとなっても，大国となった中国にとっては大きなウェイトではなく，経済成長には大きく貢献しなってしまっていることである.

　薛［2016］も主張するように，輸出の伸長が経済成長をけん引する理由は，有効需要を作り出しているばかりでなく，輸入の拡大を可能にする点にもあり，輸出の伸び悩みは中国経済の成長制約要因の1つとなろう.

（7）「大循環」と「双循環」

　こうした輸出主導型経済成長が頭打ちとなったことが一因となってか，「国内大循環」と「国内国際双循環」という言葉を聞くようになった．循環という聞きなれない言葉の由来について，徐［2021］は1987年10月に国家改革委員会副研究員の王建が発表した「国際大循環経済発展的構想について」が嚆矢であり，王は「労働集約的産品を輸出し，獲得した外貨を重工業発展の為の資金や技術獲得に使用し，重工業発展で得た資金をもって農業を支援する」ことを提唱したとする．この国際大循環構想は政策決定者の注目を集め，沿海発展戦略を促進することとなったとする．循環とは，直接には相互に関係のない部門間に資金などを流通させる仕組みを作り，国民経済全体のレベルを向上させることを意味すると思われる.

　胡他［2020］は，中国は人口が14億人の大国であるから，内需が経済発展の基礎であり，原動力であるので，国内大循環を打ち立てることにより経済の発展と安定を図ることが必要であるとする．さらに続けて，中国は1人当たりの資源がまだ乏しいので，経済発展のためには国内国際の2つの資源と市場とを活用しなければならず，「双循環」によって質の高い経済成長を遂げることが出来るとする．このために，第13次五カ年計画においては，第1に国内の需給を十分に満足させることが必要であり，第2に実体経済と，技術革新，近代金融，人的資源が歩調のとれた発展を遂げることが必要であり，第3に生産，分配，流通，消費がスムーズの行われることが必要であるとする.

（8）「新常態」の中国経済

「新常態」（New Normal）という言葉をよく目にするようになったが，関［2015］によれば，2014年5月に習近平総書記が河南省視察の折に，「新常態に適応し，戦略的平常心を保つ必要がある」旨の発言をしたのが最初であるとされる．これまでの高度成長が終焉したという認識であり，関［2015］は，「新常態」の特徴として，① 成長率の大幅な低下，② 労働力などの生産要素の投入量の拡大による成長からイノベーションによる生産性上昇による成長への転換，③ 需要（外需中心から内需中心へ，投資中心から消費中心へ），産業（製造業からサービス業へ，高付加価値産業へのシフト）などの経済構造の改善，④ 金融・財政リスクの顕在化を挙げ，その背景にあるのは生産年齢人口の減少（人口ボーナスの消失），農村部における余剰労働力の枯渇（ルイス転換点の到来）に伴う労働力不足にあるとする．つまり「新常態」とは，量から質への転換であり，低開発国・中進国から先進国への脱皮の過程にあるという認識を指すと言える．

第3節　五カ年計画の概要とその意味

中国経済における政府の役割が大きいことの論証となっているのが，最近では，「一帯一路」構想や「中国製造2025」計画など政府の主導による構想・計画の故であるが，もっとも我々の耳目を引くのは何といっても「五カ年計画」であり，何かについて引用されるその名称の「計画」の2字の故であろう．五カ年計画は，正式には「中華人民共和国国民経済及び社会発展五カ年計画綱要」とよばれ，中国の経済計画の中で最も重要なものとされる．中国語では以前は計画であったが，2006年の第11次計画から「規画」に表記が変更されている．

表8-15は，これまで策定された五カ年計画の一覧であるが，第1次五カ年計画は1953年にスタートしている．国家の中心計画である五カ年計画はどのような手続きを経て定められるのであろうか．第1次計画は，旧ソ連邦の全面的なサポートのもとに策定されたが，基本となっていたのは，156におよぶ工業プロジェクト建設であった．田中［2006］は，重工業重視，農業・軽工業軽視の計画であり，この計画が全国人民代表大会（以下「全人代」）で正式承認されたのは，1955年7月のことで，計画がすでに半ば実施された後のことであった．五カ年計画は，発足当初から議会の民主統制の外側にあったのであるとする．1958年からの第2次計画（～1963年）は，同年に始まった大躍進政策の失敗により途中で頓挫し，次の五カ年計画が始まる1966年までの3年間は空白期となっている．更に第3次五カ年計画は，始まったとたんに文化大革命の嵐に見舞われている．

田中［2006］によれば，第1次から第6次までの五カ年計画は，最高指導者の恣意に大きく左右され，権力闘争の勝者により度々修正されたため，およそ一貫性を持つものではなく，また第2次から第5次までの五カ年計画は，全人代の審議・承認を経ておらず，正式公布すらされていないとする．一応の手続きを経て制定され

表 8-15　中国五カ年計画一覧

計画名	期間	重点産業	備考
第 1 次	1953年～1957年	省略	ソビエト連邦にならい，工業化を目指し開始．
第 2 次	1958年～1962年	省略	大躍進政策失敗の影響で有名無実化．
第 3 次	1966年～1970年	省略	開始が大幅に遅れ，さらに1966年より文化大革命が開始され経済活動が著しく停滞．
第 4 次	1971年～1975年	省略	文化大革命期で経済活動が停滞．
第 5 次	1976年～1980年	省略	1976～1985年国民経済発展十年規画綱要の一部として実施
第 6 次	1981年～1985年	省略	インフレ・エネルギー消費の抑制も目標
第 7 次	1986年～1990年	省略	
第 8 次	1991年～1995年	機械，IC，通信機器，素材，軽自動車	計画が市場で調節され，市場が企業を導く
第 9 次	1996年～2000年	電力，IC，通信機器石油化工，自動車	西部大開発政策
第10次	2001年～2005年	変速機，IC，高速ブロードバンド，合成素材，低酸素エネルギー	西部大開発・振興東北政策推進
第11次	2006年～2010年	再生可能エネルギー，IC，ワイアレス機器，バイオ，自動機器	「計画」から「規画」（規划）に標記変更．3つの代表理論．
第12次	2011年～2015年	省エネ技術，IC，インターネット化，バイオテック，クリーンエネルギー車	小康社会建設．全面深化改革．
第13次	2016年～2020年	エネルギー備蓄，IC，5 G，バイオとゲノム技術，新エネ車	「大衆創業，万衆創新」「双引擎」を推進する．

（出所）ウィキペディア中国語版「五カ年計画」(https://zh.wikipedia.org/wiki/%E7%AC%AC%E4%B8%80%E4%B8%AA%E4%BA%94%E5%B9%B4%E8%AE%A1%E5%88%92_(%E4%B8%AD%E5%9B%BD))，*The Economists,* Aug. 15，記事 "Xi's new economy, Don't underestimate it" に基づき筆者作成．

たのは，修正後の第 6 次および第 7 次，第 8 次五カ年計画であるが，胡耀邦・趙紫陽の失脚と天安門事件の発生と大事件が続いた．それにもかかわらず五カ年計画が機能したのは鄧小平の政治的地位が揺るがなかったからであるとする．

　1992年に社会主義市場経済体制への移行が決定されると，第 9 次以降の五カ年計画は計画経済から市場経済への体制変換の計画という色彩を帯びることになるが，この時期になると政治的な安定性のゆえに，正式な手続きを経て国家のプランとして採用されるという皮肉な歴史，つまり計画経済の時代には正式な手続きを得ることが難しく，市場経済への移行を決めると計画が正式な手続きを経て決定されるようになったという意味で，皮肉な歴史をたどってきたといえる．

　現在は，第13次五カ年計画が実施されているが，かつてのような政治的不安定性の故の不規則性がない状況の下で，どのような手続きを経て制定されたのであろうか．まず，2015年10月26日から29日にかけて，中国共産党第18期中央委員会第 5 回全体会議（5 中全会）が開かれ，2016年から2020年までの政策大綱である第13次五

カ年計画の草案が採択された．続いて，2020年3月5日〜16日まで開催された全人代で正式に採択された．

三浦［2016］によれば，この五カ年計画の目標の持つ意味はこれまでの五カ年計画とは大きく異なるとする．計画の対象期間（2016〜2020年）が，中国共産党が掲げる「2つの100年」（2021年の中国共産党建党100年と2049年の中華人民共和国建国100年）という節目のうち「小康（ある程度豊かな）社会の全面的完成」を目標とする第1の100年の終了期間（2021年）とほぼ重なめであるとする．

「小康」とは，孟［2009］によれば，古くは『詩経』や『礼記』にも出てくる言葉で，「大同」がユートピアに近い理想の社会であるのに対して，やや現実味を帯びた社会を指し，「大同」社会が財産の公有制，民本政治，社会秩序の安定などに基礎を置く理想的な社会状態であるのに対して，「小康」社会はそれより低い次元にあり，財産の私有制を前提に，生活にゆとりがあり，社会秩序が安定しているという社会状態であるとする．

近年では，康有為や孫文，毛沢東などが大同社会を理想としたのに対して，鄧小平は「小康社会」を，中国が貧窮社会から近代国家に至る1つの発展段階として捉え，「衣食が満ち足りる状態を超えるが，富裕の状態までには至らない社会」だと提起したとする．

2002年の中国共産党第16回党大会（十六全大会）で2020年のGDPを2000年の4倍にし，全面的小康社会を建設することが決議された．現在の中国では，① 貧困社会，② 温飽社会，③ 小康社会，④ 全面的小康社会，⑤ 富裕社会の5つの発展段階に分類及び定義をしており，各々が世界銀行の所得分類に対応し，「小康社会」は中低収入国，「全面的小康社会」は中上収入国に相当するとする（表8-4参照）．

2021年から始まる第14次五カ年計画についての考え方を解説した清華大学チームの著書，胡［2020］の中に，エンゲル係数と社会の富裕度を説明した**表8-16**を作成している．

「温飽」とは，衣食が満ち足りていることであるが，都市部では2000年には「小康」を通り越して，次の「富裕」の段階にあり，農村部でも2000年には「小康」に達している．2019年では，都市部も農村部も「富裕」の次の「富足」つまり豊かであり，裕福であるという状態にある．また，住についても，2018年に都市部では1人当たり居住面積が39平方メートルあり，農村部でも47.3平方メートルあるとしている．

2016〜2020年まで実施されていた第13次五カ年計画はどのような目標のもとに運営されているのであろうか．田中［2016］は，同計画要綱のポイントについて，全面的小康社会の実現という奮闘目標を軸として，発展のバランス，不協調，持続不可能等の際立った問題について，イノベーション，協調，グリーン，開放，共に享受という発展理念を強調し，次の6方面が強調されているとする．① 中高速の持続と産業のミドルエンド・ハイエンド水準への邁進，期間中の成長率6.5％以上，② イノベーションの強化，新しいプロジェクトの始動，③ 新しいタイプの都市化

表 8-16　都市農村別エンゲル係数推移

	都市部			農村部		
	人口 （億人）	エンゲル係数	類型	人口 （億人）	エンゲル係数	類型
1978年	1.72	57.5	温飽	7.90	67.7	絶対貧困
1990年	3.02	54.2	温飽	8.41	58.8	温飽
2000年	4.59	38.6	富裕	8.08	48.3	小康
2010年	6.70	31.9	富裕	6.71	37.9	富裕
2019年	8.48	27.6	富足	5.52	30.0	富足
2025年	9.47	<25	富足	4.88	<28	富足

（出所）胡他［2020］.

と農業近代化，④ 生態の改善，⑤ 改革開放の深化，「一帯一路」の重大な進展，⑥ 民主・福祉の増進などが強調されているとする．また，注力点として，① 今後5年間は中進国の罠を乗り越える重要な段階であることを認識して発展に取り組むこと，② サプライサイドの構造改革を推進すること，③ エネルギーの転換を挙げている．

　第14次五カ年計画の前提となる中国経済の課題について胡他［2020］は，① 経済の発展水準が他の中所得国に比してまだ低いこと，② 経済成長における内的成長力・自主成長能力が低いこと（全要素生産性で見ると2015年の成長寄与度55.5％が2019年には59.5％に上がったが他の先進国は70〜80％である），③ 都市部と農村部の不均衡，④ 各地域の発展が不均衡，⑤ 生態文明建設（環境保護）の必要性，⑥ 高齢化と少子化，⑦ 教育，公共衛生，医療，社会保障・保護など民生部門の不足を挙げている．これらの問題は，五カ年計画あるいはより長期の計画の下で是正される必要があるとする．

　2021年から実施される五カ年計画（第14次五カ年計画，十四五計画）については，2020年7月30日に中国共産党政治局会議，更に10月に中国共産党第19中央委員会第5回全体会議（5中全会）が開かれ，そこで　第14次五カ年計画と，2035年までの長期計画についての建議を行ったとされる．更に10月26日から29日まで5中全会が開かれ，2035年までに1人当たりGDPを中等先進国並みの水準に引き上げると共に，全国民の間の格差を縮小する「共同富裕」の実現がうたわれた．「富裕社会」は，世界銀行の高所得国のレベルとされるが，年間収入＄12.536以上であるから，現在の中国の成長力からすれば，数年で達成可能である．ちなみに，「全面的小康社会」は中上収入国であるが，所得は＄4046〜＄1万2535であるので，中国はとっくに到達している（表8-4）．

　それでは，第13次五カ年計画の評価と第14次期五カ年計画ではどのような点が注目されているのであろうか．関［2020］は，第13次五カ年計画の達成状況について，評価すべき点として，① ハイテク分野で高い国際競争力を誇る中国企業が数多く誕生したこと，② 大気汚染の改善，③ 中国と「一帯一路」地域における貿易や投

資の大幅増加，④出生率の低下には歯止めがかかっていないが，すべての夫婦が持てる子供は2人までとなったことで，選択肢が増えたことを挙げる．一方，①米中対立はハイテク分野を中心に激化，②「一帯一路」構想に対する各国に警戒感，③国家安全法によって中国の安全保障が強化された一方で，中国企業の海外展開は様々な制約，④企業内における共産党組織の設立などによって，企業経営に質的な変化が発生，⑤所得水準は上昇を達成したものの，所得格差は再び拡大に転じたなどの問題点を挙げる．また第14次期五カ年計画について注目すべき点として，①成長率目標が設定されるのか，される場合は何％に設定されるか，②産業補助金などの産業政策が見直されるか，③どのような新発展モデルを示すかを挙げる．

　読売新聞の報道（2021年3月6日付）によれば，3月5日に予定通り全国人民代表大会が開催され，李克強首相による政府活動報告が行われ，「強大な国内市場を形成し，新たな発展の形を構築する」と語り，習近平政権の新たな成長モデル「双循環」を促進すると表明した．約14億人の人口を活かした国内需要の拡大を中核に，貿易や外国からの投資も利用して成長を目指す政策であるとしている．また，2021年の成長率は6％以上としたが，期間中の目標成長率は示されなかった．また2035年までの長期目標も採択される予定であるとする．

　日本貿易振興機構（ジェトロ）[2021]は，2025年の目標として，常住都市人口（2020年60.6％を65％に），生産年齢人口平均教育年数（10.8年を11.3年に），基本養老保険加入率（91％を95％に）など20項目（一部数値目標なし）が定められたとする．

　第14次五カ年計画において，これまで中国の弱点と思われてきた外需依存の成長，基礎研究の遅れ，農村と都市部の格差，高齢化問題，ソフトパワーの不足などの問題に長期的視野で取り組もうという姿勢が随所に見られる．

第4節　「ワシントンコンセンサス」と「北京コンセンサス」

　「ワシントンコンセンサス」は，1980年代のソ連はじめ共産諸国の改革，先進国における国有企業改革，1980～90年代の中南米の債務危機やアジア危機などへの対応するに際して，米国政府やその強い影響力下にある International Monetary Fund（IMF，国際通貨基金）や世界銀行において有力であった経済運営についての考え方であり，経済学としては新古典派経済学を踏まえたものである．Williamson [1989] が「ワシントンコンセンサス」と名付けたが，基本的には市場機能を重視し，規制緩和を推進し，民間企業にまかせ，政府は余計なことをせず小さな政府に徹するべきだという考え方であり，「ワシントンコンセンサス」としての合意された文書があるわけではない．

　「北京コンセンサス」は，Ramo [2004] が嚆矢であり，その後中国モデルを巡る論争として展開されている．「北京コンセンサス」は，（旧ソ連との対比においてか？）民営化や自由化を慎重に行うことであり，その為には，①絶えざる改革と実験（特区を見よ），②国境と国益の確保（台湾を見よ），③非対称的な国力の蓄積（米国

債投資を見よ），④ 独立を保ちながら成長することによって明確となる，とする．

　関［2010］は，中国モデルを巡る議論については，中国国内でも様々な意見があり，中国は自由・民主・法治・人権といった普遍的価値を受け入れるべきだとする「右派」と，あくまでも「中国的特色」を堅持すべきであるとする「左派」に大別されるとする．Halper［2010］の訳者（園田茂人・加茂具樹）は，ラモ論文について，中国の経済政策は，① 政府による絶えざるイノベーションや実験主義へのコミットメント，② 一人当たり GNP を至上命題としないダイナミックな発展目標，③ 自律的決定に特徴があるとし，

　　① 果たして中国モデルが存在するのか
　　② 西側の発展モデルや「ワシントンコンセンサス」への挑戦となっているか

の 2 点については検証が必要であり，それによって次の 3 つに区分できるとする．

　　① 特色ある中国の社会主義：中国独自のもので多国はまねできない．
　　② 北京コンセンサス論・権威主義体制論：中国独自のモデルで他国も模倣可能．
　　③ 体制移行論・中国モデル否定論：米国流システムへの過渡期．

　梶谷［2011］は，ラモの「北京コンセンサス」について，自由貿易と市場経済は維持するが国有企業の存続を認めるなど漸進的改革を重視し，特に急激な政治改革を避ける，といった経済発展のための国家の役割を重視した緩やかな政策パッケージとして理解されるとし，また，中国の経済面での台頭は世界経済における米国の覇権を脅かしつつあり，両者の衝突は避けられないものになるという思い込みが存在し，両国は密接な経済関係を有しておりある面では厳しく対立するが，ある面ではむしろ相互依存的であるであると両国の関係について楽観的である．

　Halper［2010］は，第 1 章でもふれたが，「北京コンセンサス」と名付けた予言的な書で，中国モデルが資本主義と専制体制の折衷であるように，新たな消費社会と社会主義の遺産を折衷させた新たな国家アイデンティティを作ろうとし，中国経済の奇跡と中華復興を結び付けようとしており，西側とは異なる資本主義を思想的，実践的に広げる国として中国が立ち現れつつあるとする．

　また Halper［2010］は，冷戦の勝利者は世界が徐々に自分たちが信じる価値観や規範に近づいてくるのは当然だと考え，こうした変化が起こるためには，「ワシントンコンセンサス」のような政策パッケージが必要で，最貧国が融資を求めてこちら側になびいてくる必要があると考えた．これらの国々は，透明性の確保と法の支配の貫徹，腐敗対策の実施，社会投資の実行，より効率的な予算の編成などを達成する条件を整え，構造改革に取り組む必要があるが，1980年代後半から東アジアや中南米の多くの国は構造改革によって年成長率が低下し，「失われた十年」となってしまった．「ワシントンコンセンサス」は経済発展にとって「必要条件でもなければ十分条件でもない．」とジョセフ・スティグリッツの意見を紹介している．

　もともと「ワシントンコンセンサス」は経済運営の基本的な考え方についてで

表8-17　ワシントンコンセンサスと北京コンセンサス

	北京コンセンサス	ワシントンコンセンサス
価格	市場	市場
銀行	国有・公有	民間
その他金融機関	国有・国の指導	民間
金利	中央銀行	市場・中央銀行
為替レート	中央銀行	市場・基軸通貨
産業政策	五カ年計画，中国製造2025	限定的
独占・寡占	国有企業	独占禁止法
貿易	輸出促進（加工貿易，為替政策，「一帯一路」）	自由化
財政	財政と財政外資金，中央，地方財政の区分の曖昧さ	財政規律

（出所）筆者作成.

あったが，普遍的価値としての議論の対象となっているのは，政治的ないし思想的な分野である．経済的な分野に限って，「ワシントンコンセンサス」として合意が得られると思われる米国流の考え方と，中国が実際に実行している経済運営の方法を「北京コンセンサス」としてまとめると**表8-17**のようになろう．

中国もほとんどの財・サービスについて市場での価格決定を原則とした経済運営を行っているが，中国では金利や為替レートは中央銀行である中国人民銀行が実質的に決定している．また，中国では銀行はほとんどが国有・公有であり，保険会社などのその他金融機関も国有ないし公有が多く，国の主導する機関（中国人民銀行，銀行保険監督管理委員会，証券監督管理委員会など）が大きな管理・監督権限を有している．企業についても大企業は大半が国有である．

「ワシントンコンセンサス」と対比する形で，「北京コンセンサス」として中国型経済モデルを提起することは，中国が試行している改革をどのように考えるかが大きく関わってくる．中国経済は二重の罠，すなわち前述した中進国の罠と共に，体制移行の罠に直面してとされるが，例えば，牧野［2016］は，国有企業改革などの供給サイド改革の重点分野が伸展していないことをあげる．

また，関［2013］は，体制移行の罠について，国有企業や政府官僚などの既得権益集団がさらなる改革を阻止し，混合経済のまま市場化改革が停滞し，それに伴い国有企業による寡占，所得格差，官僚の腐敗などの社会的厚生をゆがめるような事態が発生していることであるとするが，それが「北京コンセンサス」の一環をなすということは，こうした弊害に関わらず，そのほかのメリットが大きいということであろうか．

藤井［2018］は，体制移行の罠から脱出した先にあるのが，市場経済，民主政治，法治国家といった普遍的価値を有するシステムであるとすると，政治体制も含めたドラスチックな改革が必要となるので，中国が短期的には体制移行の罠から抜け出すことはないと考える．

従って，「北京コンセンサス」とは，それがベストかどうかは別としても他の要素とのバランス上，現状のような国有企業のウェイトが大きな企業システムが重要

な部分を構成しているということになる.

第5節　中国型資本主義とはなにか
——「地域分散型複合的資本主義」論——

(1) 中国は社会主義か資本主義か

　中国型資本主義とはどのようなものか論じる前に, そもそも中国は社会主義なのか, 資本主義なのかを考える必要があるだろう. Kornai [2000] は, 社会主義と資本主義の違いを**表8-18**のように整理する.

　この分類に従えば, 中国は, 政治は社会主義, 所有制度は混合, その他の特性は, 資本主義ということになる. ただし, 改革開放路線は放棄された訳ではなく, 政治においても私的所有と市場に友好的であることも事実であろう. また Kornai [2000] は, 資本主義モデルにおいて民主主義を望ましくはあるが不可欠な要素であるとは考えておらず, 所有権と自由企業, 個人間の契約の自由が認められれば, 独裁政権でも可能であるとする. 従って Kornai [2000] の考えに従えば, 中国は資本主義とよんでもおかしくはない.

　なお, Kornai [2014] によれば, 社会主義は慢性的な不足経済となり, 資本主義は慢性的な供給超過によって特徴づけられる. そのプロセスは内生的であり, 資本主義を特徴づける私有財産と市場調整の優位性は, 企業家精神やイノベーションを生み出すと共に, ハード予算のもとでの競争に劣後した場合の破綻や独占的競争を促進し, 遊休生産能力と過剰在庫をもたらすことによって供給面での拡大ドライブをかける. その一方でこれらの特性は, 需要の拡大を抑制し, 価格や賃金の調整を硬直化する力として働く. この結果, 過剰生産能力, 余剰在庫, 過剰労働力が必然的に生まれることとなるとする.

　中国は不足経済というよりは過剰経済と呼ぶべき段階に入っているように思われ, この面でも資本主義と呼んでもよいと思われる.

表8-18　社会主義システムと資本主義システム

	政治	所有制度	調整メカニズム	市場の特性	物資の過不足, 景気
社会主義	マルクス・レーニン主義政党の絶対的権力	国有・準国有企業の圧倒的支配	官僚的調整の優位性	ソフト予算, 弱い価格メカニズム, 計画の交渉, 量的志向	慢性的不足, 売り手市場, 労働不足
資本主義	私的所有と市場に友好的な政治勢力	私的所有の優位性	市場による調整の優位性	ハード予算, 強い価格への反応	慢性的不足はない, 買い手市場, 慢性的失業, 景気の変動

(出所) Kornai [2000].

（2）「国家資本主義」か「大衆資本主義」か

前節で見てきたとおり Ramo［2004］は，中国の経済システム，およびそれを包含した国家システム，を「北京コンセンサス」と名付けたが，その他の意見もあり，Bremmer［2010］は，「国家資本主義」と位置付けた．すなわち中国の指導者は，市場が生み出す富のうち可能な限り大きな部分を国家が管理する仕組みを整える以外に共産党が政治権力を独占しておく道はないと考え，国家社会主義の下で政府は様々な種類の国営企業を使って国にとって極めて貴重だと判断した資源の利用を管理したり，高水準の雇用を維持・創造したりする．えり抜きの民間企業を活用して特定の経済セクターを支配する．いわゆる政府系ファンドを用いて余剰資金を投資に回して国家財政を最大限潤そうとする．これら３つの場合を通じて，政府は市場を通して富を創造し，上層部がふさわしいと考える用途に振り向ける．いずれの場合も，おおもとにある動機は経済ではなく政治に関係したものであるとし，中国以外にも，サウジアラビア，アラブ首長国連邦，エジプト，アルジェリア，ウクライナ，ロシア，インド，アフリカ，メキシコ，ブラジル，東南アジアなど，様々な国家資本主義があるとする．

これに対して，丸川［2013a：2014］は，中国経済における主役は，国有企業ではなく，民営企業であるとし，国家資本主義ではなく，「大衆資本主義」であると反論した．国有企業と国家支配企業が工業生産に占める割合は，1999年に51.5％であったが，2012年には26.4％に低下している．中国には国家資本主義と呼びたくなるいろいろな特徴があるが，実際にはそこからどんどん離れて行っている．なかには形だけ国有企業で，実態は民間企業という企業も結構ある．例えば，レノボやテレビや家庭電器を作っている TCL などである．国有資産監督管理委員会と国有企業の関係は，親会社と子会社の関係というよりは，監督下にある国有企業からレポートを貰っているだけの関係であるのではないかとする．丸川［2013b］も長江デルタなどを挙げて，民営企業が産業集積の根幹をなし，中国の成長をけん引しているとする．

加藤・久保［2009］は，中国の資本主義を見るには，① 政府のプレゼンスと役割．過度の市場介入と市場のゆがみをもたらすかどうか，② 競争，③ 中国の基層社会が生む独自性の３つに着目する必要があるとする．

加藤［2013］は，伝統経済から市場経済への移行と，社会主義から資本主義への移行という二重の移行を進め，次第に明らかにしてきた中国の経済システムを「中国型資本主義」と呼び，その本質的な特徴は「曖昧な制度」にあるとした．「曖昧な制度」とは，「曖昧さが，高い経済効果をもたらすように設計された中国独自の制度」であり，「高い不確実性に対処するため，リスクの分散化をはかりつつ，個人の自由度を最大限に高め，その利得を最大化するように設計された中国独自のルール，予想，規範，組織」をさす．広大で多様性に富む風土を持つ中国では，そうした曖昧さが持つ優位性が発揮される領域が他の国・地域よりも格段に大きいとする．中国独自の概念として，「包」があるが，包とは請負制で，明清代の商慣習，

財政制度や司法・行政制度にも，民国時代の土地制度や企業制度にも包を内包した制度が存在していただけでなく，改革開放以降の中国において，農家経営請負制や地方財政請負制など様々な分野で請負制が復活し，多用されるようになった．中国経済は，政府介入が強い「国家資本主義」だと評価することも，民営企業の活力にその本質があるとする「大衆資本主義」だと捉えることもどちらの評価も一面的であるとする．中国型資本主義は，① 激しい市場競争の存在，② 国有と民有が混在する混合体制の存在，③ 企業のように競争する地方政府と官僚，④ 利益集団が形成される中で生じた腐敗と成長の併存，の4つの特徴を持つとする．

　加藤［2016］では，更に，中国独自の曖昧な制度は曖昧さが高い経済効果をもたらすように設計された中国独自の制度であり，① 長い歴史的伝統，② 広大な多様性に富む風土，③ 人民共和国の最初の30年間に試みられた集権的な社会主義の実験を経て形成されたとする．なぜ混合所有企業は高い経営効率を実現できたのかについては，① 複雑で入り組んだ所有構造が結果として所有と経営の分離をもたらし，実質的に民営企業と変わらない経営水準を確保できたこと，上場企業や合弁企業の経営に対する政府の介入が限定的であることを示唆する，② 競争的な国内市場の果たした役割，③ 国有資本を代表する経営者も官僚や党組織内部での激しい出世競争にさらされており，結果として所有と経営の分離の中国型が実現したとする．

（3）アジア型資本主義

　第1章で紹介した Johnson［1982］は，日本は後進開発国の典型的な事例で，西欧の市場経済，共産主義の開発独裁システム，戦後の新興国とは，異なった特徴を持っている．最も重要な特徴は，経済における政府の役割の一端を民間企業が担っていること，経済成長を達成するために市場をどのように動かせばよいかを公的セクターと民間セクターが知っていることである．戦前と戦後の日本の間には驚くほどの連続性が存在し，その中でも最も重要な連続性は産業政策の実施に関わった人物のつながりであるとする．また，Wolferen［1989］は，日本，韓国，台湾は，自由市場型と共産主義型以外の資本主義的発展志向型国家と呼ぶべき政治経済類型であるとする．

　このようなアジア，特に東アジアを1つの類型としてとらえる見方を経済学の分析ツールの1つである多変量解析を使って明らかにしようとしたのが，Amable［2004］である．同書は，世界の資本主義国を① 市場ベース型，② アジア型，③ 大陸欧州型，④ 社会民主主義型，⑤ 地中海型の5つに分類する．その分類は，製品市場，労働市場，金融システム，福祉，教育の特徴であって，それをいくつかの尺度で表し主因子分解によって求められる．例えば，金融は非有力株主の保有する株式の時価総額（対GNP比），機関投資家の金融資産（対GDP比），ベンチャーキャピタル投資額（対GDP比），株式市場の時価総額（対GDP比），株式の時価総額（対GDP比），非金融部門負債（対GDP比），預金の集中度，大型銀行のシェアなどであ

表8-19　アマーブルによる資本主義の類型（ただし5つ中3つのみ）

	市場ベース型	アジア型	大陸欧州型
製品市場	規制緩和された製品市場	規制されたというより「統治」された製品市場競争	製品市場は競争的なものから緩やかに規制されたものまで
労働市場	労働市場のフレキシビリティ	規制された労働市場	コーディネイトされた労働市場
金融	市場型金融システム　コーポレートガバナンス	銀行ベース型金融システム	金融機関ベース型金融システム
福祉	福祉国家の自由主義モデル	低水準の社会保障	コーポラティズム・モデル
教育	競争的教育システム	私学による高等教育システム	公的教育システム
該当国	米国，英国，オーストラリア，カナダ	日本，韓国	ドイツ，フランス，ベルギー，オーストリア

（出所）Amable［2003］をもとに作成.

　る．更にクラスター分析によって，国を5つのカテゴリーに分類したものである．各システムの特徴が相互補完であるかどうかなどは検証されてはいるものの，主因子分析，クラスター分析であり，原因結果を説明するものではない．5つの類型の内，3つについてまとめたのが**表8-19**である．大陸欧州型は，表に挙げた5か国とスイス，オランダ，アイルランドの3か国とに更に分かれるためここでは5か国のみ載せている．

　アジア型としては，日本と韓国しか挙げられていないが，中国のシステムをこの分析に当てはめて論じるとすれば，やはりアジア型であると言える．中国の教育については，多くが国立ないし公立であるが，高等教育については，授業料も高く大陸欧州型とは言えない．その他の分野は，米英の市場ベース型ややドイツ・フランスの大陸欧州型より日本や韓国に近い．アマーブルと同じように中国に関する数字を当てて分析を行ってもおそらく同じ結果となるであろう．

　中国の資本主義を日本と同じタイプの資本主義だとするのも誤解を与えかねない．日本の資本主義が，米国と中国のどちらに近いかと言えば，直感的には米国であろう．また，これまで見てきたような特徴を有する中国の資本主義を他国と比較して，ある国と同じタイプであると結論付けるのはかなり難しい．中国の資本主義は，中国型資本主義と呼ぶ以外ないと思われるが，敢えて別の名前で呼ぶとすれば，「地域分散型複合型資本主義」とでも呼ぶのがふさわしいのではないかと思われる．

　第1の理由は，中国経済の特徴である．①重厚長大産業を中心として，国有企業の存在が大きい．②特に，金融システムの中核である銀行業は，そのほとんどが国有企業である．③民営企業も消費財産業や第3次産業，とくにインターネット関連産業では存在感を増している．④五カ年計画が経済政策の基本をなしている，などからして，国家の関与が強い混合経済体制であると言える．従って国家資本主義と呼ぶには様々な所有形態が併存しているし，大衆資本主義と呼ぶには，国有企業の影響力が強すぎる．

　第2の理由は，加藤［2013：2016］が「曖昧な制度」と主張するように，中国の歴史に根付いたビジネス手法・商慣習が多いことである．翟［2019］は，関係，人

情，面子，権力といった概念は，農耕社会において形成された政治と社会の営みを
分析するには適しているが，工業化・商業化を遂げた今日の中国社会のおいても説
明力を持つかと問題提起する．欧米では個人を基礎として社会の営みが形成され，
日本では集団を基礎として社会の営みが形成されるが，中国では，家族，宗族，家
譜，家郷（故郷）などの概念は境界を有さない．中国社会は，自由な個人からなる
ものではなく，集団として組織されたものでもなく，ネットワークであるとする中
国のネットワーク構造は，企業の形成にとって抑制要因であり，もしも国家（国有
企業）がゆるぎない決意をもって組織化を断行し，計画経済に基づいて運営を進め
なかったならば，中国人は独自に相互の結託を図るばかりで，結果として多くの零
細企業が林立する構造しか生み出せなかったろう．関係が作用する中国社会にあっ
ては，企業は市場から注文を受けるや，他の企業と競争しようとするよりもむしろ，
自らのネットワーク内で仕事を割り振り共存しようとする．競争は企業間では生じ
ず，地方間の張り合いに終始する可能性がある．中国人が自らを関係的な存在と見
なしている限り，自由，平等，権利を巡る議論が起きることはないとする．

　更に，関係を利用して社会を構築するという2000年前の儒家の知恵が，今日まで
有効性を維持しているのは，政治，経済，文化，社会，教育，生活スタイル等の変
化がもたらされたとしても，基底には関係と権力が脈々と存続しているからである．
農耕社会では，関係，人情，面子，権力の営みは家と国家が同一構造をなすという
前提条件の上で受け入れられていたが，現代社会では国家と社会が分離され両者間
の営みはより緊張関係をはらんだものになりつつある．しかし中国の社会構造は
ネットワーク型という特徴を維持しており社会と国家から派生する各種の境界に対
する人々の意識も不明瞭なものにとどまっているとする．つまり，正規の組織と
「関係」をもとにしたネットワークが併存しており，しばしば非正規の関係をベー
スにしたネットワークによって意思決定がなされるが故に，外国人を含む外部から
は参入しにくい側面を持つことが中国型資本主義の特徴であるともいえる．第3章
で述べたような外部からは分かりにくい株式の保有構造もその1つの例であろう．

　従って，複雑でわかりにくい所有構造を持った混合経済である資本主義，という
意味で「複合的資本主義」というのも中国型資本主義のネーミングとしてはよいよ
うに思われる．

　第3の理由は，第4章で見たように，石炭，鉄鋼，自動車，電機・電子などの中
国を代表する基幹産業の地理的分布を持ても分かるとおり，ほとんどの産業が各
省・自治区・直轄市に広く分散していることである．揚子江デルタや珠江デルタな
どのように産業集積がみられる地域もあるが，ほとんどの産業が各省に存在してい
ることが欧州や米国との比較において中国経済の大きな特徴である．このことは，
冷戦時代の「三線建設」（内陸部への産業移転）や沿海部との格差是正を目的とした
「西部大開発」などの産業政策によるところも大きいが，基本的には，春秋戦国時
代以来の諸国の連合としての中国という大国としての歴史によるところが大きい．

　ただし，中国経済を「地域分散型複合的資本主義」と定義づけることにどれだけ

の意味があるのか. 第9章で再度吟味したい.

第6節　結　論

1. 中国経済は, 次のような特徴をもつ. 広大な国土を有すること, 大人口国であること, 経済的にも大国であること, 地域的な多様性を持つこと, 低開発国・発展途上国から中進国, 更には先進国へ移行している過程にあること, 計画経済から市場経済に移行している過程にあることなどである.

2. 中国経済を巡ってはいくつかの論点があった. 中進国の壁, 貧富の格差, 技術開発力, 資本の効率性, 経済けん引力としての輸出などである. これらのいくつかの点は, 解決したか, その方向に向かっているが, 経済大国となるにつれて, 成長の速度は低下する方向にあるのはやむを得ない.

3. 五カ年計画は, 1953年に始まり, 現在は2021年からの第14次計画を実行中である. 五カ年計画は, 物資の配分計画の基本であった計画経済時代の名残りともいえるが, 現在は地方政府, 企業, 家計などの経済主体に国全体の経済の方向性を提示するための指針としての役割が大きくなっている.

4. 「ワシントンコンセンサス」に対比する形で, 「北京コンセンサス」を提唱する意見もある. また, 中国型の経済発展モデルを「国家社会主義」あるいは「大衆資本主義」と呼ぶ意見もあるし, 「曖昧な制度」がその特徴だとする意見もある. 中国の経済システムを日本や韓国と同じアジア型だとする見方もあるが, 「地域分散型複合経済」あるいは「地方分散型複合的資本主義」と呼ぶのが最も中国経済の特徴を表していると言える. ただしこうした定義付けに大きな意義を見い出すことは難しくなっている.

第9章　中国異端論を超えて
──ポストコロナの正統と異端──

ある支配グループが権力を失う方法は4つのみである．外部から征服されてしまうか，無能な統治によって大衆を反乱へと駆り立てるか，不満を抱えた強力な中間層グループを出現させてしまうか，自らが統治に関する自信と意欲を失ってしまうかである．これらの原因が単独で作用することはなく，通常は4つすべてが程度の差こそあれ存在する．この4つを防ぐことのできる支配階級であれば，永久に権力を保持できるであろう．結局のところ，支配階級そのものの精神的態度こそが決定的要因なのである．

ジョージ・オーウェル『1984年』（高橋和久訳，早川書房）

　これまでの章を通じて，中国経済が異質・異端かどうか，中国の経済システムはどのようなものか，様々な角度から見てきた．結局のところ，政府の役割をどのように考え，実際にどのような役割を果たしているのかが1つの鍵であるように思われる．この章では，第1節では，新古典派経済学の揺らぎと題して，リーマンショックによって金融行政，金融政策，財政政策への期待が高まり，各国政府もそれに応じる形で役割を増加させてきたことを明らかにする．政府の役割を最小限にとどめようとする純粋新古典派経済学が揺らいでいるのである．第2節では，政府の積極的な役割への期待と題して，ダグラス・ノースに代表される新制度派経済学，青木昌彦に代表される比較制度分析の考え方やジョセフ・スティグリッツに代表される政府，特に発展途上国における政府やその指導による産業政策を支持する立場など，政府の積極的な役割を期待する学派の意見を紹介する．また，近年関心を集めている現代貨幣理論（MMT）や物価水準の財政理論についても触れる．MMTは，中国の金融システムとの親和性が強く，今後の中国の経済運営を占ううえでも注目される理論である．第3節では，新型コロナウィルス危機下の世界経済と題して，新型コロナウィルス危機が世界経済ないし特に米中両国にどのような影響を与えるか考える．第4節では，米中がしのぎを削っているAIネット社会において，どちらが勝者になるのか考える．第5節では，いわゆる中国モデル・北京コンセンサスの持続可能性，他国への適用可能性を考える．第6節は，結論である．

第1節　新古典派経済学の揺らぎ
──リーマンショック以降の政府の役割──

経済学を学ぼうとすると，まず初めにミクロ経済学，マクロ経済学があることを知る．前者はアダム・スミス以来の市場における価格メカニズムの役割を重視し，それによって最適な資源配分が実現できるとする新古典派経済学であり，後者は，価格メカニズムは不完全で，しばしば下方硬直性が働くので国全体として失業や需要不足が生じるとするケインズ経済学であると学ぶ．前者の理論では，政府の役割は最小限にとどめるべきだということになり，後者の理論からは需要の創出など政府の役割は大きく，財政政策や金融政策が重視される．新古典派経済学を背景とする「ワシントンコンセンサス」が喧伝されていた頃の1980年代から1990年代においては，効率的に経済を運営するためには，政府は余計なことをせずに市場に任せておくのがよいとされた．この頃の世界経済の課題は，先進国の非効率な国有企業改革，旧ソ連はじめ共産圏の崩壊，日米貿易・経済摩擦，アジア通貨危機などであり，いずれも政府の過度な市場への介入が問題を引き起こし，深刻化させたとされた．ケインズ主義的な財政政策はもとより，金融政策についても，中央銀行は経済成長に合わせて貨幣を供給すれば十分であり，景気動向に合わせて金利を操作したり，マネーサプライを意図的に変更させたりする政策は不要どころか有害ですらあるという主張も有力であった．

しかし，2008年のリーマンショックとそれに続く世界的不況によって，各国は金融機関の救済や，緩和的金融政策，更には景気振興の為の財政出動を迫られた．「ワシントンコンセンサス」は大きな修正を迫られたのである．表 9 - 1 は，各国の対 GDP 比でみた政府債務の推移であり，リーマンショック以前の水準から各国とも大幅な増加を迫られている．

金融政策についても，リーマンショックとそれに続く金融不安への対応としての金融緩和政策がとられ，表 9 - 2 のとおり，各国の中央銀行は拡大的な金融政策を余儀なくされた．特に日本においては，2012年12月に発足した第 2 次安倍内閣によって採用されたアベノミクスのもとで，リーマンショックに先立ち，拡大的な金融政策が採用され，今日まで続いている．

表 9 - 1　政府債務残高の推移 (対 GDP 比，単位：%)

	2007年	2008年	2010年	2015年	2019年	2020年
フランス	64.5	68.8	85.3	95.6	98.1	118.7
ドイツ	64	65.5	82.4	72.2	59.5	73.3
日本	175.3	183.3	207.7	231.3	238.0	266.2
英国	41.5	49.4	74.6	86.9	85.4	108.0
米国	64.7	73.7	95.5	104.6	108.7	131.2

(出所) IMF, Economic Outlook Database Oct. 2020.

表9-2　**中央銀行の資産残高**（各年末，単位：10億ドル，
10億ユーロ，兆円）

	2007年	2008年	2010年	2015年	2019年
米国連邦準備制度	929	2,293	2,463	4,532	4,214
欧州中央銀行	1,511	2,043	2,004	2,781	4,671
日本銀行	113.1	122.5	128.7	383.1	573.1

(出所) Federal Reserve System, *Factors Affecting Reserve Balance*, European Central Bank, *Monthly Bulletin and Statistical Bulletin*, 日本銀行『金融経済統計月報』．

第2節　政府の積極的な役割への期待

　自由市場による価格決定を絶対視し，政府は余計なことをするなと言う経済学の立場を新古典派経済学（右派）とすれば，ダグラス・ノースに代表される新制度派経済学や青木昌彦の比較制度分析，さらにジョセフ・スティグリッツに代表される政府，特に発展途上国における政府やその指導による産業政策を支持する経済学，更には先進諸国における長期的な停滞への処方箋として脚光を浴びている現代貨幣理論（Modern Money Theory, Modern Monetary Theory, MMT）は，政府はより積極的な役割を果たすべきだとして，こうした考え方に批判的である．

(1) ダグラス・ノースの新制度学派

　ノースは，新古典派経済学は経済変化の過程を説明するために作られたのではないと考える [North 2005]．私たちが生活しているのは，新奇な仕方で不断に進化する，不確実で常に変化する世界である．経済的・政治的・社会的変化（このうちどれか1つだけを孤立させて，その変化を理解することはできない）を理解する試みには，私たちの思考方法の根本的な作り替えが必要とされるとする．今日の環境に対して私たちがもたらしている変化は明日には新たな環境を創出する．私たちは人工物的構造—制度，信念，道具，技術，外的記号貯蔵システム—を過去から継承する．この人工物的構造は文化的遺産である．経済の成果を規定する人工物的構造は，相互依存的な諸制度からなる．公式の制度，非公式の制度，およびそれらの実効的特性が合わさって制度の成果を規定する．公式な制度は放棄命令によって変わりうるが，非公式の制度は短期のうちに故意に変化させようとしても動じないと考える．

　また，経済効果を改善することは，生産費用と取引費用を低下させることを意味するが，要は制度を修正することであり，例えば，①統一的な度量衡の採用や財産権の規定の改善，②効果的な司法制度，③合意を監視する制度の発展，分散した知識を統合する制度の開発などが必要であると考える．North [1990] によれば，制度は，社会におけるゲームのルールであり，政治的，社会的，経済的な人々の交換におけるインセンティブ構造を与える，①フォーマルなルール，②インフォーマルな制約，③それらの実行化の有効性という3つの次元から成り立っている．

（2）青木昌彦の比較制度分析

　第1章でも紹介した比較制度分析は，制度の重要性に着目している点では，第8章で紹介したアマーブルや前述したノースと同様であるが若干の違いもある．いずれも経済活動のルールとして制度を捉えるが，ノースは，ゲームが行われるのに先立ってルールとして制度があると考える．つまり制度は所与である．青木は，制度は経済主体の戦略を均衡に導くが，そうした経済主体の選択によって維持・再生産されるという，均衡としての制度観である．一方，アマーブルなどのレギュラシオン学派は，制度は上層と下層の2層からなり，下層は所与のルールで主体が戦略的に行動するが，上層では制度自体の形成が問題とされ，従って均衡は政治経済的であるとする．

　青木の問題意識の1つは，1980年代に日米経済摩擦の原因となった日本の自動車産業はなぜ米国よりも競争力があるかであり，Aoki［1990］は，計画と生産の分離と特化による経済性の強調を特色とする米国企業との比較において，日本企業は生産部門間の協力と生産現場での情報の共有という2つの特徴を有するとし，これによって看板方式などにみられる供給計画の弾力的変更が可能であるとする．青木［1995］では，米国企業では，機能的技能（どのような組織においても通用するような特殊機能の技能）が重要視され，情報分散・分化型の産業に比較優位があり，日本企業では，文脈的技能（特定の企業組織に参加後にその文脈で有用な技能，一般的な問題処理能力や組織的コミュニケーションの能力：可塑的技能）が重要視され，情報共有型産業に比較優位があるとする．人口の大多数が機能的技能か文脈的技能のどちらが支配的であるかによってそれが戦略的に補完的となるとする．

　比較制度分析の考え方に立てば，国の比較優位を決するのは生産要素の相対的豊富さなどではなく，財・サービスを生産するのに最も適した情報のあり方，企業組織のコーディネーションのあり方だということになる．また青木・奥野［1995］では，ある国の経済システムを理解するためには，様々な社会的仕組みの役割と有効性，それらを安定的な仕組みとして成立させているインセンティブの構造，それぞれの異なる制度の間の相互依存関係の特徴などを体系的に分析すること，それらの仕組みをシステムとして，つまり仕組の総体として考察することが決定的に重要である．ひとつの経済システムの内部では対象ごとに比較的同質的な制度が成立し，異なる経済システムの間には大きな制度の違いが存在し，お互いの経済システムの異質性が際立っているとする．

　また，一国の経済システムは一方では歴史的な経路依存性に基づいた既存の仕組みに依拠しつつ，他方では技術変化や規制緩和などの外部環境の変化による適応的変化と外国という異なる経済システムとのインタラクションによって新たなシステムに脱皮していく．高度成長期の日本や中国のように革新的で創造的なシステムを生んだのは，新古典派が前提とした市場メカニズムとはかなり異質な仕組みをもっていたものの，競争的な社会であったことを忘れてはならないとする．

　また，Aoki, Kim and Okuno-Fujiwara［1996］は，政府の役割を評価した世界銀

行報告『東アジアの奇跡』について，比較制度分析の立場から次のように述べる．国家はその経済活動を市場のコーディネーションを強化することのみに限定すべき市場友好的見解，国家は経済の発展段階でしばしば失敗する市場の代替物であると主張する開発指向国家的見解のいずれも，① 市場と国家支配以外に資源配分問題を解くメカニズムはない，② 完全な市場のコーディネーションという理想的帰結であるワルラス的市場メカニズムを普遍的規範と考えている．

　しかし，経済におけるコーディネーションの失敗は市場の失敗より一般的である．この問題を解決するためには，企業の組織，取引団体，金融仲介，労働者・農民組織など市場以外の多種の民間制度が展開される．東アジア政府の主要な役割は資源配分への直接の介入ではなく，制度発展の促進とそれとの相互関係である．政府は民間のコーディネーションの失敗を是正するために外生的に経済システムに付けられた中立的仲裁者ではなく，経済システムの他の経済主体と同じように，情報・インセンティブの制約を有する内生的要素なのであると主張する．

（3）レギュラシオン学派

　フランスを中心に活躍するレギュラシオン学派は，マルクス経済学の伝統を継いでいる．堀林［2007］によれば，経済システムを諸制度の相対として把握し，各制度の特質と諸制度配置構造の分析を通じて資本主義の時間的（歴史的）可変性と空間的多様性解明に努めている学派であり，資本主義の空間的多様性を手がける比較政治経済学の代表的潮流となっている．第 8 章で紹介した Amable［2003］の 5 つの資本主義もこの代表例であろう．

　Boyer［2015］は，レギュラシオン理論における資本主義への基本的な視角として，第 1 に，市場における水平的な関係に加えて企業家や経営者と賃労働者とのヒエラルキー的関係からなる資本主義経済においては，そうした異質な利害を持つ集団・組織としての主体が相互作用することでシステムが構成され，ダイナミズムが生み出される．第 2 に，異質な主体の調整では制度が決定的な役割を果たす．第 3 に制度の成立に寄与するのは経済効率よりも政治的過程である．従ってどのような制度が成立するかには不確実性が伴う．第 4 に，社会のある領域における相互作用や調整は，それを司る制度は経済社会毎に異なる．様々な領域が相互に関連しつつ構成される各種経済社会の制度的構図も多様となる．さらに調整や制度も，その全体の構図も，そこから生み出されるダイナミズムも時間を通じて変化する．第 5 にこのように構成されるシステムは好循環と危機の両方の説明を可能にする．このように制度の成立においてもダイナミズムにおいても不確実性が存在するので，実際の過程がどのように展開されるかは実証的分析的に解明するしかないと理論のフレームワークと実証分析を関連付ける．公的介入について，ボワイエ［1992］は，使っている数字は1980年代と古いが，公的介入と社会的所得増加，技術システムと賃労働関係の再編成などを資本主義の危機の表れとしており，この指摘は現在においても通じるものがある．

レギュラシオン学派の成果から学べるものとして，堀林［2007］は，資本主義システムを諸制度として把握し，特定国の資本主義の特質を各制度の特質と制度間の関係として把握するという観点，制度と産業特化の関係，ある時代の資本主義システムから次のシステムへの変化に関する見解などであるとする．

（4）ジョセフ・スティグリッツのラーニングエコノミー

スティグリッツは，情報の非対称性から出発して，経済理論が現実の経済運営にどのように適用可能か，適用すべきでないか，を考察してきた．アジア通貨危機の際には，IMF（国際通貨基金）が，アジア諸国に対してとったワシントンコンセンサスともいえる新古典派右派的な政策に対して批判的であったことで知られる．Stiglitz and Greenwald［2014］では，日本の成長から次の2つの教訓が得られるとする．①経済の成功にはラーニングエコノミーすなわちラーニングソサイエティの構築が必要である，②ラーニングソサイエティを構築する上で政府が重要な役割を果たす．つまり日本は，国が市場を統治するモデルの成功例であると考えている．その背後には，生産性の上昇には，技術の進歩をよりうまく行うためのラーニングソサイエティが必要であるとする考え方が基本にある．

ラーニングは，①ベストプラクティスの改善，②ベストプラクティスに追いつこうとする企業の生産性の改善という2つの側面を持つとする．また，輸入割当，補助金などの政策手段の使用に対する制限のため，産業政策としてますます為替レート政策が重要であると考える．ラーニングエコノミーでは市場経済はそれ自体で効率的であるという想定は成り立ちえない．短期的な配分上の効率性を重視すると成長の鈍化につながることもありえる．また，貿易介入も含めた産業政策は通常望ましい政策であり，初期段階だけでなく恒久的な経済政策の一部であると考える．

コースとの違いは社会的取引費用を最小化することではなく，知識が企業内をより自由に流れることを認めてラーニングを最大にすることが重要と考えている点にある．また，金融資本市場の自由化は，①ラーニングにあまり貢献しない経済構造をもたらしたばかりでなく，②マクロ経済の不安定性を高め，③ラーニングとラーニングの外部性が他よりも重要な企業と部門への資金の流れを弱め，④金融部門のラーニング性も弱めると否定的である．更に，米中間で大きな課題となっている標準的な知的所有権の保護についても，ラーニングを阻害するとし，幼稚産業保護論については，外部性が大きいラーニング部門を保護することは成長の促進と厚生と生活水準の向上をもたらすと新古典派右派の経済学に対して挑戦的である．

（5）現代貨幣理論（MMT）

前述したように，先進国における中央銀行資産，その負債である準備預金，現金などが大幅に増加する一方，インフレが起きず，むしろデフレ傾向にあることから現代貨幣理論（Modern Money Theory, Modern Monetary Theory: MMT）が注目されて

いる．これは，ケインズ経済学・ポストケインジアンの流れをくみ，Mosler [1997] の説くように，政府は完全雇用の実現と物価の安定の両立を目指すべきであり，可能であることを独自の貨幣理論から論じる立場である．

　なぜ MMT は注目を浴びているのか．第 1 の背景は，リーマンショック以降の世界経済の停滞であり，それからの脱却を目指した低金利政策を中心とした金融政策をどのように評価すべきかが経済学界の目下の最大の焦点となっていることからであろう．サマーズ他 [2019] を編訳した山形浩生は，リーマンショック以降の米国更には日本を含む世界経済の停滞の原因について，2 つの異なった意見があるとする．第 1 には，構造派とも呼べる意見で，停滞の理由は経済の構造が変わったためであり，これまでの時期とは違う，より積極的な金融・財政政策を発動すべきであるとする．第 2 は，循環派ともいうべき意見で，この停滞は一時的な現象であり，長期的には解消されて成長軌道に戻るとする．ローレンス・サマーズは，循環派と構造派の折衷枠組みをもとに，積極的な政策介入，特に大規模な財政出動を訴え，ベン・バーナンキはかなり強い循環派的な認識をもとに，あまりに直接的な介入に対しては消極的な姿勢をとっていると分析する．この論戦には，ポール・クルーグマンも参加し，バーナンキの主張するように，経常黒字を促進するような各国の政策に反対するだけでは問題は解決せず，例えば，欧州の貿易・資本の不均衡は域内需要の根本的弱さの表れであるとし，サマーズの財政出動による解決を支持する．

　第 2 の背景は，特に日本においてであるが，超がつくほど緩和的な金融政策だけではインフレにならず，従って実質金利が高止まったままであり，こうした中での財政政策がプライマリーバランス目標の設定や消費税率の引き上げなど，引き締め気味に推移してきたことへの批判，反省が大きくなってきたことである．例えば，藤井 [2017] は，基礎的財政収支，プライマリーバランス（PB）を回復しようとする政府の財政政策は間違いであるとする．すなわち，政府は家計と違い，むしろ企業に近い存在で，お金を使うことで収入を創り出す．支出を削減すれば収入も減り，ギリシャやアルゼンチンは，PB 目標を掲げた緊縮財政を行い，目標を達成したに破綻したとする．また，2013年の G20サンクトペテルブルク首脳宣言では，債務対 GDP 比率を持続可能な道筋に乗せることが合意されたが，これは，① PB を改善する，② 成長率を確保する，③ 金利を引き下げることで可能となるが，金利と成長率が同じなら PB を改善する必要がでてくるが，金利が低ければ PB にこだわる必要はなく，積極財政による成長率の引き上げを目指すべきであるとする．藤井 [2017] の考え方は，MMT ではなくケインジアンの考え方であると思われるが，積極的に財政発動をすべきであるという点では，MMT の考え方と一致する．

　MMT を Wray [2015] によって整理すると，① 通貨は，政府および政府と一体である中央銀行による硬貨，紙幣，準備預金である．政府は通貨発行によって支出が可能になるから，財源を図ってから歳出を決めるという順序は不要になる．通貨発行によって債務の償還が可能であるから，政府債務がどれだけ増加しても信用不安をもたらすこともない，② 国債とは準備預金よりも多くの金利を払ってくれる

表 9-3　MMT と主流派経済学との違い

	MMT	主流派経済学
貨幣・通貨	政府（中央銀行）の債務であり，国民は通貨で納税する．通貨で納税できるから価値がある．	財・サービスを購入するための対価として使われる資産 [Mankiw (2018)]．価値あるものと皆が思っているから価値が生まれる．
政府の役割	需要が不足するので，完全雇用を達成するために，公共支出を増やす必要がある	政府の役割は公共財の提供や外部性の是正など市場の失敗を正すことにある．不景気であれば財政出動することも可．
予算	均衡予算は通貨の回収となり問題．赤字予算が望ましい．	均衡予算が望ましい．赤字予算は早く解消すべきである．
国債のデフォルトはあるか	国は通貨を自由に発行できるので自国通貨建ての国債の償還は問題ない．	国債をデフォルトすることはありうるし，歴史的にも起きた [真壁 (2019)]．
インフレの要因	生産性は上昇しないが賃金は上昇する部門があるのでインフレが起きる．	インフレは貨幣的要因で起きるから，政府が通貨供給を増やせばインフレになる．物価水準は，マネーサプライとマネーディマンドによって決まり，通貨供給量を増やし続ければインフレになる [Mankiw (2018)]．
中央銀行の位置づけと財政ファイナンス	中央銀行は政府の一部門である．中央銀行が国債を購入するのは問題ない．	中央銀行は通貨の番人であり，政府から中立であるべきである．中央銀行の財政ファイナンスに反対．
国債発行の金利への影響	金利上昇しない．（上昇するようなら国債で調達しなければよい）．するのは景気が良い場合．	金利は上昇し，クラウディングアウトが起きる．金融を緩和する必要がある．
為替レートへの影響	為替レートのトリレンマの故に，固定相場制では兌換通貨と同様政策余地が減る．	① 金利が上昇すれば為替レートは自国通貨高となる [予想為替レートを使った金利平価説，Krugman etc. (2012)]．② インフレになれば名目為替レートは下落する（購買力平価，Mankiw (2018)）．

（出所）Wray [2015]，真壁 [2019]，井上 [2019]，永濱 [2020] 等を参考に作成．

中央銀行における貯蓄預金口座に他ならないと考える．

　Wray [2015] や真壁 [2019]，井上 [2019]，永濱 [2020] などの MMT についての解説書を参考にしながら，MMT と主流派経済学（新古典派及びニューケインジアン）の違いをまとめると表 9-3 のようになろう．なお，これらの論者が MMT 支持者であることは意味していない．例えば，真壁 [2019] は，借金はいずれ最終的に増税を行わざるを得なくなり，長期的に続けられる政策ではないとし，高橋積極財政も失敗であったとしている．また，井上 [2019] も，MMT の主張する金融政策は有効ではない，雇用政策プログラムの導入など意見には懐疑的である．

　MMT は，国家を頂点とする通貨ピラミッドすなわち貨幣（銀行，準備預金），銀行貨幣（銀行券，預金），銀行預金で返済されるその他金融機関の債務を想定し，公共目的の政府支出は完全雇用が達成されるまでは有益であり，また銀行貸出も公益的か私益的かを問わず一般的には望ましいが，貸出にはリスクが伴うので適正な審

査が要求されるとする.

　また，Epstein［2019］は，MMT が提唱するマクロ経済政策アプローチが抱える問題点として，① 実際の政策に適用できる範囲が限られていること，② 開発途上国へ適用する危険性をはらむこと，③ 理論の実際への政策への適用について根拠を提示することへの関心が欠けていることを挙げる.

　現実の政策に適用するには，誰でも思い浮かぶのが，① 政府と中央銀行は組織上一体ではなく，② 景気が上昇した時に予算を打ち切れるのか，③ プロジェクトの採算性を無視してもよいなど予算規律が保てなくなる，④ 借金であるので対GDP 比率など何らかの指針が必要ではないのかなどの点である.

　また，MMT が実際の政策として取りうる国は，貨幣・通貨の信用力，外国からの投機の可能性などを考えると，米国の他は，日本，中国に限られるであろう.

　第 2 章で述べたように，MMT は中国の金融システムと親和的である. すなわち，第 1 に，政府と中央銀行である人民銀行とは政策決定においても一体化していると思われること，第 2 に，銀行も国有ないし公有銀行であることである. その他金融機関はフィンテックなどの民間機関であるが政府のコントロールは強い. 国民にとっても国債も通貨も銀行預金も共に国家の債務として認識されている. 貸出量・貨幣量のコントロールや貸出先すら市場メカニズムによるのではなく政府の方針によって実行することが可能である.

　また，日本の国債残高が最高水準を記録し，日本銀行の資産・負債残高も記録的高水準に達しながら，インフレが起きていないことへの関心が高まっており，最近では物価水準の財政理論（Fiscal Theory of the Price Level: PTPL）も注目されている. 塩路［2018］によれば，FTPL の基本的なメッセージは，「物価水準を決めるのは国家の信用力である，ある状況においては」ということである. 財政当局と中央銀行を合わせた総合政府の予算制約式を考えると，収入は税収と国債と貨幣であり，支出は政府支出と前期の国債残高（および利子）と前期の貨幣残高であり，収入は支出に等しい. この時，実質貨幣発行益は貨幣残高に利子率をかけ，利益の発生は来期なので現在価値に割り戻した数値に等しくなる.

　総合予算政府の維持可能性は，実質総債務（国債＋貨幣）の現在価値がゼロに収束することである. 実質総債務は増えていってもよいが，増加の速度は実質利子率以下であることとなる. 中央銀行も政府も自分が政策を決定する場合，すなわち中央銀行は名目利子率を決定し，財政当局は財政黒字の流列を決定する場合，実質貨幣発行益が決まり，実質財政黒字の現在価値が決まる. なお，中央銀行は名目利子率の下で需要されるだけの貨幣を受身的に新たに供給しなければならない. 物価水準は，総合政府の名目総債務を実質財政黒字と実質貨幣発行益の現在価値で除した数値となるというのが，PTPL の骨子である. この理論の描く世界では，政府が国債を出すとすぐにインフレになってしまい，財政当局，中央銀行がモノの値段をコントロールすることが難しくなってしまう. 現在の日本には当てはまらないが，戒めとしては重要であると塩路［2018］は述べる.

PTPL の特異な点としては，① 政府と中央銀行の債務を統合して考慮していること，② その債務と，財政赤字と通貨発行益の現在価値の 2 つが物価水準を決めることで，ケインズ経済学ないしポストケインジアンの考え方に沿いながら，期待の理論も取り入れていることである．

以上見てきたように，米国はじめ先進国では，「ワシントンコンセンサス」が喧伝された時に比べて，リーマンショック以降，金融政策，財政政策のウエイト，つまりは政府の役割，が大幅に上昇している．それに伴い，新古典派以外の経済学が脚光をあびているように思われる．

第 3 節　新型コロナウィルス危機下の世界経済

2019年末に発生した新型コロナウィルスが世界的に大流行し，2021年 3 月27日現在全世界で 1 億2627万人が感染し，277万人が死亡している．国別感染状況は，**表9 - 4** のとおりである．

米国の感染数が世界で最も多く，死者数も最多である．感染者数の人口に対する比率も最も高く，死者の対人口比率も英国に次いでいる．これに対して，中国は世界で最初に感染が確認されたのにもかかわらず，感染者数，死者数共に欧米諸国よりもはるかに少ない．従って，次に述べるように，経済への打撃も相対的に小さいものと想像しうる．

2020年10月 6 日号のニュースウィーク日本語版は，「新型コロナウィルス対策の成功国・失敗国」と題した，國井修氏へのインタビューを掲載しているが，同氏は各国の第 1 波対策の中でうまく行った事例として，中国をあげる．具体的には次のような措置が有効であったとする．

表 9 - 4　新型コロナウィルス感染者及び死者数
（2021年 3 月27日現在，単位：1000人）

	感染者数	対人口比	死者数	対人口比	致死率
米国	30,161	9.21%	548	0.167%	1.82%
インド	11,909	0.89%	161	0.012%	1.35%
ブラジル	12,404	5.95%	307	0.147%	2.48%
ロシア	4,460	3.04%	96	0.065%	2.15%
英国	4,339	6.53%	126	0.190%	2.90%
フランス	4,527	6.99%	94	0.145%	2.08%
ドイツ	2,765	3.34%	76	0.092%	2.75%
日本	467	0.37%	9	0.007%	1.93%
中国	102	0.01%	5	0.000%	4.90%
世界合計	126,265	1.69%	2,770	0.037%	2.19%

（注）致死率は，死者数/感染者数．
（出所）Johns Hopkins University and Medicine. Coronavirus Resource Center. データ（https://coronavirus.jhu.edu/map.html）に基づき筆者作成.

① 武漢市など最終的に15都市に及んだロックダウン（都市封鎖）によって，6500万人が隔離され，最終的に感染者ゼロに抑え込んだ．

② 医療資源の有効活用のため軽症の感染者用の収容施設「方舟病院」を作り，重症化した場合に治療や転院をさせた．

③ IT の活用．ビックデータを活用して人々の行動履歴と接触履歴を把握したばかりでなく，遠隔治療が急速に拡大し，院内感染を防げた．結果的に医療崩壊を防ぐことができた．

一方米国は，失敗例の一例として挙げられている．その理由は，

① 初動に遅れ．ドナルド・トランプ大統領の新型コロナウィルスの軽視や，州によっては，テキサスやアリゾナなど，当初楽観視しているところもあった．

② 連邦制の弊害．州政府の自治権が強いため，州によって対応がバラバラで，連邦政府と州政府に意見の食い違いが目立った．

③ トランプ大統領の新型コロナウィルスの軽視や専門家の意見の無視．

④ 所得格差，医療格差のため貧困層や黒人に感染が拡大．

更には，2020年10月2日大統領選が山場を迎える中，トランプ大統領自身が感染するという失態を招いた．結局トランプ大統領は再選されなかったが，その大きな原因に新型コロナウィルス対策の失敗が挙げられている．

もちろん，中国を成功例とすることに対する反論もある．Pei［2020］は，決定的な情報を集め，処理し，行動することができなかった．2002〜2003年の SARS や2007年の緊急事態法にもかかわらず，当初の対応に失敗した．武漢当局は当初は隠蔽し，中央は連絡を受けた後も2週間行動を起こさなかった．習近平の強権的政治の故であり，最初の数週間の経験は共産党支配が信じられているより不安的であることを明らかにしたとする．

この新型コロナウィルスの蔓延・パンデミックは，リーマンショック以上の経済ショックを各国経済に与えている．リーマンショックが金融システムに対して深刻な打撃を加え，間接的に実体経済に影響を与えたのと異なり，需要と供給に直接の脅威を与え，更にそれが金融システムにも影響を与えている．

Bank of England［2020］によれば，2020年の経済成長は，新型コロナウィルス（COVID-19）を主因として，対前年比14％の減少となる見込みで，これは戦後最大の経済の落ち込みであり，これだけの落ち込みは1706年以来だとする．

今回の危機について，Reinhart and Reinhart［2020］は，パンデミック恐慌（The Pandemic Depression）と呼んでいるが，一般的な呼称としてなじんでいるとも言えないので，新型コロナウィルス危機と呼ぶことにする．

確かに，**表9-5**のとおり経済成長率の低下が世界全体に及ぶのは，戦後初めてのことである．リーマンショックは，米国，欧州などの先進国の金融市場の混乱と景気後退をもたらし，2009年の世界経済の成長率は0.8％のマイナスであったが，

表9-5　大幅に低下する世界経済成長率　（単位：%）

| | 2009年 | 2020年7月予則 | | | 2021年1月予則 | | |
		2019年	2020年	2021年	2020年	2021年	2022年
世界平均	−0.8	2.9	−4.9	5.4	−3.5	5.5	4.2
先進国	−3.2	1.7	−8	4.8	−4.9	4.3	3.1
米国	−2.5	2.3	−8	4.5	3.4	5.1	2.5
EU	−3.9	1.3	−10.2	6	−7.2	4.2	3.6
日本	−5.3	0.7	−5.8	2.4	−5.1	3.1	2.4
エマージング発展途上国	2.1	3.7	−3	5.9	−2.4	6.3	5.0
中国	8.7	6.1	1	8.2	2.3	8.1	5.6

（出所）IMF, Economic Outlook, October 2020.

中国経済は高成長を続けたし，他のエマージングマーケットや発展途上国も全体としてはマイナス成長に陥ることはなかった．

　今回のパンデミックにより，最も影響を受けるのはEU，次いで米国であり，日本も5％を超えるマイナス成長となる．エマージングマーケットや発展途上国全体も今回はマイナス成長となる．例外は中国であり，プラスの成長となったが，近年の6％成長からは大幅ダウンとなる．

　今回の新型コロナウィルス危機は，次のような経路で危機が拡大してきたと考えられる．

① 各国の政府は，医療崩壊を懸念し，外出制限や都市封鎖を行って，国民の活動制限を行った．この結果，人の移動にかかわる運輸関連産業，レストラン・飲食店などの外食産業など売り上げが直接的に減少した．

② 不要不急の外出が制限された結果，屋外の遊園地，映画館，劇場などの娯楽産業の売り上げが減少した．また，旅行に関連する産業も打撃を受けた．

③ 外国とのビジネスや観光目的の旅行も制限されるようになった．こうした事業に関連する宿泊，土産物，運輸関連産業も打撃を受けた．

④ 以上のような産業の需要が減退することにより，それらに部品や素材を供給する産業への需要も減退する．土地や建物を提供する産業も打撃を受け，一部の産業を除いてほとんどすべての産業への需要が後退する．

⑤ 打撃を受けた企業や，失業や収入の減少に見舞われた個人に対して，貸出を行っている金融機関が債務不履行に直面し，一部は預金者などへの支払いに窮するようになる．

⑥ 国家レベルにおいても，対外債務が過多である発展途上国を中心に債務不履行に陥る国が出てくる．

　最新のIMFの予測によれば，2020年の財政赤字は先進国でGDPの13.3％，世界平均で11.8％に及び，2021年も8.8％と8.5％の赤字と見込まれる．新古典派経済学を信奉していた米国の財政赤字は2020年では17.5％にも達する見込みである（表9-6）．こうした財政政策の結果，政府債務残高は2020年で世界平均97.6％，2021

表 9 - 6　ポストコロナの財政収支 (対 GDP 比, 単位：%)

	2018年	2019年	2020年	2021年
米国	−5.6	−6.4	−17.5	−11.8
日本	−2.8	−3.4	−13.8	−8.6
英国	−2.3	−2.3	−14.5	−10.6
ドイツ	1.8	1.5	−5.1	−3.4
フランス	−2.3	−3.0	−10.6	−7.7
先進国平均	−2.7	−3.3	−13.3	−8.8
中国	−4.7	−6.3	−11.8	−11.0
インド	−6.3	−7.4	−11.5	−9.7
世界平均	−3.1	−3.8	−11.8	−8.5

(出所) IMF, Fiscal Monitor Update, Jan. 2021. (https: // www. imf. org/ en/ Publications/ FM/ Issues/ 2021/ 01/ 20/ fiscal- monitor- update-january-2021)

表 9 - 7　ポストコロナの政府債務残高 (対 GDP 比, 単位：%)

	2018年	2019年	2020年	2021年
米国	106.6	108.2	128.7	132.5
日本	232.6	234.6	258.7	258.7
英国	85.8	85.2	103.3	110.8
ドイツ	61.8	59.8	70.0	69.9
フランス	98.1	98.1	115.3	117.6
先進国平均	103.6	104.8	106.8	109.0
中国	53.7	56.5	65.2	69.4
インド	69.5	73.0	85.5	63.1
世界平均	82.3	83.5	97.6	99.5

(注) 表 9 - 1 の数値と若干異なる.
(出所) 表 9 - 5 と同じ.

年で同99.5％, また先進国平均は各106.8％, 109.0％と予想されている (表9-7).

　世界銀行は, 今回の危機によって新たに8800万人から 1 億1500万人が極貧に全世界で追い込まれると予想する [World Bank 2020]. Reinhart and Reinhart [2020] も低所得層, 低所得国ほど打撃は大きいとし, 今回の危機はV字回復するのではなく, 長期化する可能性を指摘する. その理由としては, 第 1 は, 貿易の落ち込みであり, 貿易の規模ばかりでなく, 価格も元に戻るのに時間がかかり, 観光も直ちに元の水準に戻るとは考えにくい. 第 2 は, 失業問題が簡単に解決しないであろうから, 経営者は長期間の閉鎖で貯蓄を使い果たし, 事業の再開に慎重になるとする. 第 3 は, 国家内部, 国家間の最も弱い部門への影響が最も大きいことである. 国内では, リモートで働く可能性が小さい部門の受けた打撃が大きい. 中小企業が多いサービス部門の多くは倒産の可能性が高く, 消費者の行動は強制的な外出制限が解除されても直ちに元には戻らないだろう.

　今回の危機は, 米国と中国とのいずれにより不利に働くであろうか. まず, 国内の治安について考えると, 米国では, 各地で黒人暴動などが伝えられている. 非白人が, 医療や就業で劣位におかれていることが背景にあると考えられる.

　中国ではこうした目立った動きはまだ見られない. しかし, 都市部における農村からの出稼ぎ労働者 (労農工) 問題の存在は広く知られているし, 改革開放の過程で身分格差, 所得格差が生じ始めている.

　南 [2016] は, 改革開放による経済成長が社会と政治に与える影響は多岐にわたるが, 例えば, ① 社会階層の分化, ② 所得不平等化によって, 下層の人々の不満が醸成, ③ 社会の不安定化によって不満が暴動となる可能性, ④ 経済成長が政治体制に与える影響などがあるとする. 経済成長により中間層が発達し, それが核となって民主主義が発達する可能性については, 彼らの意識は近代的で社会主義の枠に収まらないと是認する説もあるが, 他方には, 彼らが改革開放で最も経済的利益

を受けているそうで，現政権に批判的な勢力にはなりえないとする説もあるとする．

　また，肖［2017］によれば，2015年ころインターネットに掲載された階層に対する作者不明の文章によれば，次の9つの階層があるという．

　　① 国家指導者，

　　② 省・部レベルの高官など，

　　③ 大企業社長，資産家，銀行家など，

　　④ 企業のCEO，社会著名人（学者，弁護士，作家，芸能人）など，

　　⑤ 企業役員，大学教授，医者，弁護士，エンジニアなど，

　　⑥ 一般公務員，会社員，教師，フリーランサーなど，

　　⑦ 工場作業員，自営業，農民富裕層など，

　　⑧ ブルーワーカー，農民など，

　　⑨ 大都市失業者，農民貧困層など

に分けられ，①〜③は上流層，④〜⑥は中流層，⑦〜⑨下流層であり，①〜③は保守．④も上流層との癒着で成功した人が少なくないため改革に消極的である．⑤，⑥は現状を変えたい意欲が強く改革にも積極的だが，その声は上流層に届かず，現状に甘んじざるを得ない．下流層は奇跡が起きない限り中流層への上昇は不可能で階層が固定化してしまう．政府が，経済成長率目標の達成にこだわるのは，7,8級を9級に転落させないのが目的で，9級が暴動や革命を起こす不安定要因であるとし，中国における中間層の役割が極めて限定的であるとする．

　格差の拡大について，国民の不満はどの程度であろうか．時期としてはいささか古くなっているが，園田［2014］は次のように解説する．1997年から2007年の間に7回のアンケート調査を実施した．現実として格差は広がっており，そうした意識を持つ市民も多い．しかしながら自分の社会の中での位置づけがよくなったという感覚はない．ところが昔に比べると暮らし向きがよくなったという意識が10数年間ほぼコンスタントに3分の2位を占めているという結果となっている．コネを使って高所得者になることに人々は怒りを感じるがそうでない形で格差が広がることについては是認するという心理メカニズムが働く．中国の人たちがそういう考え方を持っているとすると収入格差が拡がっていることと，人々がこれに慣れていることは別物だということになるとする．

　政府のガバナンスはどうであろうか．今回の新型コロナウィルス危機によって，各国は各様の対策を講じたが，興味のある点は次のような点であろう．

　　① 都市封鎖，移動制限は徹底かつ円滑に行われたか．

　　② 感染予防は徹底かつ円滑に行われたか．

　　③ 検査や感染者の隔離も含めて，医療行為は円滑に行われ，医療崩壊などは
　　　 起きなかったか．

　マスコミなどによる報道で知る限りであるが，中国，韓国，台湾などはスマホな

どの活用により，①〜③が徹底して行われたようであり，米国では，②などのついては，個人の自由に任せる行為が多く徹底できなかったようである．総じてみれば，中国の方が効率的に新型コロナウィルス対策を行ったという印象である．

第4節　AI ネット社会の勝者

第4章の GAFA の中国側ライバル企業で述べたように，米中の貿易摩擦の真の原因あるいはそれ以上の大きな問題は，GAFA の中国への参入や5Gの開発競争であったと予想される．その背景にあるのは，AI とインターネットを結合させた AI ネット社会の到来により世界の産業地図が大きく変わりつつあるという認識が両国にあるのであろう．新型コロナウィルスのパンデミックは，各国の医療システムの良し悪しの他，AI ネット社会の進捗度合いをもあぶりだす結果となった．

AI ネット社会とは何か．それは次のような特徴を持つ社会であると考えられる．

① 国民1人1人がデバイス（例えば，スマートフォンなど）を持ち，そのデバイスを統合するシステムがあり，各デバイスとは双方向で通信可能であること．

② そのシステムは，集まった情報を瞬時に処理できるシステムであり，過去の情報をもとに，パターン分析などを行うことにより予測も可能なシステムでること．

国民1人1人の行動は，遮断措置を取らなければシステム上では筒抜けになってしまう．新型コロナウィルス対策情報として新宿駅の人出が普段の日曜日の40％に減ったことが分かるということは，よりミクロの情報が収集可能であれば，犯罪現場にある時刻，被疑者がいたか，いなかったかのアリバイ証明にもなる．

大屋 [2014] は，自由で自律的な自己決定的個人という19世紀の夢は，20世紀の戦争と革命によって敗北し，21世紀の現代では，個人の自立性をはく奪することによって社会制制を実現しようとするアーキテクチャーの権力があり，その権力と我々の全人生を全面的にカバーする監視技術・電子記録とが適合しつつあり，幸福は監視によって保障されるような世界になりつつあると考える．ここでいうアーキテクチャーとはネット社会の主役である GAFA などをいうのであろうが，国家以外の主役たちも我々に対する支配力を持ち，影響力を行使しつつあることに注意する必要があるとする．

アーキテクチャーと国家，政府との間には，顧客情報を巡り緊張関係が生まれる．しかし中国では，梶谷・高口 [2019] の指摘するように，2010年前後，微博（ウェイボ）に代表される SNS の普及により新たなコミュニケーション手段を使った社会運動が中国社会を変えて行くのではという期待も生まれた．しかしアーキテクチャー（インターネット運営者）は，中国のサイバーセキュリティ法第28条により，公安機関，国家安全機関による，法に依拠した国家安全と犯罪捜査活動に技術的支

援と協力を行わなければならなくなった．習近平政権の最大の課題の1つはネット世論のコントロールであり，このことは2012年の秋の共産党大会で体制が固まったあと，① 反腐敗キャンペーン，② 弾圧的な封じ込め，と共に③ 監視員，世論誘導員の増員が行われていることからも分かるとする．

近藤［2018］は，AIと社会主義市場経済は，次のような親和性を持つと考える．

① 社会主義市場経済の決定のスピードの速さと第4次産業革命の変化のスピードの速さ
② 社会主義市場経済の大量の資本投下システムと第4次産業革命の発展の度合い
③ 社会主義市場経済のビックデータの活用能力の高さと14億の人口
④ 社会主義市場経済のプライバシー軽視と第4次産業革命によるプライバシーの消失

この結果，21世紀前半にAI社会主義が世界を席巻する可能性をも予見する．

梶谷・高口［2019］によれば，中国では2010年代から「天網工程」と呼ばれえる都市部監視カメラのAI化，ネットワーク化が北京市などで始まり，2020年の全国で完成をめざすとしており，農村部にも同様のシステム「雪亮工程」を設置する計画が進行中であるということである．

また，2014年6月に，「社会信用システム建設計画綱要（2014～2020）」が発表され，計画が進行中である．中国では，金融業による個人や企業の信用力評価システムや，地方政府による信用力評価システムが構築されてきたが，これに加えて，個人による各種の違法脱法行為を国家が評価し，社会的信用を評価しようとするものである．また，社会道徳を守り，社会的信用力が高ければ，補助金や公共サービスなどが受けやすくなるとする．

OECD［2019］によれば，近年個人向け信用特にクレジットカードローンが増加し，それと共に債務不履行も急増しており，2018年の第2四半期では1.2%が債務不履行になっているとしている．債務不履行者は，ブラックリストに載ることになるが，このブラックリストには子供に支援を受けている者や従業員への給与の未支払い者も含まれる．ブラックリストに載ると，飛行機や新幹線，グリーン車の切符が買えなくなり，4つ星，5つ星のホテルに泊まれなくなる．リストは公表され，2013年から2017年までに880万人が追加登録された．2020年までに，債務不履行ばかりでなく，社会的信用を失うような行為，例えば，詐欺広告への関与，知的所有権の侵害などもリストの対象行為となる．また2017年までに71の中央政府機関や地方政府が情報共有システムに入ったとのことである．

前述したようにSNSの普及により新たなコミュニケーション手段を使った社会運動が中国社会を変えて行くのではという期待も生まれた．2012年8月に香港の活動家の尖閣列島上陸をきっかけとして，野田内閣が尖閣列島の国有化を決定すると，中国で反日暴動が起きた．中国当局の指示あるいは黙認によるものであろうが，全

国に拡大し，過激化していった．中には毛沢東の肖像を掲げるものもあり，貧富の格差拡大への不満の表れではないかという懸念も生まれたとされる．こうした中に誕生した習近平執行部の最大の課題の1つは，ネット世論のコントロールにあるとする．

今回の新型コロナウィルス危機は，AIを活用したネット技術が次のような形で，パンデミックに対しても有効であることを示した．

> ① 個人の行動，およびその履歴が瞬時に把握可能となること．スマホの位置情報によって，いつどこで感染者と接触したかが分かる．
> ② 個人の行動の集合である集団行動の把握も可能となること．どの場所が何時どの程度混んでいるかが分かり，密集を防ぐことが可能となる．
> ③ 必要とされる物資の供給と需要が瞬時に可能となり，必要とされる場所への供給が可能となる．医療品やマスクの在庫・販売管理が個人のスマホでも把握できる．
> ④ そうした物資がどの個人にまで供給されているかを把握できること．個人の購入履歴が瞬時に把握でき，過剰購入などが出来なくなる．

これらは個人の行動についてであるが，医療システムと結合させれば，どの病院にどのような患者が，何人入院しており，その病状やどのような経路で感染したかなども，集中して管理することが可能となる．

Boyer [2020] も，今回のコロナ危機の結果，デジタル関連産業を中心とする成長産業と衰退産業の分岐および人々の不平等が進行しており，デジタル産業の発展によってプラットフォーム資本主義による支配強化も進行している．それへの対応として① 米国による超国家的プラットフォーム資本主義，② 中国による国家資本主義，③ EUによる市民よる情報管理の3つのタイプがあるが，EUの目指す市民による管理は，理想は高いが弱いとし，中国は国家的体制（レジーム）であるとともにプラットフォーム経済でもあると位置づけている．

第5節　中国モデル・北京コンセンサスの応用可能性と持続可能性

第7章で紹介した中国的な経済システムあるいはそれを包含した中国モデル・北京コンセンサスは，他国でも応用可能（applicable）なのであろうか．また，今はやりの言葉で言えば，持続可能（sustainable）なのであろうか．またこのモデルの特徴は，政府の役割の大きさにあるとした．第1章で紹介した，Wolferen [1989] は，日本が資本主義的自由市場の経済に属するというのはフィクションであり，日本，韓国，台湾は，自由市場型と共産主義型以外の資本主義的発展志向型国家と呼ぶべき政治経済類型であるとした．Johnson [1982] も，日本は後進開発国の典型的な事例で，戦前と戦後の日本の間には驚くほどの連続性が存在し，その中でも最も重要な連続性は産業政策の実施に関わった人物のつながりであるとする．また，

Halper［2010］は，「北京コンセンサス」は1930年代の満州国で発明されその後韓国，日本，シンガポールで洗練されたアジア型モデルだとする．

　我々日本人には，戦後日本も，戦前の日本も，韓国も台湾もシンガポールも中国も，同じような経済システムでだと言われてもピンとこないが，欧米のシステムを見慣れた研究者からすれば同じに見えるのかも知れない．世界銀行が1993年に発表した『東アジアの奇跡——経済成長と政府の役割——（原題 *EAST ASIA MIRACLE: Economic Growth and Public Policy*）』は，日本と，アジア NIEs 4か国（韓国，台湾，香港，シンガポール）と，ASEAN 3か国（インドネシア，マレーシア，タイ）の8か国をとり上げ，そのうち日本とアジア NIEs 4か国を高度成長と不平等の減少を同時に成し遂げた最も公平な国々としている．教育や銀行システムなど基礎的条件整備をしたことが成長の主因であり，政府の果たした役割が大きいとする．中国も，改革開放後の経済システムにおいては，国有企業も市場の競争にさらされ，政府の関与の度合いが強いとはいえ，東アジアモデルの1つに違いないように思われる．

　中国モデルを東アジアモデルの1つと位置付けても，他の発展途上国への応用可能性については，ほとんど不可能であろう．第1の理由は，計画経済の経験である．いろいろな問題を持っていたものの，計画経済も，集団を組織し，財・サービスを生産する企業システムを中心とした経済システムの1つである．そのためには集団の知識水準がある水準以上でなければならないし，組織として行動する規範が構成員に求められる．

　第2の理由は，市場経済への移行開始時における経済格差がほとんどなかったことである．所得の格差が生まれてきたのは多く才能や個人の努力による．教育水準が高く，所得の格差があまりないという初期条件を持っている発展途上国は多くはない．

　第3の理由は，中国が大国であることであるが，このことは中国モデルの決定的要素ではないように思われる．

　また，共産党の一党独裁が，中国モデルの特徴であるが，アジアの中では，シンガポール経済システムが中国に近いし，北朝鮮も中国モデルが可能であろう．他では，ラオス，カンボジア，ミャンマーなどの ASEAN の後発国では可能かもしれない．また東欧のポーランドやハンガリーが権威主義的傾向を強めているようであるが前述した第1，第2の背景は同じであるように思われる．しかし中南米やアフリカなど中国が外交努力を強めている国は貧富の格差はすでに大きく，これから中国モデルを採用できるとは思われない．

　一方，中国モデルの持続可能性はかなり高いと思われる．第1の理由は，計画性にある．五カ年計画などの中期予測・計画は，どの企業にとっても重要であり，設備投資の前提としてどのような社会になって行くかを想定するのは当然のことである．しかしながら，民主政治の政府ではビジョンは政権が交代すれば意味を持たなくなるし，予算は単年度主義である．

　第2の理由は，改革性であり，試してみて間違いが起きた時には訂正しようとす

る「実事求是」の精神が今なお生きていることである．独裁政治の最大の問題は，間違った政策を展開した時に交代させようとすれば，大変なコストがかかることであり，改革開放以前の中国がその典型であった．鄧小平という実務に通じた指導者は，物事は思ったように進まないことも多い，その場合は，やり方を変えればよいとした．進路変更のコストは小さい．

　第 3 の理由は，科学あるいは進歩に対する信頼である．携帯電話からスマホへの移行が，通信後進国であった中国を一挙に最先端国のネット社会とした．その路線は AI 化によってさらに進化しそうである．一方西側諸国では，AI ＋ネット社会は，人権を侵害するのではと警戒的である．

　第 4 の理由は，経済性政策を決定する過程での，議論を通じて決定を図って行くという，「民主制」である．例えば，加藤・久保［2009］は，2004 年から 2006 年にかけての改革をめぐる大論争を紹介している．ハイライトは 2006 年 3 月 4 日に経済体制改革研究会の 40 名の会議で，通称「新西山会議」と呼ばれており，

① 分配問題．競争の中で効率を高めることが望ましい．市場によって農民工の低賃金問題は解決できない．

② 結合問題．市場化の担い手である政府が再配分の実施主体であるとき，政府はうまく調整できるだろうか．

③ 経済改革と他領域の改革の関係．利害調整を行うための適切な機構の未整備．

④ 政府の役割．市場は効率，政府は公平というが，政府は公平の問題を解決できるのか．

等が議論されたとする．議論が集中したのは，市場に任せておけば解決するであろう問題とそうでない問題との線引きであろうと思われる．

　それでは，中国モデルを続ける上での障害は起きないであろうか．懸念すべき点は次のような点であろう．第 1 は，中国モデルも，経済システムの運営方法において，これまでの「計画性」，「進歩性」，「改革性」，「（中国的意味での）民主性」のいずれかが大きく棄損することになれば，持続不可能となることもあろう．

　第 2 には，ポストコロナにおける弱者の救済問題である．新型コロナウィルス危機は，弱者を直撃している．中国国内では，旅行関連産業，外食関連産業などへの打撃が最も大きく，これら産業の従業者をどのように救済するかが大きな課題となる．中国でもサービス産業化に伴い，これら産業への就業者が増加しており，その救済をどうするか．また，農民工の多くも失業状態にあるとされ，社会保障をさらに充実させる必要も出てこよう．

　第 3 には，国際面で見ると，発展途上国への打撃も大きく，債務国問題が浮上する可能性である．「一帯一路」や「走出去」戦略が裏目に出る恐れがあり，西側諸国が主導している債務救済プログラムなどへの参加も検討せざるを得ない事態もありえよう．

　第4は，国内における支配勢力と新興勢力の棲み分けの問題である．第4章で見た通り，産業構造を見ると国有企業を中心とする支配勢力と民営企業の新興勢力がうまく棲み分けているように思われる．しかし例えば，金融関連産業の新しい分野では両者の利害が対立し始めているように思われる．新しい産業分野での政府の関与と民間の活力の利用はどの国家でも難しい課題であるが中国も例外ではあるまい．

<h2 style="text-align:center">第6節　結　論</h2>

　これまで，中国経済は異質かどうかを議論の中心に置いて，中国経済を様々な角度から見てきた．その結果次のようなことが分かってきた．

1. 1980年の日本と米国との経済力の格差は1：2.7である．一方，中国と米国の国力差は2000年には，1：2.7となっていたが，それ以降もWTO加盟による貿易の増加とそれに主導されたGDPの急増を背景に，格差は更に縮小に向かう．しかし，中国脅威論，中国異質論は近年まで日本と同じようなジャパン・バッシングと言った軌跡をたどらなかった．その理由は，中国がいずれ自由な民主国家となるという西側の期待と，中国側のそれに対応するような改革意欲と，とりあえず辞を低くしておこうとする韜光養晦路線にあった．また，日本が米国に挑戦するライバルとされ，むしろ日本をたたくことに重点が置かれてきたことも一因であったと思われる．

2. 中国の金融システムは，国有企業である銀行を中心としたシステムである．市民，国民にとっては，国債を購入するのも預金として預けるのも信用力に違いはない．さらに中国のシャドーバンキングの特徴である銀行のオフバランス商品である理財商品も，仮に銀行の保証がなくとも，そうと意識されずに購入されてきた可能性がある．中国の銀行の債務，預金は政府の債務であり，不良資産が発生しても，それを処理するのは，広い意味での政府である．この意味で，欧米日や他のエマージングマーケット諸国，発展途上国とは決定的な違いがある．金融システムの最近の大きな変化として，ネット決済・バンキングの普及がある．これらは民営企業によって担われ，国有企業中心の既存システムとの利害対立が大きくなっている．

3. 中国の企業システムは，大企業においては国有企業が優勢である．民営企業（私営企業：private enterprise）と呼ばれていても，実質的には，公有企業と呼ぶべきカテゴリーに入る企業もある．持ち株会社が複雑に活用されるケースが多く，株式を発行している企業の保有構造は複雑である．この結果，誰が究極の株主であるかは外部からはよく分からない企業が多い．こうした企業の保有構造が，所有と経営の分離を可能としており，経営者が企業を効率よく運営する基礎を作っているという意見もあるが，経営者の行動をチェックする機能がその分犠牲になる可能性は大きい．

4．国民全員をカバーする社会保障システムは，計画経済の時代には，存在意義はほとんどなかったが，改革開放路線の採択に伴い，整えざるを得なかったシステムである．また，中国固有の問題として高齢化と都市化の問題があり，この面からも社会保障システムの構築を急ぐ必要がある．最低限の生活保障や健康保険制度は急速に整えられつつある．

5．対外経済システムとは，貿易，投資，為替レートなどの対外経済にかかわる制度とそれを動かすルール，仕組みの総称である．改革開放路線の初期には固定為替レートの維持が，ついで外貨準備の運用としての直接投資の促進，さらには「一帯一路」や中国主導の国際機関設立など多角的な展開が図られてきた．ポストコロナの世界では，発展途上国の債務問題が浮上すると考えられ，こうした路線も修正を迫られる可能性がある．

6．中国は，経済大国であるが，いくつかの問題・課題を抱えているとされてきた．例えば，中進国の壁，所得の格差，技術開発力，輸出のかげり，海外進出の失敗などである．しかしながらどれもが中国の国力を急速に弱めるほどのインパクトを持っているとは思われない．新古典派経済学のなかの政府の役割をできる限り小さなものにとどめるべきだという考え方を「ワシントンコンセンサス」と中国の経済システムを「北京コンセンサス」とよぶとすると，「北京コンセンサス」とは，国有銀行，国有企業，国家による経済戦略を根幹に据えた経済システムではあるが，民間部門も急速に成長し，市場原理を原則とする経済運営が行われている経済システムである．また，所有についてはあいまいな部分も多く，複合的な経済システムと言える．また，各地域に産業が分散しており，「地域分散型複合経済システム」と表すことが出来よう．

7．政府の役割を最小なものにとどめようとする「ワシントンコンセンサス」は，リーマンショックによって，修正を迫られ，さらに今回の新型コロナウィルス危機によってその動きは加速されている．世界の経済機関は，財政政策，金融政策，金融システムの保護・保全を各国政府の呼びかけており，「ワシントンコンセンサス」は昔の話となっている．また，経済学のいくつかの考え方の中には，むしろ政府は経済に対して積極的な役割を果たすべきだとする意見も多い．

8．中国モデルないし「北京コンセンサス」の持続可能性は高い．しかしその「計画性」，「進歩性」，「改革性」，「民主性」のいずれかが大きく棄損することになれば，持続不可能となる可能性もある．また，ポストコロナでの発展途上国の債務問題の浮上や，国内における新規分野での支配勢力と新興勢力との対立の可能性もある．また他国への適用可能性は低く，外国への依存をより低めながら，孤立した経済システムに戻る可能性もある．

以上，主としてその異質性あるいはその度合いの観点から中国経済を論じてきた．

しかし，杜［2016］が指摘するように，世界経済のルールとシステムは，イデオロギーや安全保障とも関係するものであり，米国が主導する戦後の国際秩序は，民主主義の価値観，自由な貿易と投資を促進する経済システム，米国とその軍事同盟国が中心となる安全保障システムから成り立っているのも事実である．従って，経済の側面だけに焦点を当てて，中国を論じることは，諸側面の1つしか論じていないことを改めて明記しておこう．

参 考 文 献

〈邦文献〉

アジア開発銀行［2017］『アジアのインフラ需要にこたえる』アジア開発銀行，https://www.adb.org/sites/default/files/publication/373186/asia-infrastructure-highlights-jp.pdf，2021年8月14日最終閲覧.

青木昌彦［1995］『経済システムの進化と多元性』東洋経済新報社.

青木昌彦・奥野正寛編［1995］『経済システムの比較制度分析』東京大学出版会.

青山瑠妙・天児慧［2015］『超大国中国のゆくえ2　外交と国際秩序』東京大学出版会.

朝日新聞取材班［2019］『チャイナ　スタンダード』朝日新聞出版.

足立啓二［1998］『専制国家史論』柏書房.

阿南友亮［2017］『中国はなぜ軍拡を続けるのか』新潮社.

天児慧［1997］「中国は脅威か」，天児慧編『中国は脅威か』勁草書房.

─────［2018］『中国政治の社会態制』東京大学出版会.

雨宮正佳［2019］『日本銀行はデジタル通貨を発行すべきか』日本銀行公表資料・広報活動.

飯田智之・庄司可那子・米山俊一［2018］『中国の企業部門における生産性と経済成長──上場企業データを用いた検証──』日本銀行ワーキングペーパー.

石川滋［1960］『中国における資本蓄積機構』岩波書店.

伊藤信悟・玉井芳野［2016］「2016年全人代と中国の政策展望」『みずほインサイト』4月，みずほ総合研究所.

伊藤博［2015］『中国保険業における開放と改革』御茶ノ水書房.

伊藤宏之［2020］「国際化進むも，覇権通貨遠く　人民元の未来」『日本経済新聞』2020年10月23日.

井上智洋［2019］『MMT　現代貨幣理論とは何か』講談社.

岩井茂樹［2004］『中国近世財政史の研究』京都大学学術研究会.

榎本俊一［2017］「中国の一帯一路構想は「相互繁栄」をもたらす新世界秩序か」，RIETI Discussion Paper Series 17-P-02，産業経済研究所.

王京濱［2005］『中国国有企業の金融構造』御茶の水書房.

大津留千恵子［2017］「新しい秩序を模索するアメリカ外交」，佐々木卓也編『戦後アメリカ外交史第3版』有斐閣アルマ.

大橋英人・丸川知雄［2009］『叢書　中国的問題群6　中国企業のルネサンス』岩波書店.

大屋雄裕［2014］『自由か，さもなくば幸福か?』筑摩書房.

柯隆［2014］「中国の社会保障制度と格差に関する考察」『フィナンシャル・レビュー』財務省財務総合政策研究所.

梶谷懐［2009］「中国の予算外財政資金と地域間経済格差」『中国21』30.

─────［2011］『「卵と壁」の中国経済論』人文書院.

─────［2016］『日本と中国経済──相互交流と衝突の百年──』筑摩書房.

─────［2018］「財政制度改革と中央‐地方関係」，梶谷懐・藤井大輔編著『現在中国経済論［第2版］』ミネルヴァ書房.

梶谷懐・高口康太［2019］『幸福な監視国家・中国』NHK出版.

片山ゆき［2020］『中国生命保険市場の動向（2018年版）』ニッセイ基礎研究所.

加藤弘之［1997］「中長期発展戦略の策定をめぐって」，天児慧編『中国は脅威か』勁草書房.

─────［2013］『あいまいな制度としての中国型資本主義』NTT出版.

─────［2016］『中国経済学入門』名古屋大学出版会.

加藤弘之・久保亨［2009］『叢書　中国的問題群5　進化する中国の資本主義』岩波書店.

金森俊樹［2013］『中国のシャドーバンキング──その国内評価とリスクへの政策対応──』大和総合研究所.

河合正弘［2019］「一帯一路構築の背景と現況」，進藤榮一他著『一帯一路の現況分析と戦略展望』国立研究開発法人科学技術振興機構（JST）中国総合研究・さくらサイエンスセンター（CRSC）.

川島真［2020a］「中国の世界展開—対外進出の狙いと現地からの視点」，川島真他編『中国の外交戦略と世界秩序——理念・政策・現地の視線——』昭和堂.

───［2020b］「習近平政権下の外交・世界秩序観と援助」，川島真他編『中国の外交戦略と世界秩序——理念・政策・現地の視線——』昭和堂.

川村雄介［2013］『最新　中国金融・資本市場』金融財政事情研究会.

関志雄［2010］『「中国モデル」を巡る論争』，経済産業研究所ホームページ，https://www.rieti.go.jp/users/china-tr/jp/101228kaikaku.html，2021年6月30日最終閲覧.

───［2011］「台頭する中国への懸念と期待」，関　志雄・朱　建栄・日本経済研究センター・清華大学国情研究センター編『中国が変える世界秩序』日本経済評論社.

───［2013］『中国経済　二つの罠』日本経済新聞社.

───［2015］『中国「新常態」の経済』日本経済新聞社.

───［2018］「フォーチュン500から見た中国民営企業の躍進」経済産業研究所，https://www.rieti.go.jp/users/china-tr/jp/ssqs/170904ssqs.html，2021年6月30日最終閲覧.

関権［2016］「外資は何をもたらしたか？国際貿易とその役割」，南亮進・牧野文夫編『中国経済入門　第4版』日本評論社.

願明遠［2009］『中国教育の文化的基盤』大塚豊訳　東信堂.

北野尚宏［2020］「中国の対外援助のとらえ方」，川島真他編『中国の外交戦略と世界秩序——理念・政策・現地の視線——』昭和堂.

金堅敏［2007］『中国国有企業改革の最新動向（1）——負の資産処理から戦略的再編へ——』富士通総合研究所.

───［2017］『産業高度化を狙う「中国2025」を読む』富士通総研，https://www.fujitsu.com/jp/group/fri/report/research/2017/report-440.html，2021年6月30日最終閲覧.

楠山研［2010］『現代中国初中等教育の多様化と制度改革』東信堂.

朽木昭文［2019］「『中国製造2025』と一帯一路サプライチェーンにおける日中産能合作の現状と展開」，進藤榮一他著『一帯一路の現況分析と戦略展望』国立研究開発法人科学技術振興機構（JST）・中国総合研究・さくらサイエンスセンター（CRSC），https://spc.jst.go.jp/investigation/downloads/r_2019_01.pdf，2021年6月30日最終閲覧.

久保亨［2018］「20世紀の中国経済」，梶谷懐・藤井大輔編著『現代中国経済論［第2版］』ミネルヴァ書房.

厳善平［2013］「中国における少子高齢化とその社会経済への影響」『JRI　レビュー』3（21）.

胡鞍鋼［2011］「「中国脅威論」から「貢献論」へ」，関志雄・朱建栄・日本経済研究センター・清華大学国情研究センター編『中国が変える世界秩序』日本経済評論社.

呉軍華［1996］「改革期における中国の地域政策の展開とその影響」『アジア経済』37（7），（8）.

康　成文［2019］「中国の成長格差が経済成長に与える影響と対策」『社会科学研究』70（2），東京大学社会科学研究所，https://jww.iss.u-tokyo.ac.jp/jss/pdf/jss7002_015030，2021年6月30日最終閲覧.

高原明生［2020］「中国の一帯一路構想」，川島真他編『中国の外交戦略と世界秩序—理念・政策・現地の視線』昭和堂.

高坂正堯［1990］「国際関係における異質論」『京大法学論叢』3月号，『高坂正堯外交評論集』1989年中央公論社に再録.

古島義雄［2012］『中国金融市場論——21世紀初頭における地域的多様性を中心として——』晃洋書房.

───［2014］「中国におけるシャドーバンキング——BIS規制，金融政策，証券市場の銀行行動に与える影響について——」『経済学論集』福山大学経済学部.

小宮隆太郎［1989］『現代中国経済』東京大学出版会.

近藤大介［2018］『2025年　日中企業格差』PHP研究所.

斎中凌［2010］「中国の準備預金制度と金融機関の準備保有行動」『三田商学研究』53（1），57-79.

斎藤尚登［2014］「中国地方政府債務問題とシャドーバンキング問題」『月刊資本市場』大和総合研究所.

酒向浩二［2020］「ポストコロナの中国「一帯一路」伝統的インフラから新型インフラ重視に変容」『みずほインサイト』みずほ総合研究所.

佐々木郷里［2002］「日本は中国とどのように向き合うべきか」，渡辺利夫編『中国の躍進　アジアの応

戦』東洋経済新報社.

サマーズ，ローレンス他［2019］『景気の回復が感じられないのはなぜか──長期停滞論争──』山形浩生編訳，世界思想社.

澤田ゆかり［2018］「人口と社会保障」，梶谷懐・藤井大輔編著『現代中国経済論［第2版］』ミネルヴァ書房.

塩路悦朗［2018］『物価水準の財政理論と非伝統的財政・金融政策概観』財務省財務総合政策研究所，https://www.mof.go.jp/pri/research/discussion_paper/ron307.pdf，2021年6月30日最終閲覧.

篠原清昭［2009］『中国における教育の市場化』ミネルヴァ書房.

柴田聡［2019］『中国金融の実力と日本の戦略』PHP研究所.

薛進軍［2016］「第8章　外需依存型成長からの転換は可能か」，南亮進・牧野文夫編『中国経済入門　第4版』日本評論社.

朱珉［2014］「中国──「単位」保障から社会保障制度へ──」，田多英範編『世界はなぜ社会保障制度を創ったのか』ミネルヴァ書房.

肖敏捷［2017］『中国　新たな経済大革命──「改革」の終わり，「成長」への転換──』日本経済新聞出版社.

徐涛［2014］『中国の資本主義をどうみるのか』日本経済評論社.

城山智子［2011］『大恐慌下の中国』名古屋大学出版会.

神宮健［2014］『発表された地方政府債務の会計監査』野村総合研究所.

神宮健・李粹蓉［2007］「中国財政の現状と課題」『季刊中国資本市場研究』夏号，野村資本市場研究所.

進藤榮一［2019］「グローバルパワーシフトと一帯一路──連亜連欧からユーラシア新世紀の道──」，進藤榮一他著『一帯一路の現況分析と戦略展望』国立研究開発法人科学技術振興機構（JST）・中国総合研究・さくらサイエンスセンター（CRSC），https://spc.jst.go.jp/investigation/downloads/r_2019_01.pdf，2021年6月30日最終閲覧.

新保敦子・阿古智子［2016］『超大国・中国のゆくえ5　勃興する「民」』東京大学出版会.

関辰一［2020］「中国の次期5カ年計画・三つの注目点」『アジアマンスリー』9.

関根栄一［2009］「中国──全国社会保障基金の財源強化に向けた動き──」『季刊　中国資本市場研究』2009 Autumn.

─────［2013］「中国の銀行理財商品に対する規制強化・改革の動き」『季刊　中国資本市場研究』2013年夏号7（2）.

─────［2014］『中国の金融・資本市場改革──シャドーバンキング問題と不良債権問題──』財務省財務総合政策研究所　平成25年度「中国研究会」資料.

─────［2015a］「中国の預金保険条例の公布・施行と今後の課題」『野村資本市場クォータリー』Spring.

─────［2015b］「習近平指導部の下で初めて公表された中国・国有企業改革の青写真」『野村証券市場クォータリー』Autumn.

園田茂人［2014］「社会の変化──和諧社会実現の理想と現実──」，高原明生・丸川知雄・伊藤亞聖編『社会人のための現代中国講義』東京大学出版会.

孫萌［2017］「中国における政府間財政移転の実態と課題──財政力の調整効果を中心に──」『総合政策論叢』（33），島根県立大学　総合政策学会.

竹内宏［1999］『金融敗戦』PHP研究所.

田中修［2006］「中国第11次5ヵ年計画の研究──第10次5ヵ年計画との対比において──」『ESRI Discussion Paper Series』170.

─────［2016］「第13次5ヵ年計画要綱のポイント」日本貿易機構・アジア経済研究所．https://www.ide.go.jp/library/Japanese/Researchers/report/tanaka_osamu/pdf/2016/tanaka_report160324.pdf，2021年6月30日最終閲覧.

谷内満・増井彰久［2007］「加速する中国の金融改革の分析」『開発金融研究所報』（34），国際協力銀行.

中国総合研究交流センター［2013］『中国の初等中等教育の発展と変革』科学技術振興機構.

陳雲［2017］「中国における高齢化社会の状況と就業問題」『海外労働情報17-02』労働政策研究・研修機構.

陳道富［2014］「金融業と実体経済がかい離する中国の現状及びその原因及び対策」『季刊　中国資本市場

研究』2014年春号 8 （1）.

津上俊哉 ［2013］「影の銀行の謎を解く」『Voice』 9，52-61.

翟学偉 ［2019］『現代中国の社会と行動原理』朱安新・小嶋華津子訳　岩波書店.

富田建蔵 ［2014］「中国政府の推進する「新型都市化政策」について」『不動産学会誌』28（2）.

内藤二郎 ［2018］『中国財政の動向──財政状況とリスク──』財務省財務総合政策研究所資料. https://www.mof.go.jp/pri/research/conference/china_research_conference/2018/china_201810d.pdf, 2021年 6 月30日最終閲覧.

──── ［2019］「中国の財政を取り巻く状況と課題」『フィナンシャル・レビュー』令和元年第 3 号.

中居良文 ［1997］「中国の「脅威」と日中・米中関係」，天児慧編『中国は脅威か』勁草書房.

長岡良男 ［2003］「中国経済との「競争」と日本産業空洞化の虚実」，伊藤元重・財務省財務総合製作所編『日中関係の経済分析』東洋経済新報社.

中嶋嶺雄 ［1995］『中国経済が危ない』東洋経済新報社.

中田理恵 ［2017］「中国：地方政府財政構造的問題」『金融資本市場』大和総合研究所.

永濱利廣 ［2020］『MTT とケインズ経済学』ビジネス教育出版社.

南部稔 ［1997］「財政金融改革」，佐々木信彰編『現代中国経済の分析』世界思想社.

日本銀行 ［2020］『中央銀行デジタル通貨に関する日本銀行の取組方針』日本銀行, https://www.boj.or.jp/announcements/release_2020/data/rel201009e1.pdf, 2021年 6 月30日最終閲覧.

日本貿易振興機構（ジェトロ）［2021］「第14次 5 カ年規画では，GDP 成長率の目標を設定せず」『ビジネス短信』日本貿易機構（ジェトロ）. https://www.jetro.go.jp/biznews/2021/03/b5c21bf69d36e680.html, 2021年 8 月14日最終閲覧.

菱田雅晴・鈴木隆 ［2016］『超大国・中国のゆくえ 3　共産党とガバナンス』東京大学出版会.

深尾京司 ［2003］「中国の産業・貿易構造と直接投資──中国経済は日本の脅威か──」，伊藤元重・財務省財務総合製作所編『日中関係の経済分析』東洋経済新報社.

藤井聡 ［2017］『プライマリーバランス亡国論』育鵬社.

藤井大輔 ［2018］「中国経済の行方」，梶谷懐・藤井大輔編著『現代中国経済論［第 2 版］』ミネルヴァ書房.

藤田圭一 ［2018］「開放に向かう中国生命保険市場」『PRI Discussion Paper Series』18A-06.

堀林巧 ［2007］「比較政治経済学と中東欧の資本主義」『金沢大学経済学部論集』27（1）.

ボワイエ，R ［1992］『レギュラシオン──成長と危機の経済学──』清水耕一編訳，ミネルヴァ書房.

真壁昭夫 ［2019］『MMT（現代金融理論）の教科書』ビジネス教育出版社.

牧野文夫 ［2016］「安定成長への円滑な移行は可能か」，南亮進・牧野文夫編『中国経済入門　第 4 版』日本評論社.

丸川知雄 ［2013a］「大衆資本主義──もう一つの中国モデル──」，大橋英夫他編『ステートキャピタリズムとしての中国──市場か政府か──』勁草書房.

──── ［2013b］『現代中国経済』有斐閣.

──── ［2014］「ミクロ経済──国家社会主義と大衆資本主義──」，高原明生・丸川知雄・伊藤亞聖編『社会人のための現代中国講義』東京大学出版会.

丸川知雄・梶谷懐 ［2015］『超大国・中国のゆくえ 4　経済大国化の軋みとインパクト』東京大学出版会.

丸川知雄・高山勇一編著 ［2004］『グローバル競争時代の中国自動車産業』蒼蒼社.

三浦有史 ［2015a］「中国の国有企業はどこに向かうのか」『環太平洋ビジネス情報　RIM』15（58）.

──── ［2015b］「都市化政策と戸籍制度改革は中国経済を救うか──着地点のみえない改革の行方──」『JRI レビュー』 4（23）.

三浦有史・佐野淳也 ［2013］『シャドーバンキングが映しだす中国の構造問題──消費主導型経済への転換を阻害する地方の権益構造──』日本総合研究所.

三浦祐介 ［2016］「中国・新五か年改革の骨子と特徴」『みずほリサーチ』January.

三井住友アセットマネジメント ［2014］『一帯一路』マーケットレポート, https://www.smd_am.co.jp/market/daily/keyword/china/1241049_1982.html, 2021年 6 月30日最終閲覧.

南亮進 ［2016］「成長の果実は誰の手に？高度成長の光と影」，南亮進・牧野文夫編『中国経済入門　第 4 版』日本評論社.

南亮進・牧野文夫・羅歓欣［2008］『中国の教育と経済発展』東洋経済新報社.

宮下忠雄［1941］『支那銀行制度論』巌松堂書店.

孟健軍［2009］『2020年全面的小康社会への展望』『RIETI Discussion Paper Series』12-J-009.

―――――［2017］「中国における財政制度改革に関する研究――中央と地方の関係の再構築に向けて――」『IETI Discussion Paper Series』17-J-030, 経済産業研究所.

杜進［2016］「第10章　米中間の対立は乗り越えられるのか？２大国間の相互依存と競争」, 南亮進・牧野文夫編『中国経済入門　第４版』日本評論社.

文部科学省［2019］『平成元年科学技術白書』文部科学省, https://www.mext.go.jp/b_menu/hakusho/html/hpaa201901/1411294.html, 2021年６月30日最終閲覧.

柳川範之・山岡浩巳［2019］『情報技術革新・データ革命と中央銀行デジタル通貨』日本銀行ワーキングペーパーシリーズ, 日本銀行.

湯元健治・関辰一［2013］『中国のシャドーバンキング――そのリスクと政府対応力をどうみるか――』日本総合研究所.

吉岡桂子［2017］『人民元の興亡』小学館.

李成威［2017］『中国における地方政府債務のリスクと管理についての研究』財務省財政総合政策研究所資料. https://www.mof.go.jp/pri/international_exchange/kouryu/fy2017/2_7_jp_paper.pdf, 2021年３月22日最終閲覧.

劉文君［2007］「中国における高等教育システムの分化と資金配分構造の転換」『大学財務経営研究』（４）, https://www.niad.ac.jp/media/001/201802/nf005008.pdf, 2021年８月14日最終閲覧.

林秀蘭［2018］『中国企業の所有構造とパフォーマンス』福山大学大学院経済学研究科修士論文.

労働政策研究・研修機構［2014］『中国政府・新型都市化計画（2014～2020年）を発表』労働政策研究・研修機構, www.jil.go.jp/foreign/jihou/2014_4/china_03.html, 2021年６月30日最終閲覧.

〈中国語文献〉

董志凱・武力編［2011］『中華人民共和国経済史（1953-1957）上下』社会科学文献出版社.

洪葭管［2008］『中国金融通史　第４巻　国民政府時期（1927－1949年）』中国金融出版社.

胡鞍鋼他［2020］『"十四五"大戦略与2035遠景』東方出版社.

呉家駿［1995］「中国制度的改革」, 呉家駿主編『建立和発展中国的市場経済』経済管理出版社.

徐奇淵［2021］「双循環的由来」陳元・黄益平主編『双循環：中国経済新格局』人民日報出版社.

揚希天等偏［2002］『中国金融通史第６巻　中華人民共和国時期（1949-1996）』中国金融出版社.

趙学軍［2008］『中国金融業務発展研究（1949-1957年）』福建人民出版社.

中南財経政法大学収入分配与現代財政研究院［2020］『中国居民収入与財富調査報告（2019年）』経済科学出版社.

朱占栄［2013］『地方政府融資平台公司発展破局：市場化与公司化』蘭州, 甘粛人民出版社.

〈欧文献〉

Adrian, Tobias and dam B. Ashcraft［2012］"Shadow Banking: A Review of the Literature," *Federal Reserve Bank of New York Staff Report*, No. 580, Federal Reserve Bank of New York.

Adrian, Tobias and Hyun Song Shin［2009］"The Shadow Banking System: Implications for Financial Regulation," *Federal Reserve Bank of New York Staff Report*, No 382, July, Federal Reserve Bank of New York.

Allen, Franklin and Douglas Gale［2000］*Comparing Financial System*, MIT Press, M.A.

Allison, Graham［2017］*Destined for War: Can America and China Escape Thucydides's Trap?* Houghton Mifflin Harcourt, Boston, MA.（藤原朝子訳『米中戦争前夜』ダイヤモンド社, 2017年）.

Allison, Graham, Robert D. Blackwill and Ali Wyne［2013］*Lee Kuan Yew: The Grand Master's Insights on China*, the United States, and the World, The MIT Press.（倉田真木訳『リー・クアンユー, 世界を語る』サンマーク出版, 2013年）.

Amable, Bruno［2003］*The Diversity of Modern Capitalism*, Oxford University Press.（山田鋭夫・原田祐治他訳『五つの資本主義』藤原書店, 2005年）.

Aoki, Masahiko［1990］"Toward an Economic Model of the Japanese Firm," *Journal of Economic*

Literature, 28: 1-27.

Aoki, Masahiko, Hyung-Ki Kim and Masahiro Okuno-Fujiwara［1996］*The Role of Government in East Asian Economic Development*, Oxford University Press, New York, NY, （白鳥正喜監訳『東アジアの経済発展と政府の役割』日本経済新聞社，1997年）.

Bank of England［2020］Monetary policy Report and Interim Findnaial Report-May 2020, Bank of England.

Bakk-Simon, Klara et al.［2012］"Shadow Banking in the Euro Area: An Overview," *Occasional Paper Series*, No. 133, European Central Bank.

Borst, Nicholas［2013］*Shadow Deposits as a Source of Financial Instability: Lessons from the American Experience for China*, Policy Brief Number PB 13-14, Peterson Institute for International Economics.

Boyer, Robert［2015］*Economic politique des capitalismses*, 山田鋭夫監訳『資本主義の政治経済学』2019年　藤原書店.

Boyer, Robert［2020］*Les Capitalismes a l'epreuve de la Pandemie*, La Decouverte, Paris（山田鋭夫・平野康朗訳『パンデミックは資本主義をどう変えるか』藤原書店，2021年）.

Bremmer, Ian［2010］*The End of the Free Market: Who Wins the War between States and Corporations*, Portfolio Hardcover.（有賀裕子訳『自由市場の終焉——国家資本主義とどう闘うか——』日本経済出版社，2011年.

Calder, Kent E.［2019］*Super Continent: The Logic of Eurasian Integration*, Stamford University Press.（杉田弘樹監訳『スーパー大陸 ユーラシア統合の地政学』潮出版社，2019年）.

Campbell Kurt M.［2016］*The Pivot*, Grand Central Publishing, New York, N.Y.（村井浩紀訳『PIVOT アメリカのアジアシフト』日本経済新聞出版社，2017年）.

Cheng, Linsun［2003］*Banking in Modern China: Entrepreneurs, Professional Managers, and the Development of Chinese Banks*, 1897-1937, Cambridge University Press, Cambridge.

Claessens, Stijin et al.［2012］"Shadow Banking: Economics and Policy," *IMF Staff Discussion Note*, International Monetary Fund.

Clinton, Hillary R.［2011］"America's Pacific Century," *Foreign Policy*, November.

——————［2014］*Hard Choices*, Simon & Schuster, New York, N.Y.（日本経済新聞社訳『困難な選択』日本経済新聞出版社，2015年）.

Coase, Ronald and Ning Wang［2013］*How China Became Capitalist*, Palgrave Macmillan.（栗原百代訳『中国共産党と資本主義』日経 BP 社，2013年）.

Congressional Research Services［2020］Made in China 2025, Industrial Policies: Issues for Congress, Congressional Research Services. http://ersreports.congress. gov.

Dang, Tri Vi, Honglin Wang, and Aidan Yao［2014］"Chinese Shadow Banking: Bank-Centric Misperceptions," *HKIMR Working Paper*, No.22/2014, Hong Kong Institute for Monetary Reserch.

Epstein, Gerald A.［2019］*What Wrong with Modern Money Theory: A Policy Critique*, Palgrave Macmillan,（徳永順二他訳『MMT は何が間違いなのか？』東洋経済新報社，2020年）.

Fallows, James［1989］"Containing Japan," *The Atlantic*, May.（大前正臣訳『日本封じ込め』TBS ブリタニカ，1989年）.

Financial Stability Board［2011］*Shadow Banking: Scoping the Issues*, Financial Stability Board.

——————［2012］*Global Shadow Banking Monitoring Report 2012*, Financial Stability Board.

Freixas, X. et al.［1985］"Planning under incomplete information and the ratchet effect," *Review of Economic Studies*, 52.

Freixas, Xavier and Jean-Charles Rochet［2002］*Microeconomics of Banking*, The MIT Press, Cambridge, MA.

Fukuyama, Francis［1992］*The End of History and the Last Man*, Free Press.（渡部昇一訳『歴史の終わり』三笠書房，1992年）.

Goldberg, Linda S.［2010］*Is the International Role of the Dollar Changing ?* Current Issues, Federal Reserve Bank of New York.

Halper, Stefan［2010］*The Beijing Consensus, How Chinese Authoritarian Model Will dominate the Twenty First Century*, Basic Books,（園田茂人・加茂具樹訳『北京コンセンサス』岩波書店，2010

年).

Huntington, Samuel P. [1996] *The Clash of Civilization and the Remaking of World Order*, Simon & Schuster, New York, N.Y. (鈴木主税訳『文明の衝突』集英社，1998年).

International Monetary Fund [2014] *Global Financial Stability Repot Last Updated Wednesday*, October 08, 2014, International Monetary Fund.

Jacques, Martin [2012] *When China Rules the World: The End of the Western World and the Birth of a New Global Order*, Penguin Books. (松下幸子訳『中国が世界をリードするとき』NTT 出版，2014年).

Ji, Zhaojin [2003] *A History of Modern Shanghai Banking*, M.E.Sharpe, Armonk, New York.

Johnson, Chalmers A. [1982] *MITI and The Japanese Miracle: The Growth of Industrial Policy, 1925-1975*, Stanford University Press. (矢野俊比古監訳『通産省と日本の奇跡——産業政策の発展 1925-1975——』TBS ブリタニカ，1982年).

Kirby, William [1995] "China Unincorporated Company Law and Business Enterprises in Twentieth-Century China," *Journal of Asian Studies*, 54.

Kodres E. Laura [2013] "What is Shadow Banking? Many financial institutions that act like banks are not supervised like banks," *Finance and Development*, June, International Monetary Fund.

Kornai, J. [1979] "Resource-constrained versus demand-constrained systems," *Econometrics*, 47.

Kornai, Janos [2000] "What the Change of System from Socialism to Capitalism Does and Does Not Mean," *Journal of Economic Perspective*, Vol. 14, Number 1.

——— [2014] *Dynamism, Rivalry, and the Surplus Economy*, Oxford University Press, Oxford, U.K. (溝端佐登史他訳『資本主義の本質について』NTT 出版 (2016年).

Krugman, Paul and Maurice Obstfeld [1997] *International Economics 4th ed.*, Addison-Wesley.

Krugman, Paul R., Maurice Obstfeld, and Marc J. Melitz [2012] *International Economics 9th edition*, Pearson Education, Essex, U.K.

Kuznets, Simon [1955] "Economic Growth and Income Inequality", *American Economic Review*.

Li, Jianjun and Sara Hsu [2012] *Shadow Banking in China*, MPRA Paper No. 39441, Munich Personal RePEs Archive.

Lin, Yi Fu et al. [1995] *The China Miracle : Development Strategy and Economic Reform*, Chinese University Press, Hong Kong. (渡部利夫監訳，杜進訳『中国の経済発展』日本評論社，1997年).

Mankiw, Gregory N. [2018] *Principles of Economics 8th edition*, Cengage Learning, Boston, MA.

McClulley, Paul A. [2007] *Teton Reflections*, September, https: www. pimco. com/en-ms/insights /economic-and-market-commentary/global-central-bank-focus/teton-reflections

Mishkin, Frederic S. [1999] "International experiences with different monetary policy regimes," *Journal of Monetary Economics*, 43.

Mosler, Warren [1997] "Full employment and price stability," *Journal of Post Keynesian Economics*, 20. 2: 167-182.

Nathan, Andrew J. and Andrew Scobell [2012] *China's Search for Security*, Columbia University Press, New York, N.Y. (河野純治訳『中国安全保障全史』みすず書房，2016年).

Naughton, Barry [2007] *The Chinese Economy*, The MIT Press, Cambridge, Massachusetts.

Navarro, Peter [2015] *Crouching Tiger-: What China's Militarism Mean to the World*, (赤根洋子訳『米中もし戦わば——戦争の地政学——』文芸春秋，2016年).

North, Douglas [1990] *Institution, Institutional Change and Economic Performance*, Cambridge University Press. (竹下公視訳『制度・制度変化・経済成果』晃洋書房，1994年).

——— [2005] *Understanding the Process of Economic Change*, Princeton University Press. (藤原弘和・中村真幸監訳『ダグラス・ノース　制度原論』東洋経済新報社，2016年).

Nye, Joseph S. Jr. [2015] *Is the American Century Over?*, Policy Press Ltd., Cambridge Mass. (村井浩紀訳『アメリカの世紀は終わらない』日本経済新聞出版社，2015年).

O'Neill, Jim [2001] "Building Better Global Economic BRICs," *Global Economics Paper*, No. 66, Goldman Sachs.

O'Neill, Jim and Anna Stepnyiska [2009] The Long-Term Outlook for the BRICS and N-11 Post Crisis,

Global Economics Paper, No. 192, Goldman Sachs.

OECD ［2019］*Economic Survey China 2019*, OECD.

─────── ［2019］*Economic Outlook Surveys: China 2019*, OECD.

Pei, Minxin ［2020］"China's Coming Upheaval: Competition, the Coronavirus, and the Weakness of Xi Jinping," *Foreign Affairs*, May/June.

Phillsbury, Michel ［2015］*The Hundred-Year Marathon, Chine's Secret Strategy to Replace America as the Global Superpower*, Henry Hole and Company, New York, N.Y. (野中香方子訳『China 2049　秘密裏に遂行される「世界覇権100年戦略」』日経 BP 社，2015年).

Piketty, Thomas ［2014］*Capital in the Twenty-First Century*, (山型浩生，守岡桜，森正訳『21世紀の資本』みすず書房，2014年).

Pozsar, Zoltan et al. ［2013］"Shadow Banking," *Economic Policy Review*, Federal Reserve Bank of New York, Vol.（19）No.（2）7-17.

Prestowitz, Clyde V. Jr. ［1988］*Trading Places: How We Allowed Japan to Take Lead*, Basic Books Inc., New York. (國広正雄訳『日米逆転』ダイヤモンド社，1988年).

Ramo, Joshua Cooper ［2004］*The Beijing Consensus*, The Foreign Policy Centre, London. https://fpc. org.uk/wp-content/uploads/2006/09/244.pdf, 2021年 6 月30日最終閲覧.

Reinhart, Carmen and Vincent Reinhart ［2020］"The Pandemic Depression, The Global Economy Will Never Be the Same," *Foreign Affairs*, Sept.

Roach, Stephen ［2014］*UNBALANCED: The Codependence of America and China*, Yale University Press, New Haven, CT. (田村勝省訳『アメリカと中国　もたれあう大国』日本経済新聞出版社 2015年).

Rogoff, Kenneth ［1996］"The Purchasing Power Parity Puzzle," *Journal of Economic Literature*, June.

Schwarcz, Steven L. ［2013］*Shadow Banking*, Financial Risk, and

Shambaugh, David ［2013］*China Goes Global: The Partial Power*, Oxford University Press, Oxford, U. K. (加藤裕子訳『中国：グローバル化の深層』朝日新聞出版，2015年).

Shark, Susan L, ［2007］*China- Fragile Superpower: How China's Internal Politics Could Derail Its Peaceful Rise*, Oxford University Press, Oxford. (徳川家広訳『中国　危うい超大国』日本放送出版社，2008年).

Sheehan, Brett ［2003］*Trust in Troubled Times: Money, Banks, and State-Society Relations in Republican Tianjin*, Harvard University Press, Cambridge, MA.

Shirai, Sayuri ［2002］"Is the Equity Market Really Developed in the People's Republic of China?," ADB Institute Research Paper, 41, Asian Development Bank.

Steinberg, James and Michel E. O' Hanlon ［2014］*Strategic Reassurance and Resolve*, Princeton University Press, Princeton, N.J. (村井浩紀・平野登志雄訳『米中衝突を避けるために』日本経済新聞出版社，2015年).

Stiglitz, Joseph E, and Bruce C. Greenwald ［2014］*Creating a Learning Society: A New Approach to Growth, Development, and Social Progress*, Columbia University Press. (藪下史郎監訳『スティグリッツのラーニングソサイエティ』東洋経済新報社，2017年).

Tanzi, Vito ［1996］"Fiscal Federalism and Decentralization: A Review of Some Efficiency and Macroeconomic Aspects," *Annual Bank Conference, Development Economics*, The World Bank

U.S.-China Economic AND Security Review Commission ［2018］*2018 Annual Report to Congress*. https://www.uscc.gov/annual-report/2018-annual-report-congress, 2021年 6 月30日最終閲覧.

─────── ［2019］*2019 Annual Report to Congress*. https://www.uscc.gov/annual-report/2019-annual-report-congress, 2021年 6 月30日最終閲覧.

Vogel, Ezra Y. ［1979］*Japan as Number One*, Harvard University Press (広中和歌子・木本彰子訳『ジャパン・アズ・ナンバーワン──アメリカへの教訓──』TBS ブリタニカ，1989年)

─────── ［2011］*Deng Xiaoping and the transformation of China*, Harvard University Press, Cambridge, MA. (益尾知佐子・杉本孝訳『現代中国の父　鄧小平』日本経済出版社，2013年).

Williamson, Jeffery G. ［1991］*Inequality, Poverty, and History, Blanchard*, Cambridge, Mass. (安場保吉・水原正亨訳『不平等・貧困と歴史』ミネルヴァ書房，2003年).

Williamson, John [1988] "What Washington Means by Policy Reform," in Williamson, John (ed.), *Latin American Readjustment: How Much has Happened*, Washington: Peterson Institute for International Economics, Washington D.C.

Wolferen, Karel van [1989] *The Enigma of Japanese Power*, Vintage Books , New York, (篠原勝訳『日本/権力構造の謎』早川書房, 1989年).

Wong, Audrye [2021] "How Not to Win Allies and Influence Geopolitics," *Foreign Affairs*, Volume 100, Number 3.

World Bank [1995] *Bureaucrats in Business, The Economics and Politics of Government Ownership*, Oxford University Press.

──── [2020] *Press Release*, october 7, 2020, World Bank.

World Bank and Development Research Center of the State Council, the People's Republic of China [2012] *China 2030: Building a Modern, Harmonious, and Creative Society*, World Bank, Washington, D.C.

Wray, L. Randall [2015] *Modern Money Theory: A Primer on Macroeconomics for Sovereign Monetary System 2nd edition*, Palgrave Macmillan, London. (島倉原監訳『MMT 現代貨幣理論入門』2019年, 東洋経済新報社.)

Xu, Lixin Colin [1997] "How China's Government and State Enterprises Partitioned, Property and Control Rights," *Policy Research Working Paper*, No. 1743, The World Bank, Washington, D.C.

Yang, Yao [2009] "The Disinterested Government: An Interpretation of China's Economic Success in the Reform Era," *Research Paper*, No.2009/33, United Nations University.

索　　引

《著者紹介》

古 島 義 雄 (こじま　よしお)

中国経済・国際経済研究者
博士（経済学）

学位・学歴
　博士（経済学）　一橋大学大学院経済学研究科
　修士（ファイナンス）　青山学院大学大学院国際政治経済学研究科
　文学士　東京外国語大学外国語学部中国語学科
　ペンシルバニア大学ウォートン・スクール, ハーバード大学ビジネス・スクール (AMP) 留学

職歴
　2006～2021年　立命館アジア太平洋大学客員教授
　2012～2017年　福山大学　大学院経済学研究科長, 同　経済学部教授
　2001～2011年　玉川大学　経営学部教授
　1999～2001年　世界銀行　東アジア太平洋局上級開発専門官
　1969～1999年　日本長期信用銀行　シカゴ支店長, アジア部長, 長銀総合研究所取締役
　　　　　　　　を歴任

主要業績
　『中国金融市場論――21世紀初頭における地域的多様性を中心として――』2012年, 晃
　洋書房.
　『アジア　中国　日本――企業と金融の改革――』2002年, シグマベイスキャピタル社.

中国経済は強い
　　　　　――そのシステムとポストコロナの世界経済――

2021年11月20日　初版第1刷発行	＊定価はカバーに 　表示してあります

　　　　　　　　　　　著　者　　古 島 義 雄 ©

　　　　　　　　　　　発行者　　萩 原 淳 平

　　　　　　　　　　　印刷者　　藤 森 英 夫

　　　　発行所　株式会社　晃 洋 書 房
　　　　〒615-0026　京都市右京区西院北矢掛町7番地
　　　　　　　　　　電話　075 (312) 0788番代
　　　　　　　　　　振替口座　01040-6-32280

装丁　クリエイティブ・コンセプト　　印刷・製本　亜細亜印刷㈱

ISBN978-4-7710-3525-6

厳 善平 著

超大国 中国のあゆみ

A 5 判 258頁
定価 3080円（税込）

鳥谷一生 著

中国・金融「自由化」と人民元
「国際化」の政治経済学
──「改革・開放」後の中国金融経済40年史──

A 5 判 256頁
定価 3630円（税込）

姜 紅祥 著

戦略的資産獲得と中国の対外直接
投資

A 5 判 304頁
定価 5280円（税込）

佐々木信彰 編著

転換期中国の企業群像

A 5 判 224頁
定価 3080円（税込）

佐々木信彰 編著

現代中国の産業と企業

A 5 判 234頁
定価 3080円（税込）

韓 俊 編著

中国における食糧安全と農業の
海外進出戦略研究

A 5 判 608頁
定価 9900円（税込）

閻 学通 著

世界権力の移行
──中国の道義的現実主義の道──

A 5 判 308頁
定価 4180円（税込）

李 海峰 編著

中国の消費社会と消費者行動

A 5 判 256頁
定価 5060円（税込）

川島 真・中村元哉 編著

中華民国史研究の動向
──中国と日本の中国近代史理解──

A 5 判 440頁
定価 4950円（税込）

河村有教 編著

台湾の海洋安全保障と制度的展開

A 5 判 312頁
定価 3960円（税込）

━━━━━ 晃 洋 書 房 ━━━━━